Das große Heimwerkerbuch der Elektroarbeiten

Compact Verlag

Text: Andreas Burgwitz
Chefredaktion: Dr. Angela Sendlinger
Redaktion: Uta Lux
Produktion: Wolfram Friedrich
Titelabbildungen: ifa Bilderteam oben (4); Fördergemeinschaft
für gutes Licht (FGL) unten
Typografischer Entwurf: Peschke-Druck/Tausend Verlagsservice
Umschlaggestaltung: Peschke-Druck/Tausend Verlagsservice

ISBN 3-8174-5926-2
5259261

Besuchen Sie uns im Internet: www.compactverlag.de

Vorwort

Egal ob Do-it-yourself-Profi oder Gelegenheitsheimwerker – dieser anwenderfreundliche Ratgeber bietet die richtigen Lösungen für die am häufigsten anfallenden Elektroarbeiten. Denn in vielen Fällen liegt es nur an Kleinigkeiten, dass ein elektrisches Gerät nicht funktioniert. Viele dieser kleinen Fehler mit großer Wirkung kann man selbst beheben, vorausgesetzt, man besitzt das nötige Maß an Know-how.

Anhand ausführlicher Schritt-für-Schritt-Anleitungen werden die wichtigsten Reparaturarbeiten erklärt. Jede Anleitung enthält zahlreiche farbige Abbildungen und Infokästen, die auf einen Blick über das benötigte Arbeitsmaterial informieren.

„Das große Heimwerkerbuch der Elektroarbeiten" bietet außerem eine Fülle an Tipps und fachmännischen Ratschlägen, damit auch bei schwierigen Arbeiten der Erfolg garantiert ist.

Bei der Durchführung von Elektroinstallationen gilt es in jedem einzelnen Fall genau abzuwägen, was man selbst bewerkstelligen kann und welche Arbeiten ein Elektriker ausführen muss. Aus diesem Grund wird dem Thema Sicherheit in diesem Buch besondere Aufmerksamkeit geschenkt. Denn nur wer die Gefahren und möglichen Probleme kennt, kann sie vermeiden.

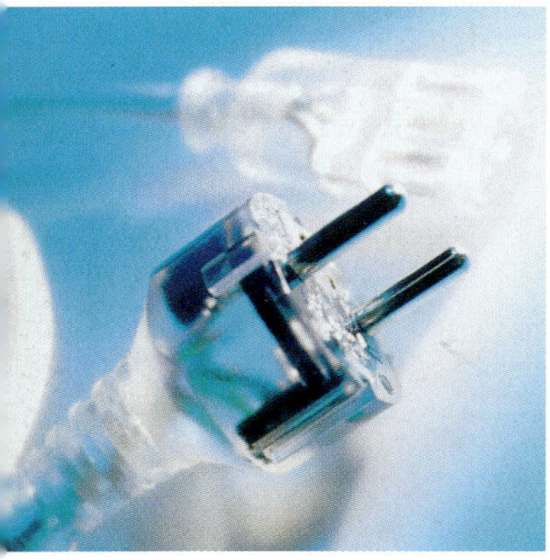

Grundlagen der Elektrotechnik

Zur Durchführung von Elektroarbeiten benötigt man Fachwissen. Für einige Arbeiten genügen aber bereits Grundkenntnisse, die Ihnen dieses Buch vermittelt. Aber Sie müssen grundsätzlich in jedem einzelnen Fall genau abwägen, was Sie selbst machen können und welche Arbeiten Fachleute ausführen müssen. Im Zweifelsfall müssen Sie professionelle Hilfe in Anspruch nehmen.

Das Stromnetz in Wohnung oder Haus – grundsätzlicher Aufbau

Strom und Spannung

Die im Sprachgebrauch oft vermischten Begriffe Strom und Spannung sollen hier kurz erläutert werden. Soll beispielsweise eine Lampe leuchten, müssen beide Anschlüsse der Lampe mit einer Stromquelle verbunden werden, also z. B. mit der Steckdose. Zwischen den beiden Anschlüssen steht dann die Netzspannung von 230 Volt. Mit einem geeigneten Messgerät können Sie diese Spannung messen.

Abb. 2

Abb. 3

Damit die Lampe leuchtet, muss aber ein Strom fließen. Vereinfacht kann man sich den Strom so vorstellen: Elektronen werden von der Spannung getrieben und fließen von einem Anschluss der Steckdose durch die Lampe zum anderen Anschluss. In der Lampe wird den Elektronen so viel Widerstand entgegengesetzt, dass sich der Draht in der Lampe stark erhitzt und leuchtet. (Abb. 1)

Vergleicht man diesen Stromkreis mit einem Fluss, der von einem Berg hinabfließt, dann ist die Spannung das Gefälle des Bergs – es „treibt" das Wasser zur Bewegung an; der Strom ist das fließende Wasser. Die Einheiten, in denen man diese Größen misst, sind Ampere (Formelzeichen I, Einheit A) für den Strom und Volt (Formelzeichen U, Einheit V) für die Spannung. Den Widerstand, den in diesem Beispiel die Lampe dem Strom entgegensetzt, misst man in Ohm (Formelzeichen R, Einheit Ω, der griechische Buchstabe Omega).

Phase und Nullleiter

Eine Steckdose hat zwei Löcher, durch die die Stifte des Steckers geführt und unter der Abdeckung der Steckdose zwischen Metallzungen gedrückt werden. (Abb. 2)

An einem dieser Kontakte liegt die Phase (richtig Außenleiter oder Leiter genannt, mit L ab-

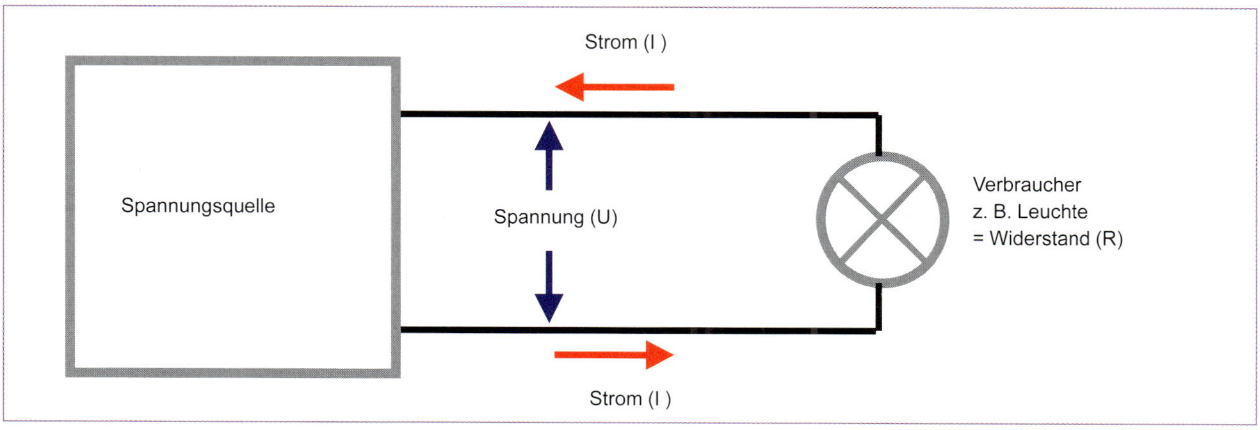

Abb. 1: Stromkreis

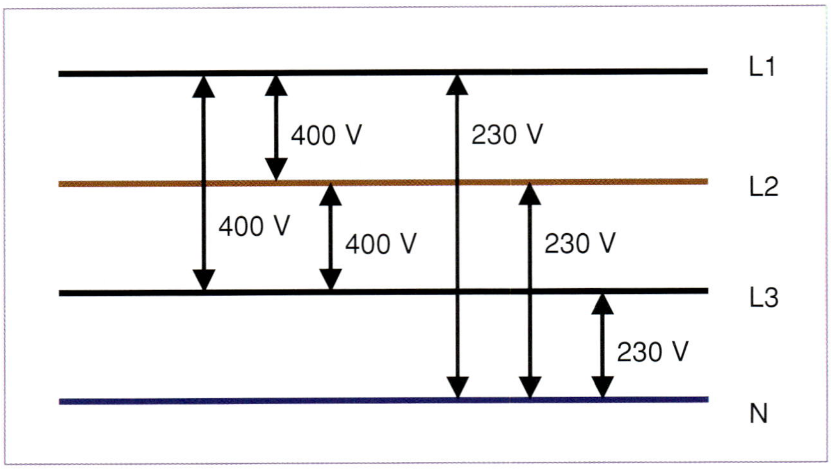

Abb. 4: Wechselstrom

> **Info**
>
> In der Bundesrepublik Deutschland besteht in den Haushalten ein Wechselspannungsnetz mit einer Spannung von 230 Volt; diese Spannung liegt an jeder Steckdose an.

gekürzt) an – das ist der eigentliche spannungsführende Pol. An den zweiten Anschluss der Steckdose ist der Nullleiter (auch Neutralleiter oder Mittelleiter; mit N abgekürzt) angeschlossen. Zwischen dem Nullleiter und der Phase steht die Spannung von 230 Volt. (Abb. 4)

Der Nullleiter wird im Elektrizitätswerk und nochmals beim Hausanschluss mit Erde verbunden und somit bleibt normalerweise die Berührung des Nullleiters ohne Folgen. „Erde" bedeutet nicht nur das Erdreich, sondern umfasst Wände, Fußböden, Heizkörper, Wasser- und Gasleitungen. (Abb. 3)

Somit kann auch dann ein Strom fließen, wenn ein Gerät einerseits mit Phase und andererseits beispielsweise mit einem Wasserrohr verbunden würde. Das gilt aber nicht nur für Elektrogeräte, sondern auch für den menschlichen Körper: Wenn Sie beispielsweise mit einer Hand den Anschluss Phase berühren, dann kann ein Strom über die Hand, den Körper und die Füße zum Fußboden fließen – mit verheerenden Folgen für Ihre Gesundheit.

Schutzleiter

In der Hausinstallation und somit auch an den Steckdosen gibt es als Sicherheitseinrichtung noch einen weiteren Anschluss: den Schutzleiter (abgekürzt PE). Dieser ist auch an die zwei offen liegenden Metallzungen der Steckdose angeschlossen. In der Elektroinstallation des Hauses ist der Schutzleiter spätestens nach dem Zählerkasten mit dem Nullleiter verbunden; eine Berührung mit dem Schutzleiter bleibt also ohne Folgen.

> **Info**
>
> Auch in Österreich und der Schweiz hat das Wechselspannungsnetz eine Spannung von 230 Volt. Die Steckdosen und Gerätestecker in Österreich entsprechen im Allgemeinen der Euro-Norm. In der Schweiz werden häufig eigene, dreipolige Gerätestecker und dementsprechende Steckdosen verwendet.

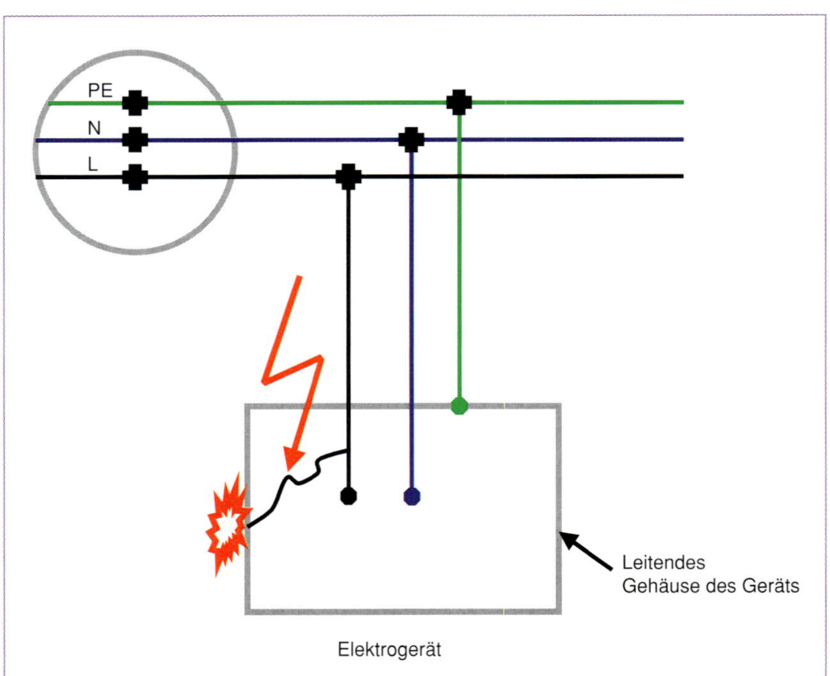

Abb. 5: Körperschluss

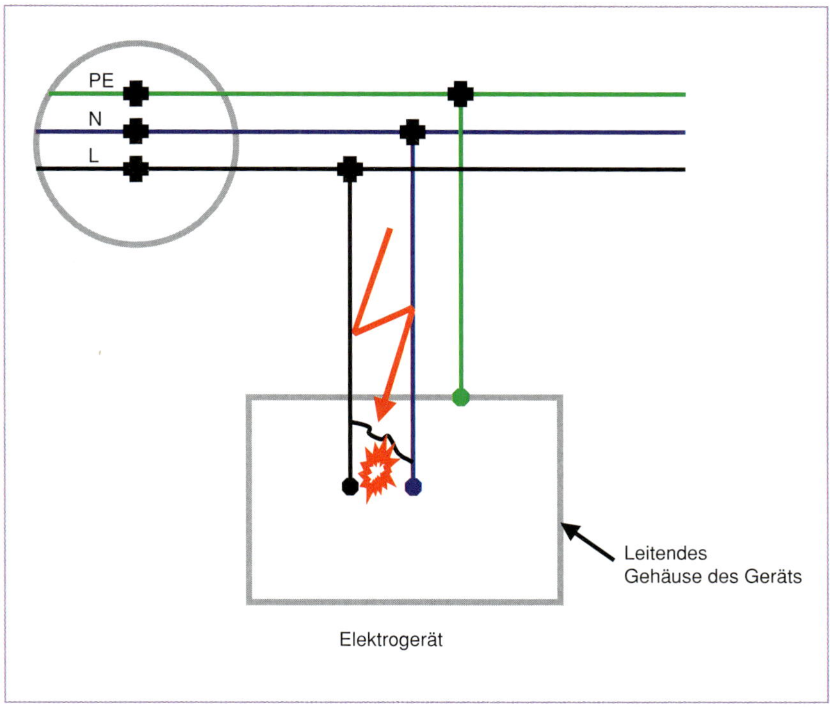

Abb. 6: Kurzschluss

Ist ein Gerät an die Steckdose angeschlossen, fließt im Normalfall der Strom von der Phase zum Nullleiter; der Schutzleiter ist mit elektrisch leitenden Gehäuseteilen verbunden, also z. B. Metallflächen.

Würde man anstelle des Schutzleiters den Nullleiter mit diesen Teilen verbinden, wären diese Gehäuseteile nur so lange gefahrlos zu berühren, bis man den Stecker um 180 Grad gedreht in die Steckdose stecken würde: Dann läge Phase an dem Gehäuse mit eventuell tödlichen Folgen bei einer Berührung. Der Schutzleiter dagegen ist immer mit dem Nullleiter verbunden, ganz gleich, wie der Stecker in der Steckdose steckt.

Körperschluss

Der Sinn dieser Maßnahme ist ganz einfach: Wenn durch einen Defekt z. B. das Phaseanschlusskabel mit leitenden Gehäuseteilen in Verbindung käme, würde das gesamte Gerätegehäuse zur tödlichen Falle werden. Bei angeschlossenem Schutzleiter entsteht in solch einem Fall jedoch ein so genannter „Körperschluss“, der die Sicherung auslöst und so den Stromkreis unterbricht und damit die Gefahr beseitigt. (Abb. 5)

Kurzschluss

Ähnliche Folgen wie ein Körperschluss hat ein Kurzschluss. Als Kurzschluss bezeichnet man den Fall, wenn Nullleiter und Phase direkt verbunden sind. Wie bereits bei der Erklärung der Begriffe Strom und Spannung erwähnt, setzt im Normalfall das Gerät den fließenden Elektronen einen Widerstand entgegen – in dem Beispiel war dieser Widerstand die Lampe. Bei einem Kurzschluss ist dieser Widerstand extrem klein, wodurch ein sehr hoher Strom fließt. Das wiederum „merkt“ die Sicherung und unterbricht den Stromkreis. (Abb. 6)

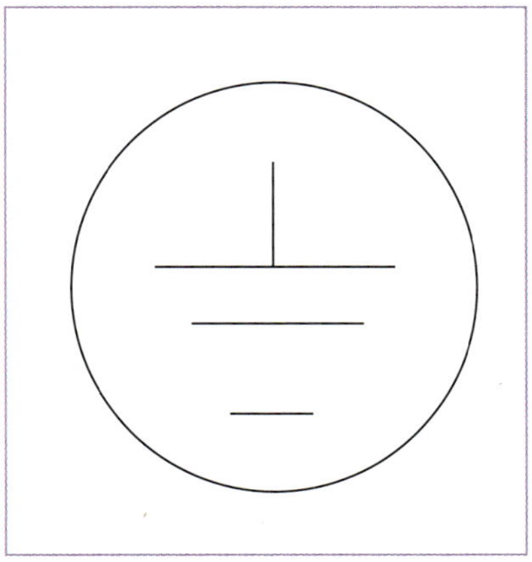

Abb. 7: Schutzklasse I

Abb. 8

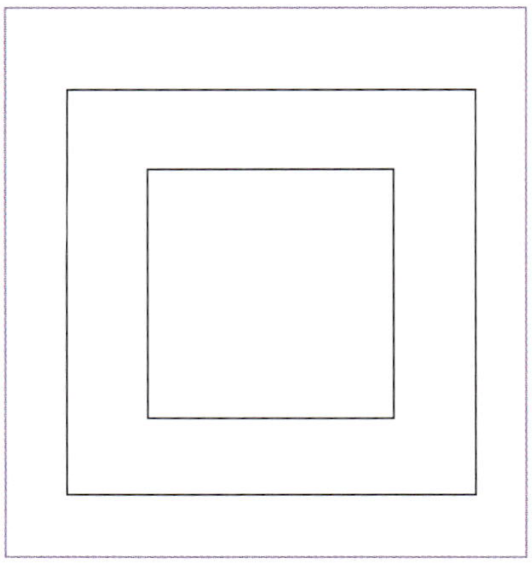

Abb. 9: Schutzklasse II

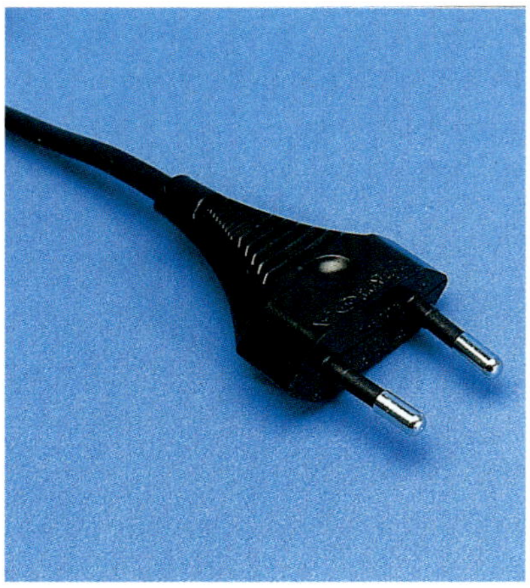

Abb. 10

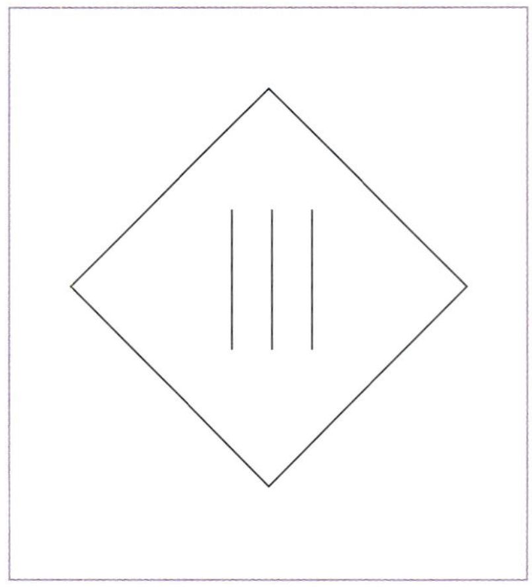

Abb. 11: Schutzklasse III

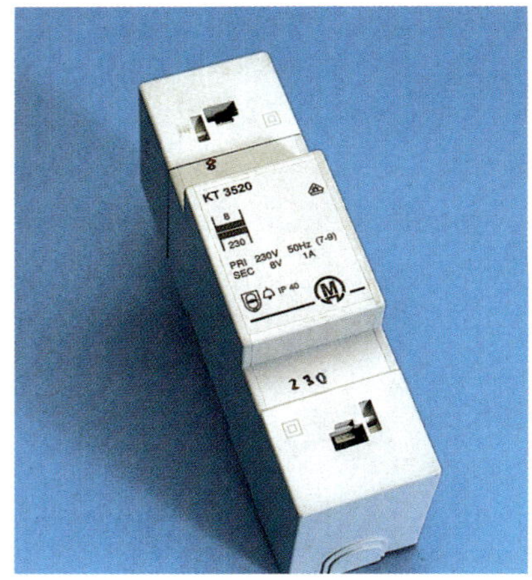

Abb. 12

Schutzklassen und Schutzarten

Geräte, die über einen Euro-Stecker mit nur zwei Kontakten an eine Steckdose angeschlossen werden, haben keinen Schutzkontaktanschluss. Alle mit solch einem Stecker ausgestatteten Geräte müssen besonders isoliert sein: Sie sind schutzisoliert. Durch diesen Extraschutz ist sichergestellt, dass kein berührbares Geräteteil im Fehlerfall unter Spannung stehen kann.

Schutzklasse

So genannte Schutzklassen geben an, wie ein elektrisches Gerät gegen eine gefährliche Spannung am Gehäuse geschützt ist. Jede Schutzklasse hat ein eigenes Symbol, das auf dem Typschild des Geräts oder an den Anschlussklemmen zu finden ist.
Geräte der Schutzklasse I werden mit einem Schutzleiter angeschlossen. (Abb. 7, 8)

Die Schutzisolierung entspricht der Schutzklasse II. (Abb. 9, 10)
Geräte der Schutzklasse III arbeiten mit einer Schutzkleinspannung von maximal 42 Volt, die durch einen Sicherheitstransformator aus der Netzspannung gewonnen wird. (Abb. 11, 12)

Schutzart

Elektrogeräte müssen so geschützt sein, dass weder Wasser noch Fremdkörper in das Gerät eindringen können. Hierbei unterscheidet man zwischen Fremdkörper- und Wasserschutz. Am Gerät, am Bauteil und in den Geräteunterlagen wird die Schutzart durch eine Ziffer angegeben, der die Buchstaben IP vorangestellt sind. Dabei gibt die erste Ziffer nach IP den Fremdkörperschutz an, die zweite Ziffer den Wasserschutz (siehe Tabelle). Beispiel: „IP45“ bedeutet Schutz gegen Fremdkörper größer als 1 mm (Ziffer 4) und gegen Strahlwasser (Ziffer 5).

	Fremdkörperschutz **– 1. Kennziffer –** Schutz gegen …	**Wasserschutz** **– 2. Kennziffer –** Schutz gegen …
IP	1… : Fremdkörper > 50 mm	… 1: Senkrecht fallendes Tropfwasser
IP	2… : Fremdkörper > 12 mm	… 2: Schräg fallendes Tropfwasser (bis 15°)
IP	3… : Fremdkörper > 2,5 mm	… 3: Sprühwasser
IP	4… : Fremdkörper > 1 mm	… 4: Spritzwasser
IP	5… : Staubablagerungen	… 5: Strahlwasser
IP	6… : Eindringen von Staub	… 6: Schwere See
IP		… 7: Eintauchen
IP		… 8: Untertauchen

Leitungsschutzschalter, FI und Feinsicherungen

Bei Reparaturen an Haushaltsgeräten und bei einfachen Arbeiten an der Elektroinstallation werden Sie überwiegend mit zwei Arten von Sicherungen Bekanntschaft machen: den Leitungsschutzschaltern, Fehlerstromschutzschaltern und den Feinsicherungen.

Leitungsschutzschalter

Leitungsschutzschalter befinden sich in dem „Zählerkasten" (korrekt heißt er Hausverteilung). (Abb. 13)

Diese Sicherungen sichern einzelne Stromkreise (z. B. Keller, Küche, Bad) oder besondere Verbraucher (Waschmaschine, Elektroherd) ab. Früher verwendete man hier Schmelzsicherungen, bei denen man nach jedem Durchbrennen eine neue Sicherungspatrone einsetzen musste. (Abb. 14)

Heute verwendet man anstelle von Schmelzsicherungen „Sicherungsautomaten", bei denen man lediglich einen Hebel umlegen oder einen Knopf drücken muss, wenn sie „herausgesprungen" sind. (Abb. 15)

Fehlerstromschutzschalter

Eine besondere Art Sicherung sind Fehlerstromschutzschalter (FI-Schalter). Sie sprechen nicht nur bei Überschreiten ihres angegebenen Stroms (also der aufgedruckten Amperezahl) an, sondern bereits dann, wenn ein geringer Strom einen „falschen" Weg nimmt. Vereinfacht lässt sich die Funktion dieses Schalters so darstellen, dass er den zum Gerät fließenden Strom mit dem zurückfließenden Strom vergleicht. Fließt

Info

Ganz generell gilt für alle Arten von Sicherungen: Sie dürfen keinesfalls überbrückt oder geflickt werden, da hierdurch die Leitungen bzw. das Gerät überlastet oder zerstört werden können, mit entsprechender Brandgefahr. Nur ein konzessionierter Elektriker darf eine Sicherung durch eine stärkere Ausführung ersetzen, einen Leitungsschutzschalter oder Fehlerstromschutzschalter austauschen.

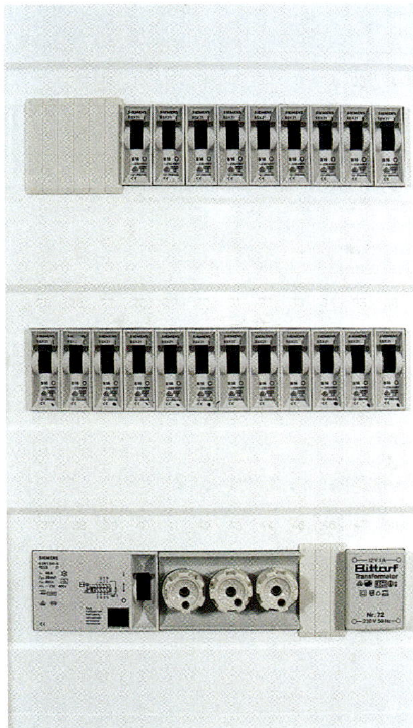

Abb. 13

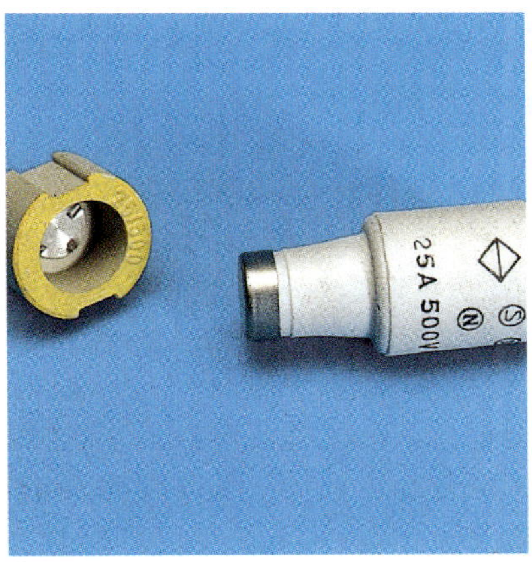

Abb. 14

Abb. 15

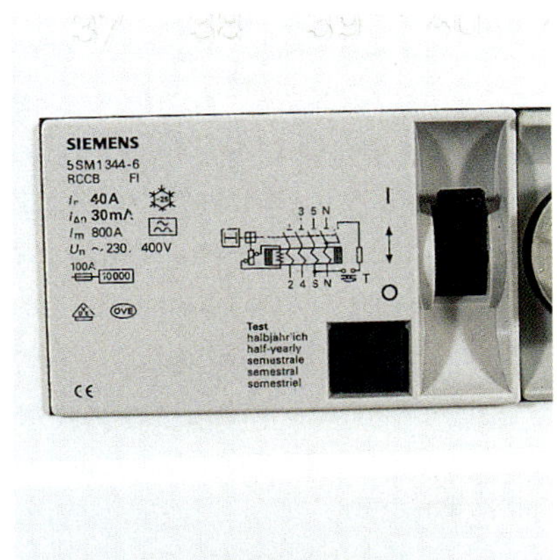

Abb. 16

Abb. 17

Auslöseverhalten der Feinsicherung	Kennbuchstabe
Superflink	FF
Flink	F
Mittelträge	M
Träge	T
Superträge	TT

weniger Strom zurück als hin, muss ein Fehler vorliegen und der Schalter unterbricht den Stromkreis. (Abb. 16)

Feinsicherungen

Die Feinsicherungen oder Gerätesicherungen sollen im Fehlerfall in erster Linie das Gerät vor Zerstörung schützen. Sie sind mehr oder minder gut zugänglich am oder im Gerät untergebracht. Beim Austausch solch einer Sicherung ist auf die richtige Volt- und Amperezahl zu achten: Sie finden diese Angaben in den Gerätepapieren und auf den Metallkappen der Sicherungen eingeprägt.

Neben diesen Werten müssen Sie aber noch auf die Charakteristik der Sicherung achten: Soll die Sicherung schon bei sehr kurzfristiger Überschreitung ihrer Amperezahl durchbrennen, ist sie „flink" – was durch den eingeprägten Buchstaben „F" gekennzeichnet wird. Darf der Strom etwas länger über der höchst zulässigen Amperezahl liegen, ist die Sicherung „mittelträge" („M") oder „träge" („T"). (Abb. 17)

Material und Werkzeug

Installationsmaterial und Ersatzteile

Installationsmaterial

Steckdosen und Schalter gibt es für Unterputz- und Aufputzmontage. Beide Varianten sind elektrisch gesehen gleichartig, sie unterscheiden sich nur durch die Art des Schutzes gegen Feuchtigkeit sowie im Design und der Mechanik. Schalter müssen bei Austausch oder Neumontage der vorgesehenen Funktion entsprechen.
Meist sind im Handel Wechselschalter, Kreuzschalter und Serienschalter im Angebot. (Abb. 18) Dabei ist der Wechselschalter der „Standardschalter" – er wird verwendet, um Leuchten von einer oder von zwei Stellen aus ein- und ausschalten zu können.

Kreuzschalter benötigt man in Sonderfällen, wo eine Leuchte von mehr als zwei Stellen aus geschaltet werden soll.

Serienschalter haben ein zweigeteiltes Schalterfeld und in ihrem Inneren zwei separate Schalter. Somit kann man mit einem Serienschalter zwei Leuchten von einer Stelle aus oder mehrere Lampen in einer Leuchte getrennt schalten.

Möchten Sie Steckdoseneinsätze oder Schaltereinsätze mit Unterputzmontage wechseln, müssen Sie beachten, dass die Einsätze meist zu einem Programm gehören, dass neben den Steckdosen u. a. unterschiedliche Schalter, Taster und Sondersteckdosen (Antenne, Telefon etc.) umfasst.

Somit benötigen Sie zusätzlich zu den Steckdoseneinsätzen einen zum Programm passenden Rahmen. Sitzt die Steckdose allein in der Wand, benötigen Sie einen einfachen Rahmen. (Abb. 19) Ist das auszutauschende Element mit weiteren Steckdosen oder Schaltern

Info

Für alle Installationen darf man nur solches Material verwenden, das den Normen sowie den VDE-Bestimmungen (VDE: Verband Deutscher Elektrotechniker) entspricht. Beschädigte, abgenutzte oder veraltete Teile dürfen Sie nicht verwenden. Zugelassenes Installationsmaterial erkennen Sie an dem VDE-Prüfzeichen (siehe unten). Dieses Zeichen sagt aus, dass das Material den DIN-Vorschriften sowie den Bestimmungen des VDE entspricht.

kombiniert, müssen Sie alle Komponenten dieser Kombination austauschen und einen entsprechenden Mehrfachrahmen kaufen. Die Rahmen passen meist nur zu einem einzigen Schalterprogramm eines Herstellers.

Eine neue Aufputzsteckdose oder ein neuer Aufputzschalter müssen in ihrer Art genau der bisher bereits installierten entsprechen. Sie dürfen deshalb in Feuchträumen keinesfalls eine normale Aufputzsteckdose installieren, sondern nur eine entsprechende Feuchtraumsteckdose. (Abb. 20)

Ersatzteile

Wenn bei einer Reparatur der Austausch von bestimmten Teilen notwendig wird, sollten Sie, wenn irgend möglich, auf Originalersatzteile des Herstellers zurückgreifen. Bezugsquellen dafür können Sie den Bedienungsanleitungen des jeweiligen Geräts entnehmen. Wenn Sie lediglich eine Leitung oder einen Stecker benötigen, können Sie diese Teile auch von einem Elektrogeschäft oder Baumarkt beziehen.

In jedem Fall sollten Sie aber genau die gleiche Ausführung verwenden, wie sie fabrikseitig montiert war – das gilt übrigens generell für alle Teile. War beispielsweise an einem Gerät ein Schutzkontaktstecker, müssen Sie ihn in jedem Fall durch eine gleichwertige Ausführung ersetzen, niemals durch einen zweipoligen Euro-Stecker. Das

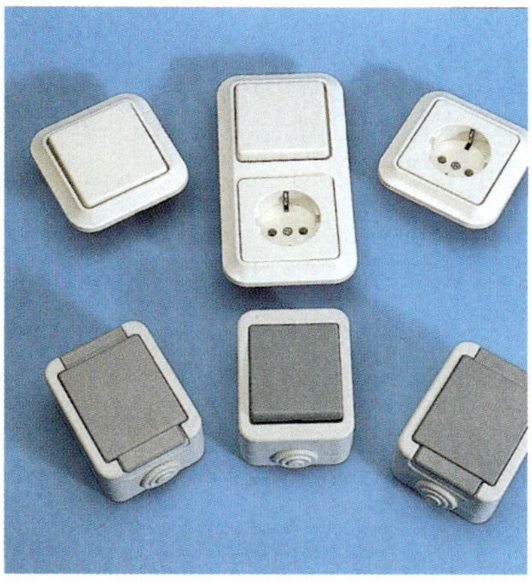

Abb. 18

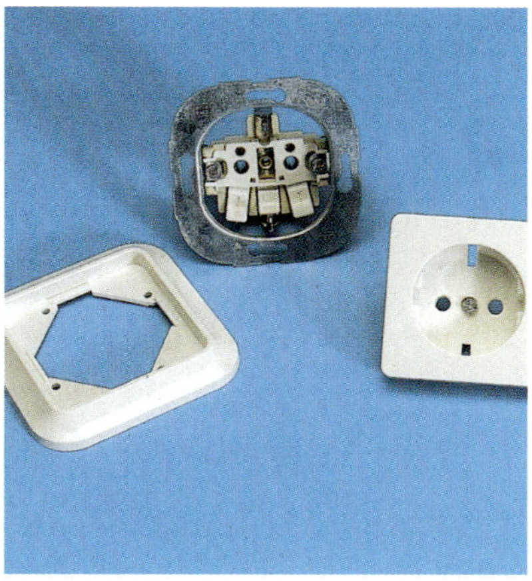

Abb. 19

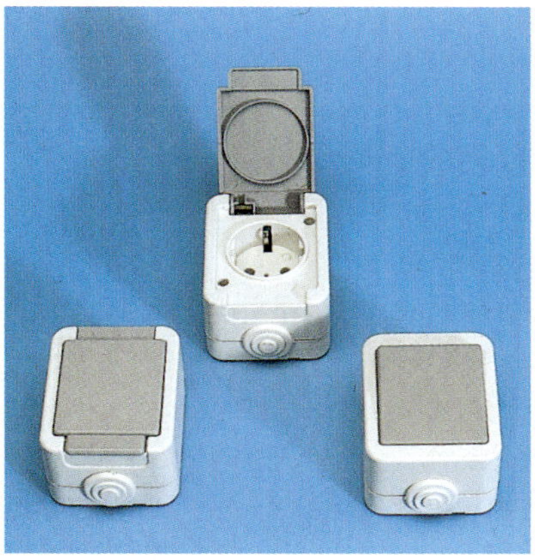

Abb. 20

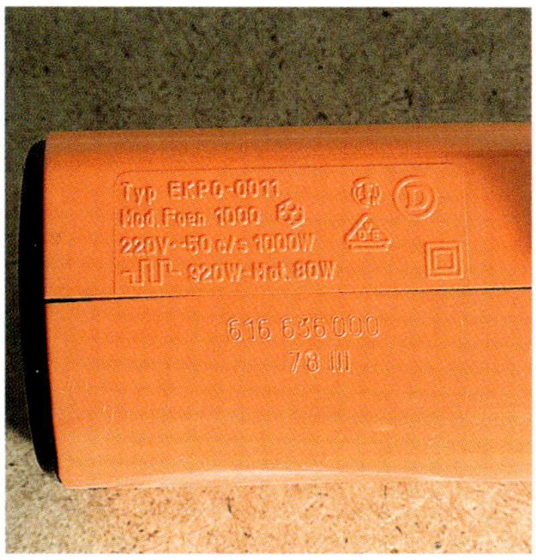

Abb. 21

gilt auch für Anschlussleitungen: keine Experimente mit andersartigen Leitungen!

Für den Einkauf sollten Sie sicherheitshalber das defekte Teil mitnehmen oder bei Leitungen ein kurzes (abisoliertes!) Musterstück. Die genaue Typbezeichnung und die Seriennummer des Geräts sind gerade beim Kauf von Originalersatzteilen unbedingt nötig, diese Angaben stehen auf dem Gerät oder in den dazugehörigen Papieren. (Abb. 21)

Kabelkunde

Grundsätzlich müssen im Elektrobereich zugelassene und geprüfte Leitungen verwendet werden. Leitungen bestehen meist aus mehreren so genannten Adern, die zusammen in einer äußeren Isolierungshülle liegen. Dabei ist jede Ader selbst isoliert, wobei die Farbe der Isolierung den jeweiligen Verwendungszweck der Ader angibt.

Farben der Leiter

So gibt es verbindliche Angaben zu den Farben der Leiter in den Anschlusskabeln und deren Verwendung. (Abb. 22)
Das gilt nicht nur für die diejenigen Leitungen, die in der Wand oder Decke liegen, sondern auch für die Anschlussleitungen zu den Geräten.

Bezeichnung	Kennfarbe der Aderisolierung	Kennfarbe der Aderisolierung in Altbauten
Schutzleiter	Grün-gelb gestreift	Rot
Mittelleiter (Nullleiter)	Hellblau	Grau
Außenleiter (Phase)	Schwarz oder Braun, gegebenenfalls Braun für einen geschalteten Außenleiter verwenden	Schwarz

Leitungen für feste Installationen

Leitungen für feste Installationen, also Leitungen, die nicht von Geräten zu einer Steckdose führen, haben immer einen Aderkern aus massivem Kupfer. (Abb. 23) Die Stärke jeder einzelnen Ader richtet sich nach dem maximalen Strom, der durch diese Leitungen fließen soll.

Leitungen für feste Installationen gibt es in unterschiedlichem Aufbau, wobei aber immer die einzelnen Adern aus massivem Kupfer bestehen und einzeln farbig isoliert sind. Der Gesamtaufbau der Leitung richtet sich nach der vorgesehenen Verwendung. Keinesfalls darf eine Leitung anders verlegt werden, als es ihrem Verwendungszweck entspricht.

Info

Bei Reparaturen an Gerätesteckern spielt die äußere Form – beispielsweise bei anderen Steckersystemen als in Deutschland üblich – keine Rolle. Der elektrische Anschluss muss aber so erfolgen, dass vor allem der Schutzleiter mit dem entsprechenden Kontakt verbunden ist.

Dabei bedeutet die Aussage, eine Leitung darf im Putz verlegt werden, dass diese Leitung von einer Putzschicht von mindestens einem Zentimeter Dicke bedeckt ist. (Abb. 24)

Die Verlegungsart „unter Putz“ bedeutet, dass die Leitung im Mauerwerk eingelassen ist und dann von der Putzschicht in der vollen Stärke (üblicherweise 1,5 cm) bedeckt ist. (Abb. 25)

Keinesfalls darf eine Leitung, die nur für die Verlegung in oder unter Putz zugelassen ist, offen auf dem Mauerwerk oder sogar auf brennbaren Baustoffen liegen.

Leitungen für ortsveränderliche Verbraucher

Zum Anschluss von so genannten ortsveränderlichen Verbrauchern, also meist Geräten, die über einen Stecker an eine Steckdose angeschlossen werden, ist die Verwendung einer anderen Leitungsart vorgeschrieben. Diese Leitungen bestehen ebenfalls aus mehreren

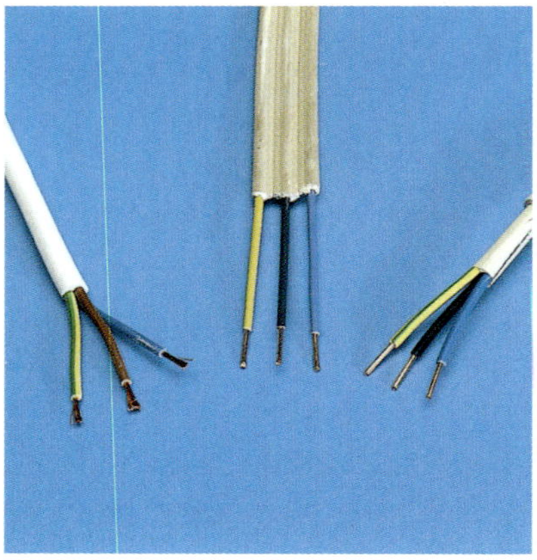

Abb. 22

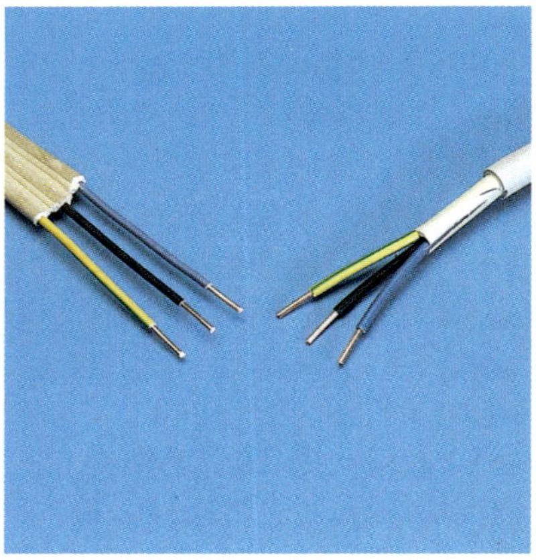

Abb. 23

Abb. 24

Abb. 25

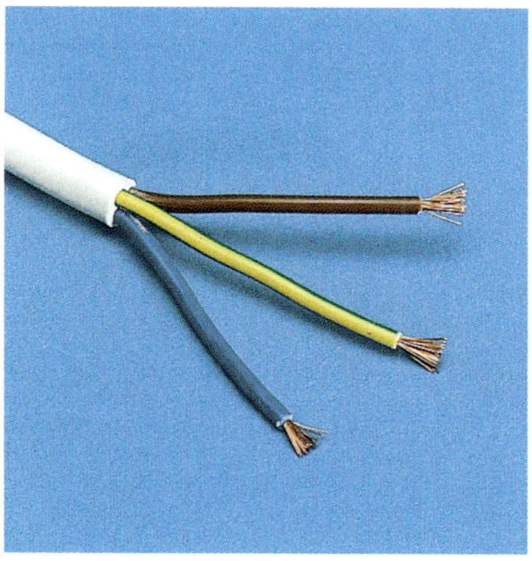

Abb. 26

untereinander isolierten Adern, die in einer gemeinsamen Außenisolierung liegen.

Im Gegensatz zu den Leitungen für feste Verlegung müssen hier aber die einzelnen Adern aus vielen feinen Kupferdrähten bestehen. (Abb. 26)

Dadurch ist eine hohe Flexibilität der Leitungen sichergestellt. Würde man eine Leitung mit starrem Kupferleiter häufiger biegen, könnten die Leiter in den Adern unter der mechanischen Beanspruchung brechen. Auch bei den flexiblen Leitungen muss der Querschnitt der einzelnen Adern der Stromaufnahme des daran angeschlossenen Verbrauchers entsprechen.

Leitungstyp

Alle zugelassenen Leitungen haben eine Kurzbezeichnung, die aus mehreren Buchstaben sowie einigen Zahlen besteht. Dabei geben die Buchstaben den Leitungstyp an, die Ziffern bezeichnen die Anzahl und den Querschnitt der Adern. (Abb. 27). In der Tabelle auf Seite 17 sind einige wichtige Leitungen aufgeführt.

Werkzeuge und Messgeräte

Keine qualifizierte Arbeit ohne spezielles Werkzeug – das gilt auch hier. Für alle Elektroarbeiten sollten Sie vollisolierte Werkzeuge verwenden. (Abb. 28) Das betrifft vor allem Schraubendreher (Schlitz und Kreuzschlitz), Kombizange, Seitenschneider und gegebenenfalls Abisolierzange.

Kreuzschlitzschraubendreher

Bei sehr vielen Geräten findet man so genannte Kreuzschlitzschrauben – für diese Schrauben sollten Sie unbedingt einen passenden Kreuzschlitzschraubendreher verwenden. (Abb. 29)

Seitenschneider

Sehr nützlich ist ein Seitenschneider, mit ihm lassen sich Leitungen sauber schneiden und mit etwas Übung auch abisolieren. (Abb. 30)

Isolierabstreifzange

Das Abstreifen von Isolierungen geht jedoch am einfachsten mit einer Isolierabstreifzange (auch Abisolierzange genannt).

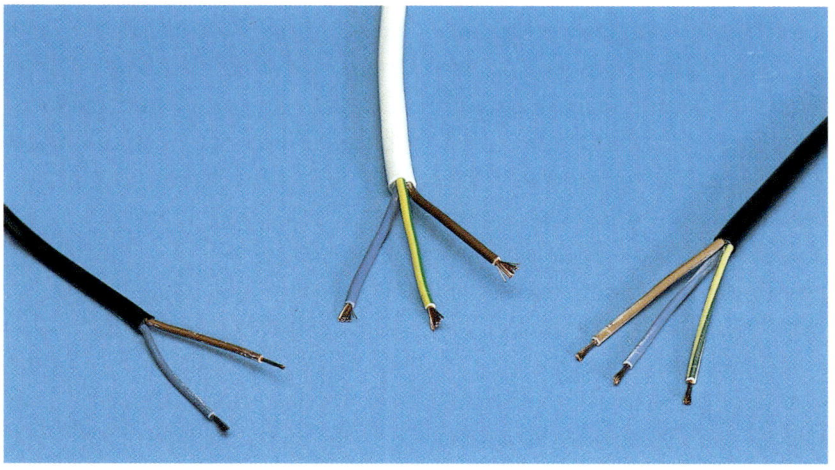

Abb. 27

Abb. 28

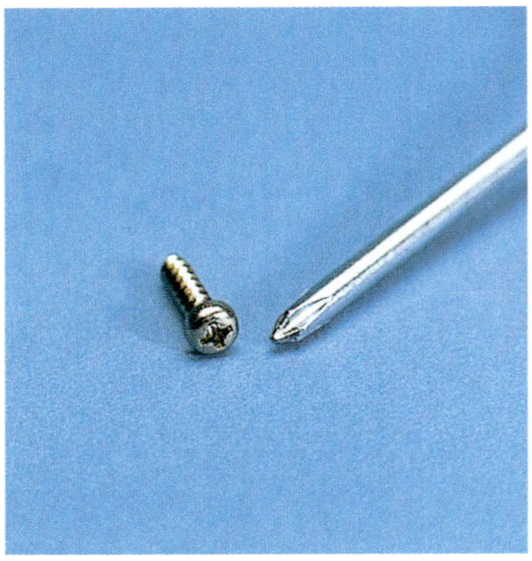

Abb. 29

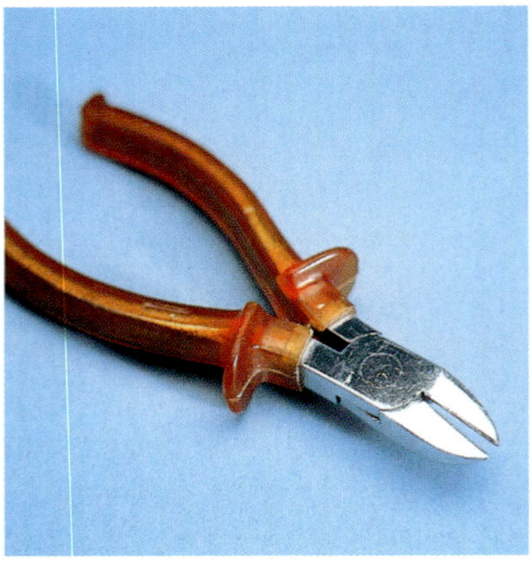

Abb. 30

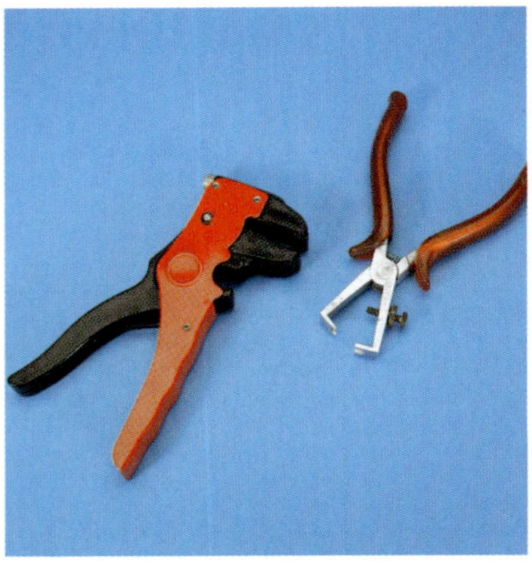

Abb. 31

(Abb. 31 rechts) Diese Werkzeuge sind in einer guten Ausführung nicht billig. Wer jedoch seltener Reparaturen ausführt, kann bei preiswerten Angeboten zugreifen. Neben einfachen Abisolierzangen gibt es automatische Zangen, die sich selbsttätig so einstellen, dass die Kupferleiter nicht verletzt werden. (Abb. 31 links) Zangen, die diese Funktion verlässlich durchführen, sind recht teuer.

Quetschzange

Um flexible Leitungen anschließen zu können, müssen Sie eine spezielle Quetschzange für Aderendhülsen haben. (Abb. 32) So eine Zange ist vergleichsweise teuer, aber unerlässlich.

Messer

Zum Entfernen der äußeren Isolierung von Leitungen benötigen Sie ein scharfes Messer: Sie können entweder ein kleines, scharfes Küchenmesser zweckentfremden oder sich für wenig Geld ein Cutter-Messer mit abbrechbaren Klingen kaufen. (Abb. 33)

Phasenprüfer

Zum Prüfen von Leitungen und Geräten benötigen Sie einen so genannten Phasenprüfer (auch Spannungsprüfer genannt). (Abb. 34)

Der Phasenprüfer sieht wie ein Schraubendreher aus, hat aber in der Regel einen aus durchsichtigem Kunststoff geformten Griff und außerdem einen isolierten Schaft, der nur die Klinge frei lässt. In dem Griff sind eine Glimmlampe und ein strombegrenzendes Bauteil untergebracht. Achten Sie beim Kauf eines Phasenprüfers darauf, dass er ein VDE- und GS-Zeichen trägt.

Zweipolspannungsprüfer

Weitergehende Prüfungen können Sie mit einem Zweipolspannungsprüfer vornehmen. (Abb. 35)

Das ist ein Gerät, das zwei Prüfspitzen hat, wobei in einer Spitze eine oder mehrere Anzeigen eingebaut sind. Die beiden iso-

Abb. 32

Abb. 33

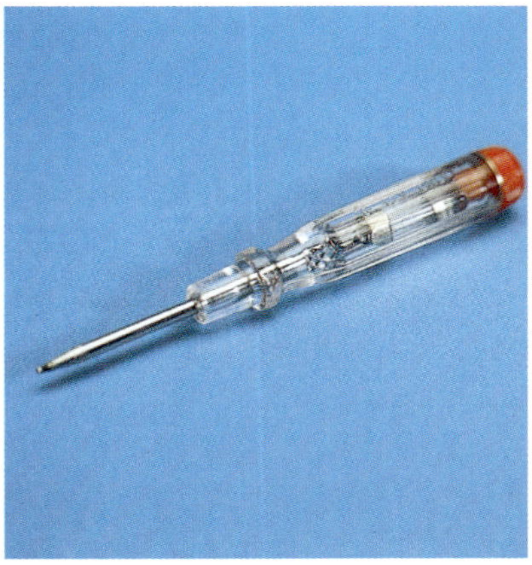

Abb. 34

Bezeichnung	Kurzzeichen	Verwendung (Verlegungsart)	Aderzahl im Beispiel
Stegleitung	NYIF-J 3 x 1,5	**Feste Verlegung:** in trockenen Räumen in und unter Putz. Nicht in Holzhäusern, auf brennbaren Materialien, in landwirtschaftlichen Gebäuden.	3 Adern mit Schutzleiter, Querschnitt 1,5 mm^2
Mantelleitung	NYM-J 3 x 1,5	**Feste Verlegung:** in trockenen und feuchten Räumen auf, in und unter Putz, kurze Strecken im Freien im Schutzrohr. Nicht im Erdreich.	3 Adern mit Schutzleiter, Querschnitt 1,5 mm^2
Erdleitung	NYY-J 3 x 1,5	**Feste Verlegung:** im Freien und in der Erde, in Innenräumen.	3 Adern mit Schutzleiter, Querschnitt 1,5 mm^2
Leichte PVC-Schlauchleitung	HO3VV-F 3G 0,75	**Für ortsveränderliche Verbraucher:** in trockenen Räumen bei geringen Beanspruchungen, für leichte Handgeräte und Werkzeuge. Nicht im Freien.	3 Adern mit Schutzleiter, Querschnitt 0,75 mm^2
Mittlere PVC-Schlauchleitung	HO5VV-F 3G 1,0	**Für ortsveränderliche Verbraucher:** in trockenen Räumen bei mittleren mechanischen Beanspruchungen. Nicht im Freien, Gewerbe und Landwirtschaft.	3 Adern mit Schutzleiter, Querschnitt 1,0 mm^2
Leichte Gummischlauchleitung	HO5RN-F 3G 1,5	**Für ortsveränderliche Verbraucher:** in trockenen und feuchten Räumen bei leichten mechanischen Beanspruchungen. Nicht in Gewerbe und Landwirtschaft.	3 Adern mit Schutzleiter, Querschnitt 1,5 mm^2
Schwere Gummischlauchleitung	HO7RN-F 3G 1,5	**Für ortsveränderliche Verbraucher:** in trockenen und feuchten Räumen bei mittlerer mechanischer Beanspruchung. Auf Baustellen.	3 Adern mit Schutzleiter, Querschnitt 1,5 mm^2

lierten Prüfspitzen sind durch eine Leitung miteinander verbunden. Solch ein Prüfer ist nicht für alle hier vorgestellten Reparaturen nötig, aber oftmals eine nützliche Hilfe. Für Heimwerkerzwecke genügen die preiswerten Ausführungen, die man in vielen Elektrogeschäften und Baumärkten erhalten kann. Achten Sie auch bei diesem Prüfer auf das VDE- und GS-Zeichen.

Info

Für feste Verlegungen ist die Leitung „NYM" sehr vielseitig einzusetzen. „NYM" eignet sich für die Verlegung in trockenen und feuchten Räumen auf, in und unter Putz und darf sogar über kurze Strecken im Freien im Schutzrohr verlegt werden.

Durchgangsprüfer und Multimeter

Als drittes Prüfwerkzeug benötigen Sie außerdem noch einen Durchgangsprüfer oder ein Multimeter.

Mit dem Durchgangsprüfer können Sie beispielsweise feststellen, ob eine Leitung unterbrochen ist. (Abb. 36) Teilweise werden solche Durchgangsprü-

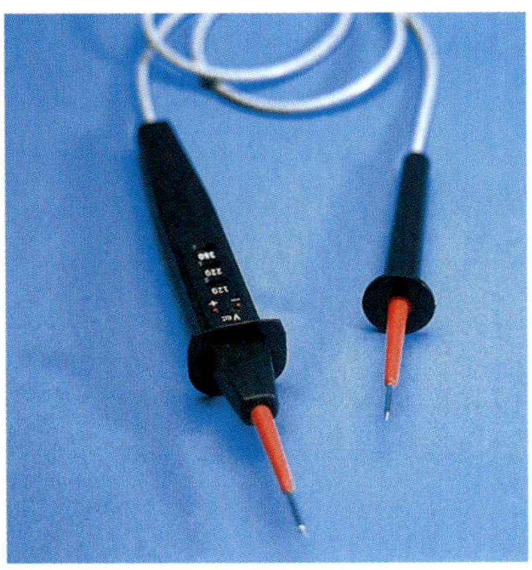

Abb. 35

Abb. 36

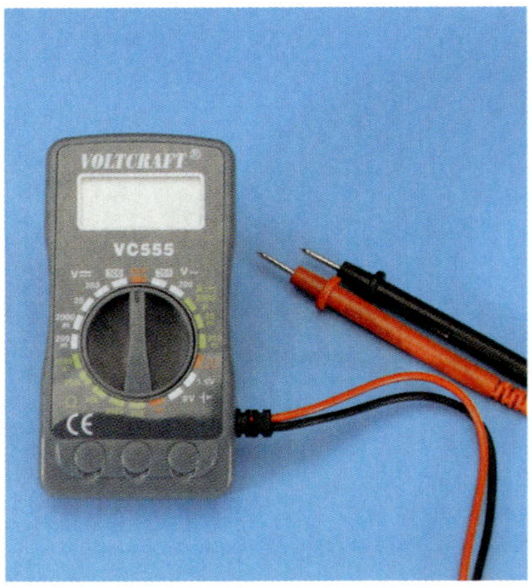

Abb. 37

Abb. 38

Abb. 39

Abb. 40

fer sehr preiswert angeboten, Sie sollten jedoch nicht mehr als zehn Euro dafür ausgeben, denn manchmal finden Sie brauchbare Multimeter in dieser Preisklasse im Handel (Abb. 37), die wesentlich mehr leisten können als ein einfacher Durchgangsprüfer.

Mit dem Durchgangsprüfer können Sie lediglich eine „Ja/Nein"-Aussage machen – also nur messen, ob eine Verbindung besteht oder nicht. Mit dem Multimeter dagegen können Sie zusätzlich feststellen, wie gut oder wie schlecht eine Verbindung den Strom leitet.

Außerdem bietet ein Multimeter neben einem Widerstandsmessbereich noch Messbereiche für Spannung und Strom.

Ein Multimeter bietet also, wie der Name andeutet, mehrere Messmöglichkeiten.
Zum einen hat es einen oder mehrere Messbereiche für Widerstandsmessungen (Ohmbereiche) – damit ersetzt es bereits den Durchgangsprüfer. Darüber hinaus hat es in der Regel noch Spannungs- und Strommessbereiche. Für die hier beschriebenen Reparaturen interessiert neben Widerstandsmessbereichen (Ohmbereiche, Abb. 38) noch der Wechselspannungsmessbereich (fast immer mit V AC, Volt AC oder V ~ bezeichnet – AC steht für alternating current; Englisch für Wechselstrom), der bis 250, 500 oder 1000 Volt reicht. (Abb. 39)

Neben Bereichen für Wechselspannung hat jedes Multimeter noch Messbereiche für Gleichspannung, die häufig mit Volt DC oder V = bezeichnet sind (DC steht für direct current; Englisch für Gleichstrom). (Abb. 40)

Diese Multimeter gibt es in Preisklassen bis weit über 500,– Euro – für die hier vorgestellten Reparaturen reicht aber die einfachste Ausführung. Solche Geräte werden nicht nur in Elektrofachgeschäften oder Baumärkten angeboten, sondern vor allem in Elektronikgeschäften. Achten Sie bei der Geräteauswahl auf den Widerstandsbereich (es sollte ein Bereich dabei sein, der von Null bis etwa 100 Kiloohm geht) und den Wechselspannungsmessbereich (es sollte ein Bereich dabei sein, der von Null bis etwa 250 oder 500 Volt reicht, da die Netzspannung 230 Volt beträgt).

Lötkolben

Bei einigen Reparaturen sind Lötarbeiten nötig. Wenn Sie sich an derartige Arbeiten wagen wollen, müssen Sie sich neben dem anderen Werkzeug einen elektrischen Feinlötkolben mit 20 bis 30 Watt Leistungsaufnahme zulegen, der eine möglichst feine Spitze haben sollte. Zusätzlich benötigen Sie noch Lötzinn – kaufen Sie aber in jedem Fall Elektroniklötzinn mit einer Flussmittelseele. (Abb. 41) Gebräuchlich ist z. B. Zinn mit der Bezeichnung LSn60.

Leitungssuchgerät
Ein Leitungssuchgerät ist für viele Arbeiten unerlässlich. (Abb. 42) Mit diesem Gerät kann man unter dem Putz verborgene elektrische Leitungen aufspüren.

Vor dem ersten „ernsten" Einsatz eines Leitungssuchgeräts sollte man sich eingehend mit seiner Funktion vertraut machen und es ausprobieren – beispielweise an der Leitung, die zu einem Lichtschalter führt. Schieben Sie einfach das Gerät über und unter einem Lichtschalter über die Wand: Sie werden eine Leitung finden.

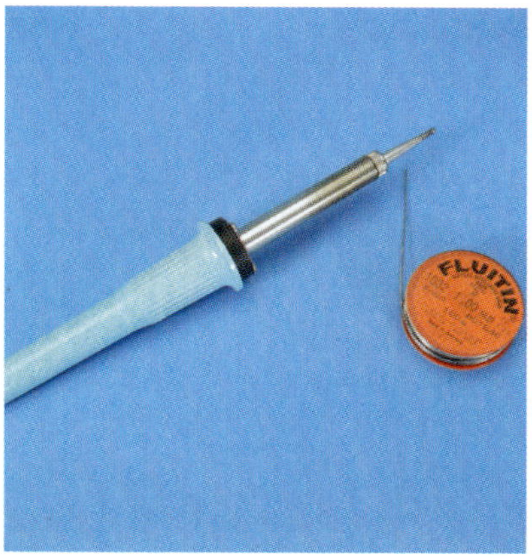

Abb. 41

Abb. 42

Übrigens reagieren diese Leitungssuchgeräte meist generell auf Metall – damit können Sie also abgeschaltete Stromleitungen unter Putz genauso gut finden wie Wasserrohre.

Arbeiten mit dem Werkzeug

Leitungen abisolieren

Wenn Sie eine Abisolierzange gekauft haben, sollten Sie die Arbeit damit zunächst an einem Abfallstück einer Leitung üben. Grundsätzlich stellen Sie an der Schraube auf einer Zangenbacke ein, wie weit die beiden Schneiden zusammengehen dürfen, um nicht die Leitungsseele aus Kupfer zu beschädigen. (Abb. 43)

Info

Übrigens werden Sie Probleme bekommen, wenn Sie versuchen, die dicke äußere Isolierung von Leitungen mit der Abisolierzange zu entfernen: Die Zange ist nur zum Entfernen der Isolierung an den inneren, dünnen Leitern geeignet.

Entfernen der Außenisolierung

Zum Entfernen der Isolierung einer Leitung ist in den meisten Fällen zunächst der äußere Isolierungsmantel zu entfernen. Dazu schneiden Sie diese Isolierung vorsichtig mit einem Messer ringförmig ein. (Abb. 44)

Am einfachsten dürfte es sein, die Außenisolierung nur leicht (ungefähr zur Hälfte) einzuschneiden und anschließend die Leitung an der Schnittstelle um etwa 90 Grad zu biegen. Durch dieses Biegen wird der Schnitt breiter – wenn Sie die Isolierung tief genug eingeschnitten haben, wird sie aufreißen. (Abb. 45)

An den Stellen, wo nur die Schnittstelle aufklafft, müssen

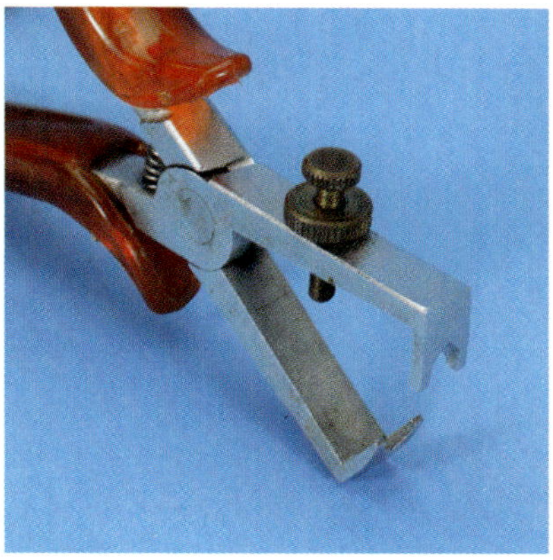
Abb. 43

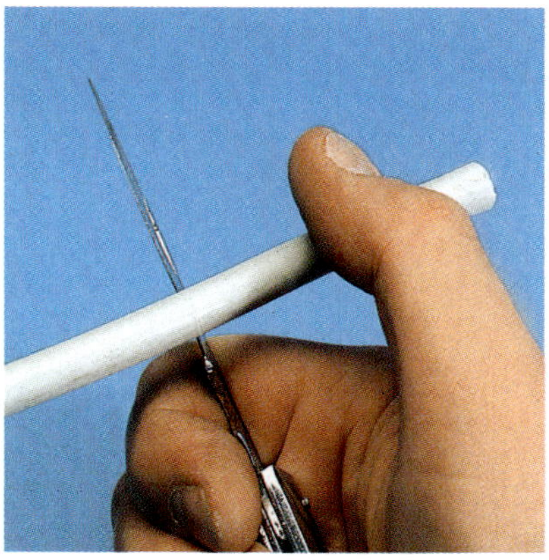
Abb. 44

Sie vorsichtig mit dem Messer nachschneiden (bei gebogener Leitung), bis die Außenisolierung aufreißt.

Ist das auf dem gesamten Leitungsumfang geschehen, können Sie die Isolierung wie einen Schlauch von den inneren Leitern abziehen. (Abb. 46)

Entfernen der Aderisolierung

Nach dem Entfernen der Außenisolierung haben Sie die eigentlichen Leitungen, die Adern, in den entsprechenden Farben vor sich: meist schwarz, blau und grün-gelb. An den Stellen, wo diese Leitungen angeschlossen werden sollen, ist die farbige Isolierung zu entfernen. Das können Sie zwar mit dem Messer machen, besser geht es aber mit einer manuellen oder mit einer automatischen Abisolierzange. (Abb. 47 – 48)

Draht und Litze

Gleich nach welcher Methode Sie die Isolierung entfernen: Die kupfernen Leiter darunter dürfen in keinem Fall beschädigt oder abgerissen werden. Je nach Art der Leitung bestehen die Leiter entweder aus massivem Kupferdraht oder sehr vielen dünnen Kupferdrähtchen. (Abb. 49, 50)

Eine Leitung mit einer Anhäufung von Drähtchen im Innern

Info

Mit einiger Übung können Sie zum Abisolieren der Adern auch den Seitenschneider verwenden: Die Schneiden müssen so fest zusammengedrückt werden, dass die Isolierung festgehalten, aber der eigentliche Kupferleiter noch nicht gequetscht wird. Mit einem Ruck ziehen Sie dann die Isolierung ab.

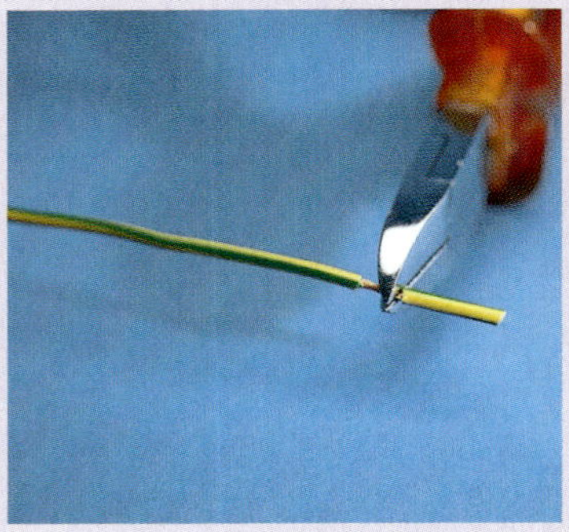

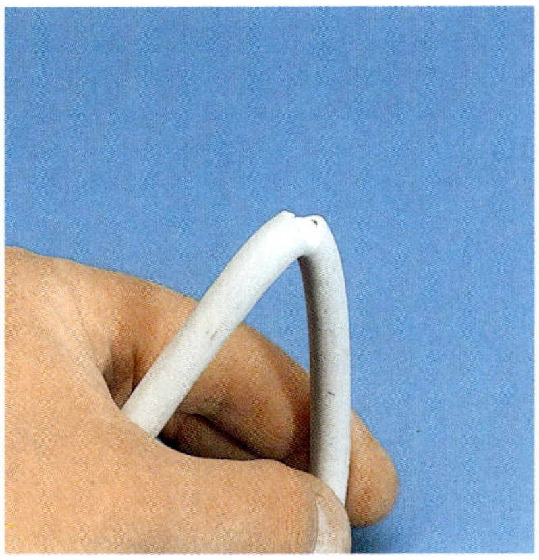

Abb. 45

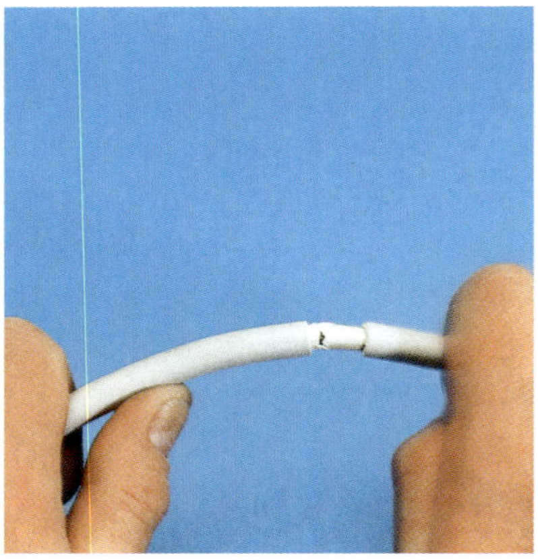

Abb. 46

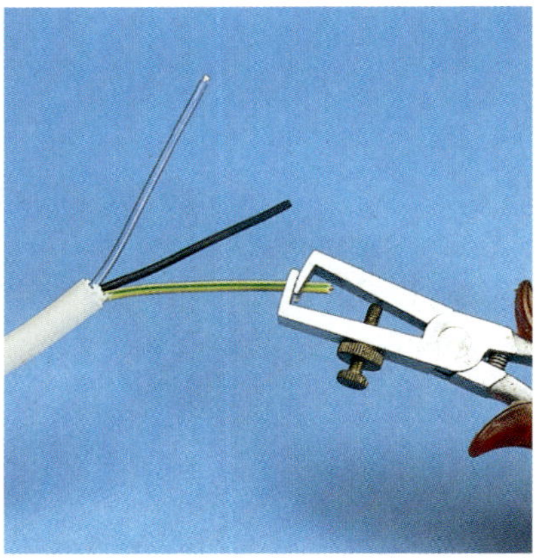

Abb. 47

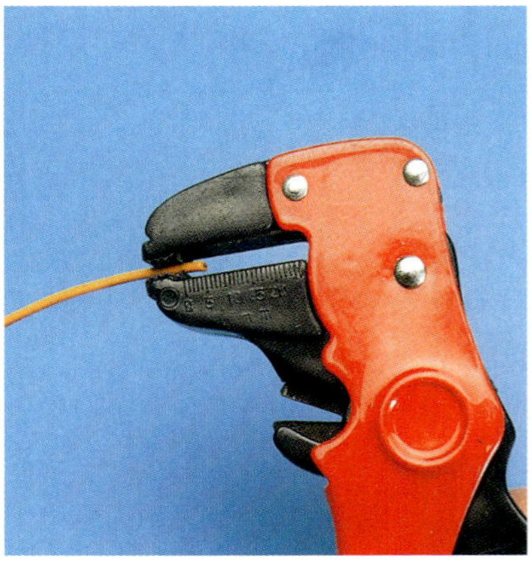

Abb. 48

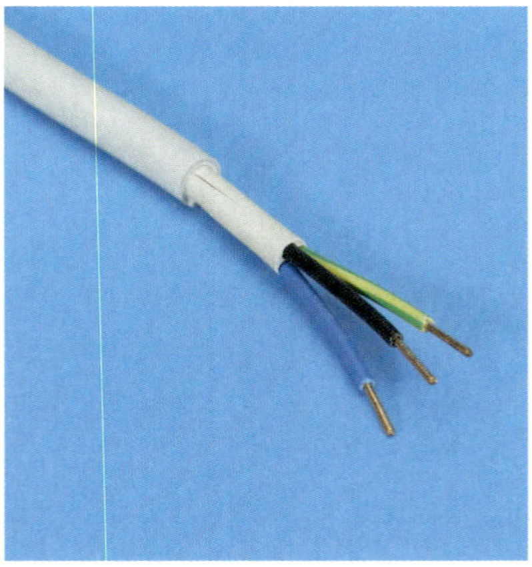

Abb. 49

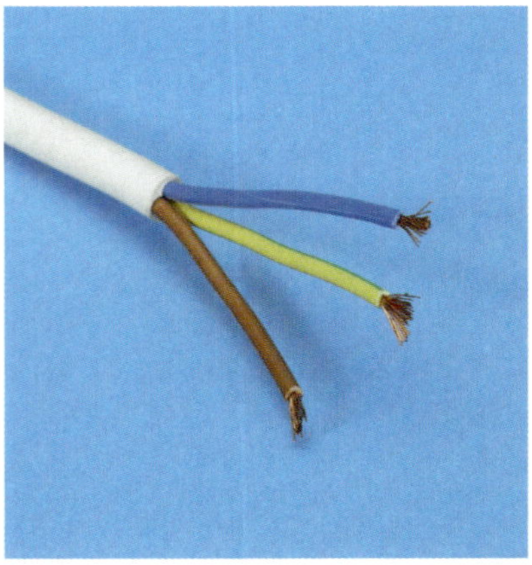

Abb. 50

nennt man Litze, und nur so eine Leitung darf man zum Anschluss von so genannten „ortsveränderlichen Verbrauchern" verwenden – also praktisch zum Anschluss von allen Geräten, die mit einem Stecker ausgerüstet sind.

Die Leitungen mit einem massiven Kupferdraht im Innern dürfen nur fest verlegt werden. Diese haben nämlich die Eigenschaft, bei häufiger Bewegung zu brechen.

Verzinnen und Löten

Wollen Sie mehr als nur kleine Reparaturen ausführen, werden Sie über kurz oder lang

Achtung

Prüfen Sie unbedingt, ob die Isolierung der inneren Leitungen unverletzt ist; biegen Sie dazu auch diese Leitungen an der Schnittstelle, um Verletzungen der Isolierung besser erkennen zu können. Haben Sie die Isolierung an den inneren Leitungen versehentlich eingeschnitten, müssen Sie die Leitungen an dieser Stelle ganz abschneiden und den Abisolierungsvorgang wiederholen.

nicht am Löten vorbeikommen, in diesem Fall am so genannten Weichlöten. Beim Weichlöten wird mit einem Lötkolben das Werkstück (also z. B. der Anschluss eines Schalters) so stark erhitzt, dass Lötzinn bei Berührung des Werkstücks schmilzt. (Abb. 51)

Sie sollten das Löten an einigen Drahtstücken üben, und damit das Ganze nicht langweilig wird, können Sie beispielsweise kleine dreidimensionale Drahtfiguren basteln. (Abb. 52)

Nicht nur der Optik wegen sollten Sie für diese Übungen mit dem Lötkolben Silberdraht verwenden, wie Sie ihn in Bastelgeschäften erhalten – denn dieser Draht lässt sich gut löten.

Wickeln Sie zum Löten etwa drei Zentimeter Lötzinn von der Spule oder dem Wickel ab (nicht abschneiden!) und prüfen Sie, ob der Lötkolben heiß genug ist: Das Lötzinn muss bei der Berührung mit der Spitze des Lötkolbens sofort schmelzen. (Abb. 53)

Wenn die Lötkolbenspitze verschmutzt ist (sie sollte an der vordersten Spitze silbrig glänzen), streifen Sie sie von allen Seiten kurz über einen feuchten Schwamm oder ein Tuch. Ist der Lötkolben heiß genug, nehmen Sie (als Rechtshänder) den Lötkolben in die rechte und den Wickel mit dem Lötzinn in die linke Hand.

Anschließend halten Sie die Lötkolbenspitze an die Lötstelle und nach etwa einer Sekunde das Lötzinn an diesen Punkt: Das Lötzinn muss sofort schmelzen. Eine gute Lötstelle muss nach dem Erkalten hell silbrig glänzen und das Lötzinn

Abb. 51

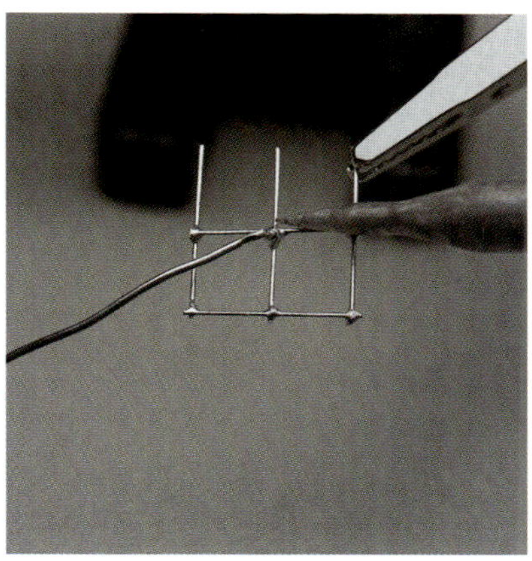

Abb. 52

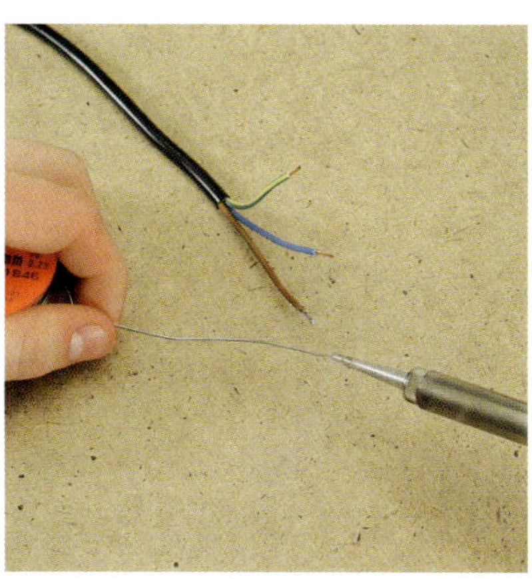

Abb. 53

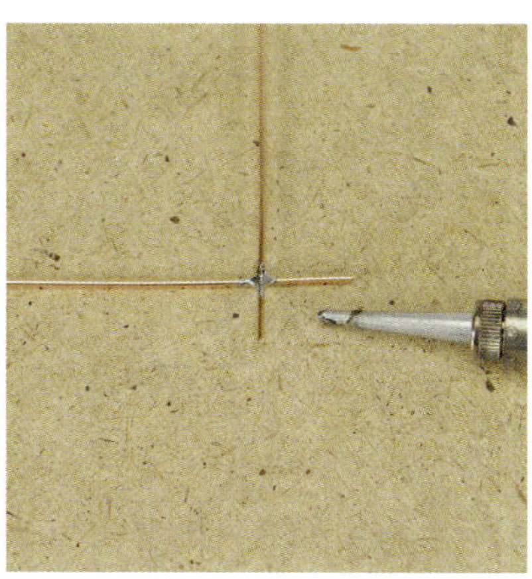

Abb. 54

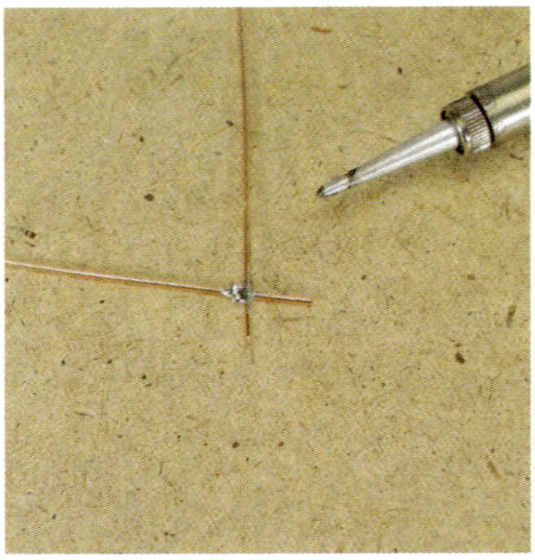

Abb. 55

muss den Silberdraht an allen Seiten sauber umflossen haben. (Abb. 54)

Sehen die Lötstellen matt aus, haben Sie wahrscheinlich an den Drähten während der Erstarrungsphase des Lötzinns gewackelt – das nennt man eine „kalte Lötstelle". Diese Bezeichnung deutet auch auf eine zweite mögliche Fehlerquelle hin: Die Temperatur des Werkstücks war gerade noch so hoch, dass zwar das Lötzinn schmelzen, sich aber nicht mehr fest mit den Drähten verbinden konnte. (Abb. 55) In diesen Fällen wiederholen Sie einfach den Lötvorgang.

Aderendhülsen anbringen

Nachdem Sie eine Leitung abisoliert haben, wollen Sie sie auch anschließen. Ganz generell gilt, dass Sie die vielen Drähtchen einer Litze nicht einfach mit den Fingern „verzwirbeln" und irgendwo festschrauben dürfen. Dabei würden spätestens durch die Drehbewegungen beim Schrauben einige Drähtchen abgerissen. Außerdem ist solch eine Verbindung nicht durch Zug belastbar.

Das Verzinnen der Adern, also das Verlöten der einzelnen Drähtchen untereinander, ist ebenso wenig zulässig. Da das Lötzinn die Eigenschaft hat, unter Druck (z. B. durch eine Schraube) zu „fließen", also sich langfristig dem Druck durch Entweichen zu den Seiten entzieht, wäre so eine Ver-

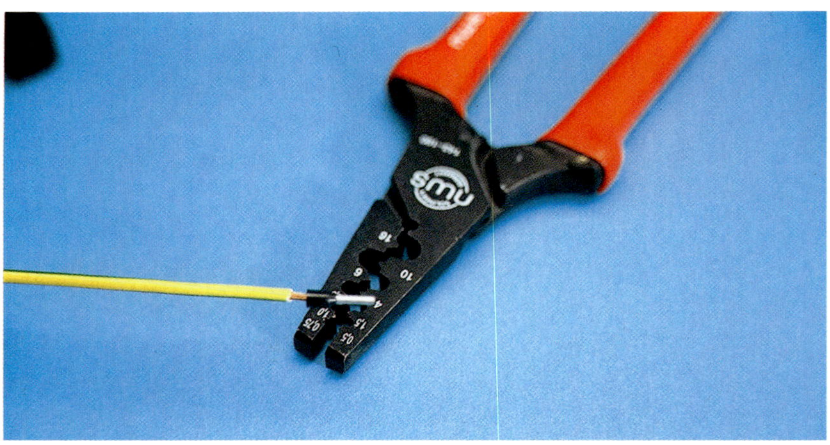

Abb. 56

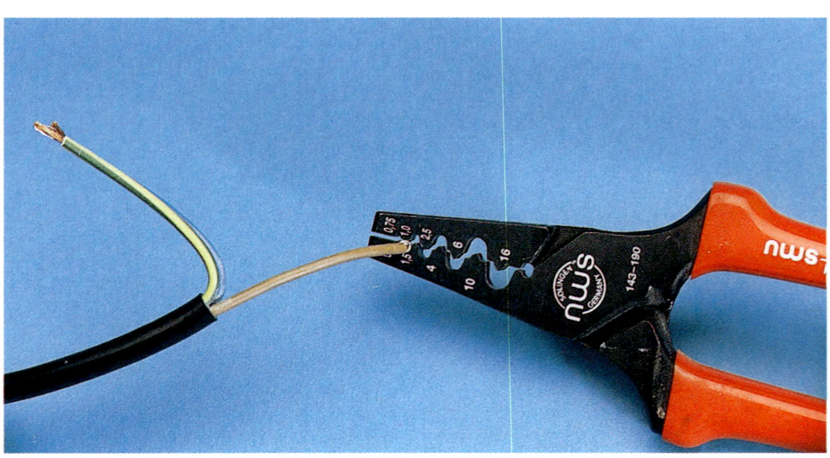

Abb. 57

Info

Vor dem Anlöten einer flexiblen Leitung an eine Kontaktstelle sollte man die Äderchen der abisolierten Leitung zuerst verzinnen. Dazu verdrillen Sie die Kupferdrähtchen zwischen den Fingern. Als wenn Sie löten wollten, erwärmen Sie nun das Drähtchenbündel mit der Spitze des Lötkolbens. Das Lötzinn ist dann an die Drähtchen zu führen und diese sollten das Lötzinn aufsaugen. Lassen Sie das Zinn erkalten und kontrollieren Sie die Arbeit: Alle Kupferdrähtchen müssen silbrig schimmern und fest miteinander verbunden sein.

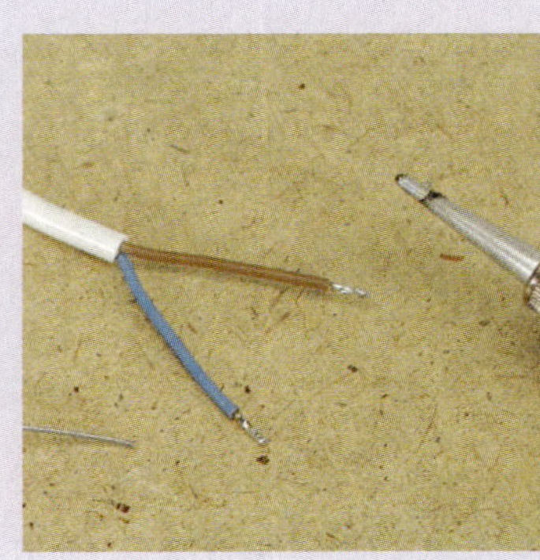

bindung auch nicht dauerhaft sicher. (Abb. 56)

Daher ist die Verwendung von so genannten Aderendhülsen vorgeschrieben. Diese Aderendhülsen sind kleine, verzinnte Kupferröhrchen, die über die Kupferdrähtchen der Litze geschoben und mit einer Spezialzange festgepresst werden. (Abb. 57) Sie stellen eine dauerhaft feste Verbindung der einzelnen Äderchen mit der Anschlussstelle sicher.

Aderendhülsen gibt es sowohl mit als auch ohne isolierten Kragen. (Abb. 58)

Da es Leitungen in verschiedenen Durchmessern gibt, wer-

Achtung

Sie sollten einen Phasenprüfer keinesfalls als Schraubendreher einsetzen – auch wenn die Klinge diese Verwendung nahe legt. Offensichtlich defekte Prüfer sollten Sie sofort entsorgen, sie könnten lebensgefährlich sein. Vor jeder Arbeit mit dem Phasenprüfer müssen Sie die Funktionsfähigkeit des Geräts überprüfen, indem Sie das Prüfgerät an einer Steckdose ausprobieren.

Abb. 58

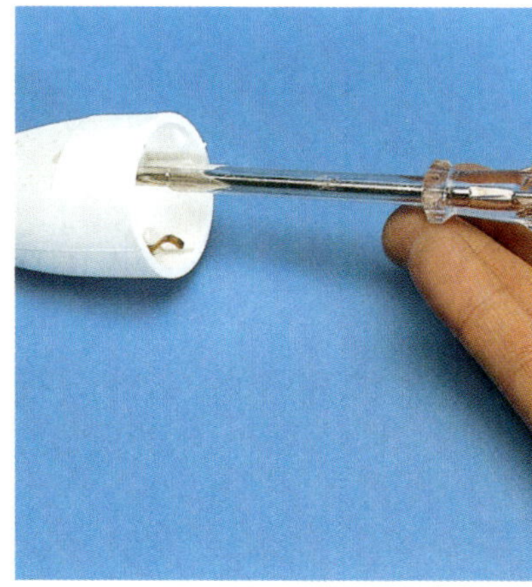

Abb. 59

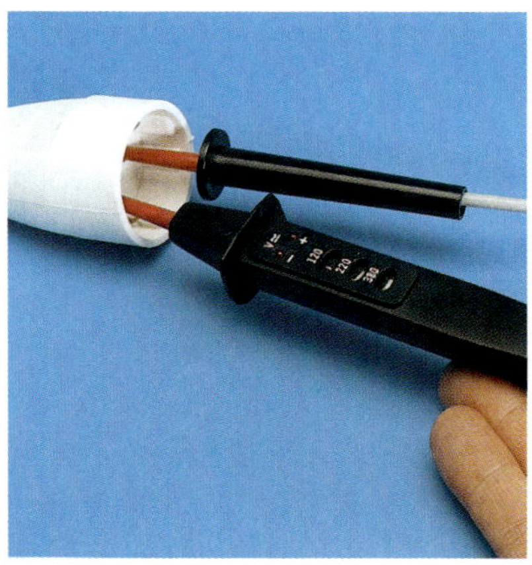

Abb. 60

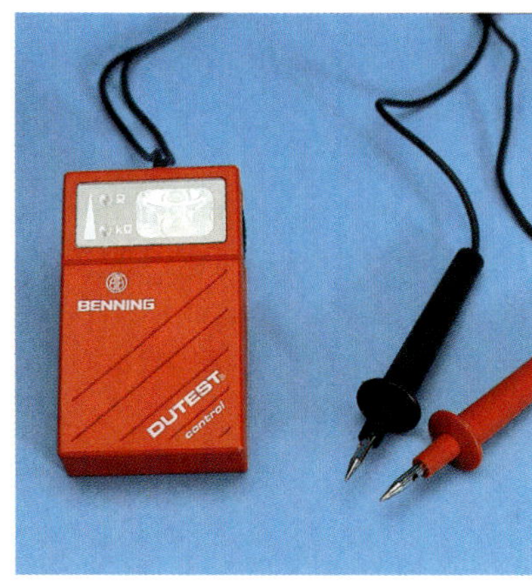

Abb. 61

den auch die Aderendhülsen in verschiedenen Größen angeboten. Die Größe wird bei den isolierten Ausführungen durch die Farbe des Isolierkragens gekennzeichnet: Für die üblicherweise bei Haushaltsgeräten verwendeten Leitungen passen die Hülsen mit dem schwarzen Kragen.

Spannung prüfen

Phasenprüfer

Wie der Name Phasenprüfer schon andeutet, können Sie mit diesem schraubendreherförmigen Gerät feststellen, ob auf eine Leitungsader Spannung führt. Wenn Sie die Klinge des Phasenprüfers an eine spannungsführende Leitung halten und gleichzeitig die Metallkappe am Griff des Geräts anfassen, leuchtet die Glimmlampe im Griff des Prüfers auf. (Abb. 59)

Bei diesem Prüfvorgang wird ein geschlossener Stromkreis hergestellt: Ein sehr kleiner Strom fließt durch den Phasenprüfer und Ihren Körper zur Erde, also meistens durch Ihre Schuhe in den Fußboden.

Dieser Strom kann aber nicht in ausreichendem Maße fließen, wenn Sie auf nicht leitenden Materialien stehen, etwa einer Trittleiter aus Holz. Allerdings können Sie trotzdem einen Stromschlag bekommen, wenn Sie dann ohne Phasenprüfer die elektrische Leitung berühren!

Um zu korrekten Aussagen mit einem Phasenprüfer zu kommen, sollten Sie den Phasenprüfer in der einen Hand halten und damit die Leitung testen und mit der anderen Hand beispielsweise die Decke oder Wand anfassen, damit der Prüfstrom fließen kann.

Übrigens: Wegen der teilweise recht ungenauen Prüfergebnisse, die man mit einem Phasenprüfer erhält, nennt man ihn auch „Lügenstift“!

Zweipolspannungsprüfer

Demgegenüber bietet ein Test mit einem Zweipolspannungsprüfer oder kurz Zweipolprüfer verlässlichere Resultate. Mit diesem Gerät können Sie feststellen, ob an einer Leitung Spannung anliegt. Dazu verbinden Sie die isolierten Prüfspitzen mit dem Nullleiter oder dem Schutzleiter sowie der zu überprüfenden Leitung. Stecken Sie beispielsweise die Spitzen des Zweipolprüfers in eine Steckdose, leuchtet eine kleine Lampe im Griff des Prüfgeräts auf. (Abb. 60)

Wenn Sie mit dem Zweipolprüfer jedoch nur feststellen wollen, ob auf einer Leitung Phase liegt, ist auch hier eine Fehlmessung denkbar: Wenn z. B. bei einer Steckdose der

Abb. 62

Nullleiter unterbrochen ist, wird die Lampe im Zweipolprüfer nicht leuchten, obwohl ein Ende des Prüfers mit Phase verbunden ist.

Die Lampe wird jedoch dann leuchten, wenn Sie die zweite Spitze an den Schutzleiter halten. Erwischen Sie beim Test z. B. den Schutzleiter und den Mittelleiter, wird der Prüfer keine Spannung anzeigen, obwohl an der dritten Leitung Spannung anstehen kann. Messen Sie deshalb beim Einsatz des Zweipolprüfers immer jede Leitung gegen jede andere.

Durchgangsprüfer

Mit einem Durchgangsprüfer kann man feststellen, ob zwei Punkte eine elektrisch leitende Verbindung miteinander haben. (Abb. 61)

Wenn Sie die beiden Prüfspitzen des Durchgangsprüfers zusammenhalten, wird ein Stromkreis in dem Prüfer geschlossen, wodurch eine Lampe aufleuchtet und/oder ein Summer ertönt. Damit ein Strom fließen kann, ist in dem Prüfgerät eine Batterie untergebracht.

> **Achtung**
>
> Der Durchgangsprüfer darf niemals mit einer Steckdose oder mit Spannung führenden Anschlüssen verbunden werden.

Vor allen Tests, die den Einsatz des Durchgangsprüfers erfordern, sollten Sie die beiden Prüfspitzen aneinander halten: Die Lampe muss leuchten oder der Summer ertönen. Wenn eine Prüfung Durchgang ergeben soll, muss die Lampe so leuchten bzw. der Summer dasselbe Geräusch erzeugen, das auch beim bloßen Zusammenhalten der Prüfspitzen zu hören ist.

Multimeter

Das Multimeter bietet viele verschiedene Messmöglichkeiten. Lesen Sie deshalbvor dem Gebrauch des Geräts die Ge-

Abb. 63

Abb. 64

brauchsanweisung durch. Beachten Sie in jedem Fall, dass Sie vor einer Messung den richtigen Messbereich eingeschaltet und gegebenenfalls die beiden Prüfkabel in die richtigen Buchsen am Messgerät eingesteckt haben.

Wenn Sie z. B. die Spannung an der Steckdose messen wollen, müssen Sie vor der Verbindung der beiden Prüfspitzen mit der Steckdose den richtigen Messbereich gewählt haben – in diesem Fall also Wechselspannung (oft steht AC Volt auf dem Gerät) in dem Bereich bis 250 oder 500 Volt, je nach Messgerät. (Abb. 62)

Info

Ganz wichtig: Sie dürfen niemals die Prüfspitzen des Multimeters mit einer Steckdose oder mit Netzspannung führenden Anschlüssen verbinden, wenn Sie den Widerstandsbereich eingeschaltet haben.

Bei solchen Spannungsmessungen arbeitet das Multimeter im Prinzip wie ein Zweipolprüfer, nur zeigt anstelle einer Lampe ein Zeiger auf der Skala oder eine Digitalanzeige die Größe der Spannung an.

Zum Durchgangsprüfer wird das Multimeter in den Widerstands- (oder Ohm-)messbereichen. Auch hier sorgt eine Batterie im Messgerät dafür, dass bei zusammengehaltenen Prüfspitzen ein Strom fließen kann, der einen entsprechenden Ausschlag des Messgerätezeigers bzw. die digitale Anzeige des Werts bewirkt. (Abb. 63)

Im Gegensatz zum Durchgangsprüfer kann man mit dem Multimeter auch feststellen, wie gut die Verbindung zwischen den beiden Prüfspitzen den Strom leitet. Die Maßeinheit hierfür ist in diesem Zusammenhang Ohm. Ein Stück Draht hat den Widerstand von etwa Null Ohm. (Abb. 64)

Wenn Sie also am Messgerät den Widerstandsbereich eingeschaltet haben und die Prüfspitzen zusammenhalten, sollte das Gerät Null anzeigen. Liegt die Anzeige etwas über oder unter dieser Marke, können Sie bei einigen Geräten mit einem kleinen Drehrädchen oder Drehknopf die Anzeige auf Null bringen. Diese Nulleinstellung sollten Sie bei entsprechenden Messgeräten vor jeder Messung im Widerstandsbereich kontrollieren und gegebenenfalls nachstellen.

Sicherheit steht an erster Stelle

Einige Hinweise werden Ihnen vielleicht unsinnig oder übertrieben erscheinen – berücksichtigen Sie sie trotzdem. Viele vorgeschriebenen Maßnahmen bei elektrischen Anschlüssen und Reparaturen werden erst dann verständlich, wenn man sich genauer mit der Elektrotechnik auskennt.

Info

Grundsätzlich empfiehlt es sich immer, alle Arbeiten an der Installation mit einem Elektriker abzusprechen oder ihn zumindest nach dem Abschluss der Arbeiten mit einer Überprüfung der gesamten Installation zu beauftragen.

Was darf man selbst machen?

Installationen

Grundsätzlich sind bei Elektroarbeiten einige grundlegende rechtliche Aspekte zu beachten. Zunächst müssen bei Elektroanlagen bei allen Veränderungen, Erweiterungen oder Neuinstallationen die VDE-Vorschriften eingehalten werden. Hier ist die wichtigste die VDE 0100 mit ihren Bestimmungen über Schutzmaßnahmen. Über diese Vorschriften muss sich jeder, der an elektrischen Anlagen und Geräten arbeitet, informieren.

Zudem sind diese Vorschriften genau einzuhalten – verantwortlich ist dabei immer die ausführende Person. Bei Unfällen, die mit/durch ein elektrisches Gerät oder eine Anlage geschehen, ist derjenige verantwortlich, der zuletzt an der Anlage gearbeitet oder das Gerät repariert hat. Bei unsachgemäß bzw. nicht VDE-konform durchgeführten Arbeiten kann im Schadensfall auch der Versicherungsschutz entfallen.

Reparaturen

In diesem Buch finden Sie nur Arbeitsanleitungen und Hinweise für einfache Reparaturen an weit verbreiteten Haushaltsgeräten. Erfahrungsgemäß sind es in den meisten Fällen diese Kleinigkeiten, die ein Gerät auch streiken lassen. Wenn Sie alle vorgeschlagenen Prüfungen vorgenommen haben und das Gerät trotzdem nicht funktioniert, haben Sie deshalb die Gewissheit, dass Sie kein „fast heiles" Gerät wegwerfen.

Info

In keinem Fall sollten Sie während der Garantiezeit ein Gerät öffnen oder reparieren – Sie verlieren dadurch Ihren Anspruch auf eine Garantiereparatur.

Aber auch wenn Sie das Gerät zur Fachwerkstatt bringen, helfen Ihnen die in diesem Buch gegebenen Hinweise: Denn Sie können eine genaue Fehlerbeschreibung abgeben und verstehen, was später auf der Rechnung an durchgeführten Arbeiten und eingebauten Materialien aufgeführt wird.

Achtung

Bei allen hier aufgeführten Arbeiten gilt: Wagen Sie sich nur an die Sachen, die Sie wirklich überschauen. Unterschätzen Sie niemals die Gefahren, die für Sie und andere durch defekte oder unsachgemäß reparierte Geräte ausgehen. Es gibt keinen Menschen, der immun gegen einen Stromschlag ist. Wenn Sie sich während einer Arbeit überfordert fühlen, scheuen Sie sich nicht, abzubrechen und einen Elektriker zu beauftragen!

Sicherheitsvorschriften

Generell stellt ein defektes oder unsachgemäß repariertes Gerät immer eine Gefahr dar. Benutzen Sie daher keine fehlerhaften Geräte. Bei und nach der Reparatur eines Geräts sollten Sie immer wieder die richtige Ausführung der Arbeiten überprüfen. Bevor Sie ein repariertes Gerät wieder verwenden, müssen Sie es mit geeigneten Messgeräten überprüfen.

Bei allen Arbeiten an Installationen und an Geräten, die mit Netzspannung arbeiten, ist Sicherheit das oberste Gebot. Von den im Folgenden aufgeführten Sicherheitsvorschlägen dürfen Sie nie abweichen – nicht bei den kleinsten Arbeiten und auch dann nicht, wenn sie die Arbeit erschweren, verteuern oder die Reparaturzeit verlängern.

Info

Vorschriften für ein sicheres Arbeiten

1. Nie an Geräten oder Anlagen arbeiten, die unter Spannung stehen. Netzstecker vor Beginn der Arbeiten ziehen und/oder die Sicherung des entsprechenden Stromkreises herausdrehen bzw. die Sicherung ausschalten. (obere Abbildung)
2. Zusätzlich die Anlage (Sicherung) gegen versehentliches Wiedereinschalten durch Dritte schützen – beispielsweise durch ein Warnschild an der entsprechenden Sicherung in der Verteilung. (untere Abbildung)
3. Vor Beginn der Arbeiten ist mit geeigneten Messgeräten zu prüfen, ob wirklich keine Spannung anliegt.
4. Sie dürfen grundsätzlich nur solche Arbeiten durchführen, die Sie mit Sicherheit korrekt ausführen können. Bestehen Unsicherheiten oder fühlen Sie sich überfordert, beauftragen Sie unverzüglich eine ausgebildete Fachkraft mit der Fertigstellung.
5. Beschädigte, abgenutzte oder veraltete Teile bzw. Geräte dürfen Sie nicht verwenden. Alles verwendete Material muss den Normen sowie den VDE-Bestimmungen entsprechen. Eine Installation oder ein Gerät muss nach Beendigung der Reparatur unbedingt den aktuellen Bestimmungen entsprechen.
6. Arbeiten an Sicherungen, an der Verteilung, am Zähler, an der Erdung sowie am Hauseinlass darf nur ein konzessionierter Elektriker vornehmen.
7. Der grün-gelbe Schutzleiter darf nie für andere Funktionen verwendet werden als zugelassen. Sie dürfen ihn nie abklemmen oder entfernen. Nach beendeter Arbeit müssen Sie die Schutzleiterfunktion überprüfen.

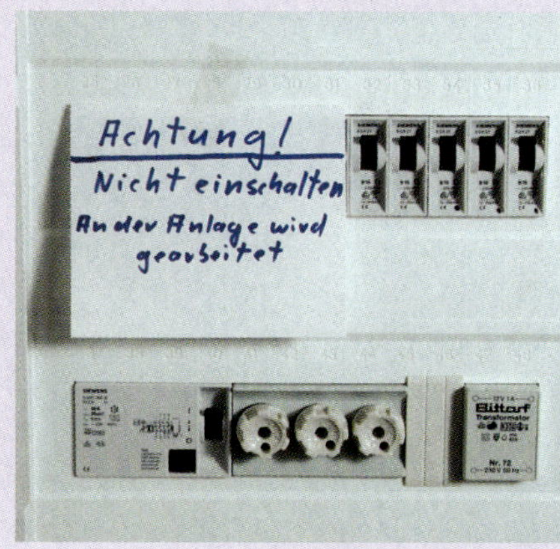

In der Praxis ist die Einhaltung des Gebots, zuerst den Strom an der Arbeitsstelle abzustellen, oft nicht ganz so einfach, wie man es sich zunächst vorstellt: Gerade bei moderneren elektrischen Installationen finden Sie im Sicherungskasten sehr viele Sicherungen. Im günstigsten Fall sind die Sicherungen so beschriftet, dass man sofort erkennen kann, welche den Arbeitsbereich abschaltet. Häufig werden Sie jedoch die richtige Sicherung suchen müssen: In einigen Fällen ist die Installation nach Räumen aufgeteilt – dann können Sie an eine Steckdose in der Nähe des Arbeitsbereichs eine Leuchte anschließen und einschalten. Anschließend schalten Sie die vermutete Sicherung aus.

Abb. 65

Auch wenn Sie sich sicher sind, die richtige Sicherung gefunden zu haben: Überprüfen Sie vor jeder Arbeit mit dem Pha-

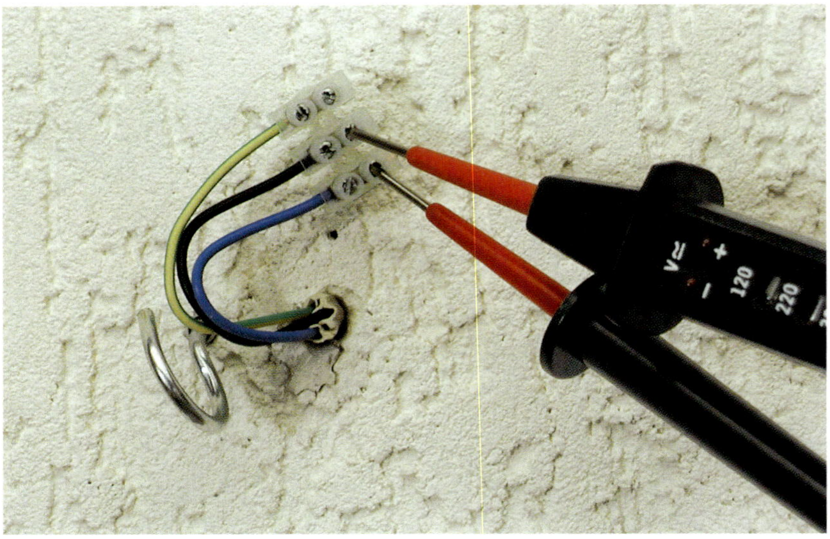

Abb. 66

sen- und dem Zweipolspannungsprüfer, ob Spannung vorhanden ist. Dazu testen Sie zuerst die Funktion des Phasen- oder Zweipolprüfers, z. B. an einer Steckdose. Wenn durch die ausgeschaltete Sicherung kein Strom mehr in der Wohnung ist, müssen Sie für diesen Test die Sicherung noch einmal einschalten.

Ist das Prüfgerät in Ordnung, schalten Sie die Sicherung wieder aus und halten den Phasenprüfer an die Anschlussleitungen, die aus der Wand oder Decke ragen bzw. die in einer Verteilerdose liegen, an der Sie arbeiten wollen. Die Lampe im Griff des Prüfers darf bei keinem Anschluss aufleuchten. (Abb. 65)

Betätigen Sie bei einer Leuchtenmontage den Schalter, der die Leuchte schalten soll und führen den Test erneut durch – wieder muss die Lampe dunkel bleiben. Wie bereits geschildert, sind mit dem Phasenprüfer Fehlmessungen möglich – wesentlich sicherer ist dieser Test, wenn Sie ihn mit einem Zweipolspannungsprüfer wiederholen. Halten Sie dazu eine Prüfspitze an den Schutzleiter und dann die andere Messspitze nacheinander an die anderen Leitungsenden – die Lampen im Prüfer dürfen nirgendwo aufleuchten. (Abb. 66)

Sind die Anschlussleitungen ohne Spannung, sollten Sie sich gegen ein versehentliches Einschalten der Sicherung schützen: Stecken Sie die herausgeschraubte Sicherungspatrone in die Tasche und hängen einen Zettel mit einem Warnhinweis an den Sicherungskasten. Bei Sicherungen, die sich nur ausschalten lassen, sollten Sie einen Klebestreifen über den Einschaltknopf kleben und einen Zettel mit einem Warnhinweis daran anbringen.

Sicherheitsprüfungen

Grundsätzlich müssen Sie jedes reparierte Gerät und jede Installationsarbeit genauestens überprüfen. Bei Geräten

Info

Vorschriften in der Schweiz und in Österreich

In der Schweiz können von Laien kleine Installationsarbeiten unter besonderen Bedingungen ausgeführt werden. Diese sind in der Verordnung über elektrische Niederspannungsinstallationen (Niederspannungsinstallationsverordnung, NIV; Schweizerrecht SR 734.27 in Art. 16 oder eingeschränkte Arbeiten mit entsprechenden Bewilligungen – NIV Art. 12 bis Art. 15) aufgeführt. Andere Installationen dürfen nicht von Nichtelektrikern ausgeführt werden. Elektrogeräte sind elektrische Niederspannungserzeugnisse. Diese werden in der Verordnung über elektrische Niederspannungserzeugnisse (NEV, SR 734.26) geregelt. Hier können instruierte Personen entsprechende Reparaturen, z. B. Anschlusskabel- und Steckerwechseln, vornehmen. Diese Handhabung ist gleich wie in Deutschland.

In Österreich können Arbeiten an Elektroinstallationen im Eigenbedarf (für die eigene Anlage) selbst durchgeführt werden, solange keine wesentlichen Änderungen an der Anlage vorgenommen werden. Dies betrifft jedoch nur die Arbeiten bis zum Verteiler. Am Verteiler selbst und davor dürfen keine Arbeiten durchgeführt werden. Wesentliche Änderungen dürfen nur von befugten Elektrotechnikunternehmen durchgeführt werden. Gleiches gilt im Prinzip für Elektrogeräte. Allerdings erlöschen damit sämtliche Garantie- und Gewährleistungsansprüche.

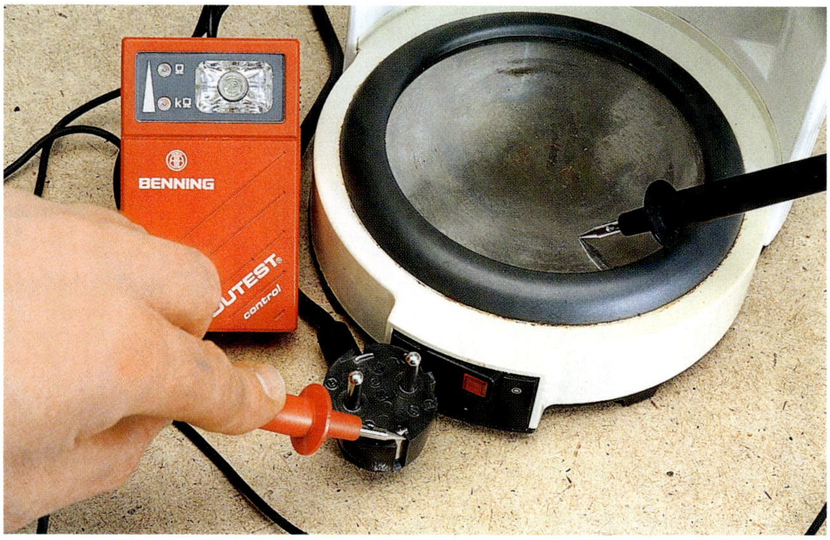

Abb. 67

muss diese Prüfung vorgenommen werden, bevor Sie oder andere eine Funktionsprüfung durchführen oder es normal benutzen. Bei Installationsarbeiten muss die Prüfung sofort nach dem Abschluss der gesamten Arbeiten und dem Wiederanstellen des Stroms erfolgen.

Reparierte Geräte prüfen

Zur Überprüfung eines reparierten Geräts benötigen Sie einen Durchgangsprüfer oder Multimeter sowie einen Phasenprüfer.

Hat das Gerät irgendwelche metallischen Teile, muss es auch einen Stecker mit Schutzkontakt haben. Zuerst ist also der richtige Anschluss des Schutzleiters mit dem Durchgangsprüfer zu kontrollieren. Vor der Messung halten Sie beide Prüfspitzen des Messgeräts oder Durchgangsprüfers zusammen – ein Multimeter muss Null anzeigen, beim Durchgangsprüfer muss die Lampe hell leuchten bzw. der Summer laut ertönen.

Halten Sie dann eine Prüfspitze des Durchgangsprüfers oder des Messgeräts im Widerstandsbereich (Ohmbereich) an die Metallschiene des Schutzleiters am Stecker, die andere Prüfspitze drücken Sie gegen irgendwelche metallischen Teile des Gehäuses: Es muss hierbei eine Verbindung bestehen, die durch die Anzeige Null am Messgerät bzw. durch das Ertönen des Summers oder die hell leuchtende Lampe des Durchgangsprüfers angezeigt wird. (Abb. 67)

Vor der nächsten Prüfung müssen Sie den Phasenprüfer auf seine Funktion testen: Stecken Sie ihn nacheinander in beide Öffnungen einer Steckdose – bei einem der Löcher muss die Glimmlampe im Gehäuse des Prüfers aufleuchten. Denken Sie daran, dass diese Lampe nur dann aufglimmt, wenn der Prüfer mit Phase verbunden ist und Sie außerdem seine Metallkappe mit einem Finger berühren.

Ist die Verbindung des Schutzleiters ordnungsgemäß vorhanden – oder hat das Gerät keinerlei metallische Teile am Gehäuse bzw. einen Euro-Stecker ohne Schutzkontakt – stecken Sie den Gerätestecker in die Steckdose und schalten das Gerät ein. Bei diesem Vorgang sollten Sie das Gerät so wenig wie möglich berühren –

Abb. 68

Abb. 69

und dann nur mit einer Hand, niemals mit beiden Händen.

Sie vermeiden dadurch bei einem eventuellen Fehler einen Stromschlag, bei dem der Strom direkt von einer Hand über das Herz zu der anderen Hand fließen könnte.

Mit dem Phasenprüfer kontrollieren Sie jetzt alle metallischen Teile des Geräts: Das Lämpchen im Griff des Prüfers darf nirgendwo aufglimmen! (Abb. 68) Ziehen Sie nun den Netzstecker, stecken ihn um 180 Grad gedreht wieder in die Steckdose und wiederholen Sie diese Prüfung.

Wenn diese Tests ergeben, dass Metallteile des Geräts unter Spannung stehen (also die Lampe des Phasenprüfers aufleuchtet), trennen Sie sofort das Gerät vom Netz. Kontrollieren Sie Ihre Arbeit – haben Sie alle Leitungen richtig angeschlossen? Sind alle Anschlüsse fest verschraubt?

Es kann auch sein, dass durch einen Fehler in der Isolierung im Gerät eine Verbindung zwischen dem Gehäuse und spannungsführenden Teilen besteht. Können Sie den Fehler nicht sofort finden, experimentieren Sie nicht: Bringen Sie das Gerät zur Überprüfung in eine Fachwerkstatt.

Ist alles in Ordnung, führen Sie eine ausgiebige Funktionsprüfung des Geräts durch.

Eigene Installationen prüfen

Zur Überprüfung ihrer modernisierten oder erweiterten Installation benötigen Sie einen Zweipolspannungsprüfer sowie einen Phasenprüfer. Vor der Verwendung des Phasenprüfers müssen Sie seine Funktion testen: Stecken Sie die Prüfspitze des Phasenprüfers nacheinander in beide Öffnungen einer bekanntermaßen funktionierenden Steckdose – bei einem der Löcher muss die Glimmlampe

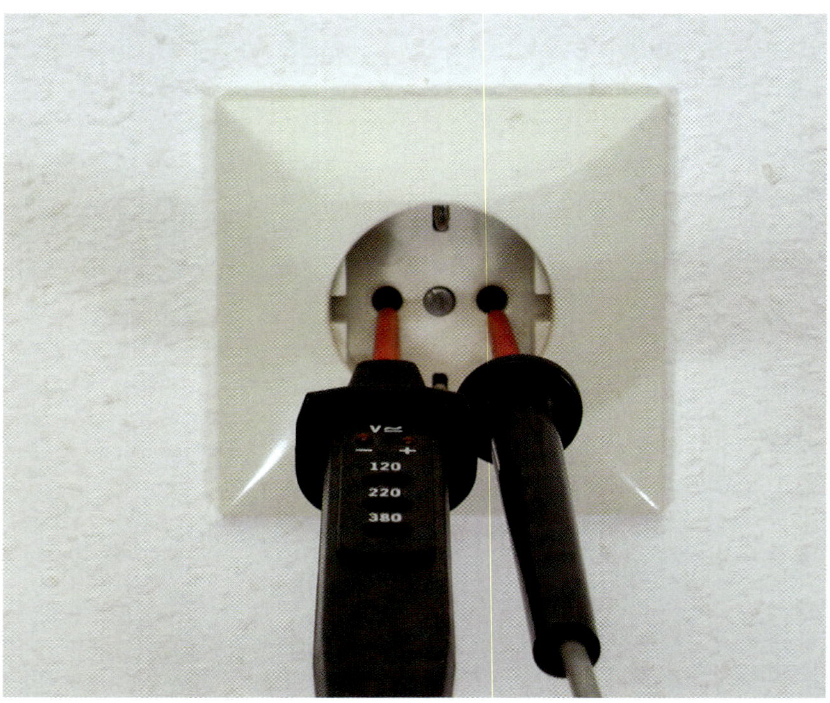

Abb. 70

Abb. 71

im Gehäuse des Prüfers aufleuchten.
Zum Überprüfen einer Steckdose prüfen Sie diese zunächst mit dem Phasenprüfer. Die Glimmlampe muss bei Kontakt mit einem der beiden Steckeranschlüsse aufleuchten. (Abb. 69)

Prüfen Sie nun mit dem Phasenprüfer, ob an dem Schutzleiter Spannung anliegt – selbstverständlich muss hier die Glimmlampe dunkel bleiben.
Anschließend halten Sie die Prüfspitzen des Zweipolspannungsprüfers in je ein Loch der Steckdose: Das Prüfgerät muss Spannung signalisieren. (Abb. 70)

Wiederholen Sie die Prüfung derart, dass Sie eine Prüfspitze an den Metallbügel des Schutzleiterkontakts halten und mit der anderen Spitze nacheinander beide Metallzungen in den Steckdosenlöchern berühren. Hier muss in einer der beiden Messpositionen Spannung signalisiert werden. (Abb. 71)

Es kann sein, dass bei dieser letzten Prüfung ein Fehlerstromschutzschalter auslöst und so die Teilinstallation stromlos schaltet, an die diese Steckdose angeschlossen ist. Da bei diesem Test ein „Fehlerstrom" fließen soll, ist das Auslösen des Schutzschalters richtig.

Ob der Schutzschalter auslöst, hängt jedoch von der Art des von Ihnen verwendeten Zweipolspannungsprüfers und vom Auslösestrom des Schutzschalters ab. Zudem ist das kein Test für die richtige Funktion des FI-Schalters – einen aussagefähigen Test dieser Sicherheitseinrichtung kann nur ein Elektriker mit speziellen Messgeräten durchführen.

Zum Überprüfen einer Leuchte schalten Sie den Strom ein und betätigen den neuen Schalter. Falls an der Leuchte metallische Teile sind, müssen Sie diese mit dem Phasenprüfer auf Spannungsfreiheit prüfen. (Abb. 72)

Dabei ist es hilfreich, den Griff des Phasenprüfers mit einer Hand abzuschatten, um ein eventuelles schwaches Glimmen der Leuchte im Phasenprüfer sicher erkennen zu können.

Abb. 72

Hausinstallation

Bei Arbeiten an der Hausinstallation – also allen fest verlegten Leitungen, Leuchten, Steckdosen und Schaltern – sind die Sicherheitsvorschriften besonders genau zu beachten. Vor allen Arbeiten an der Hausinstallation empfiehlt es sich, das Vorhaben mit einem Elektriker abzusprechen und ihn nach dem Abschluss der Arbeiten mit einer Überprüfung der gesamten Installation zu beauftragen.

Grundlegende Arbeiten im Haus

Wie bereits im ersten Kapitel erwähnt, sind besonders bei Arbeiten an der Hausinstallation – also allen fest verlegten Leitungen, Leuchten, Steckdosen und Schaltern – die Vorschriften besonders genau zu beachten. Die möglichen Folgen von Fehlern können verheerend sein. Somit sollte man ganz genau überlegen, welche Arbeiten man selbst ausführt und was man in die Hände von Fachpersonal gibt.

Vor allen Arbeiten an der Hausinstallation empfiehlt es sich, das Vorhaben mit einem Elektriker abzusprechen und ihn nach dem Abschluss der Arbeiten mit einer Überprüfung der gesamten Installation zu beauftragen.

Achtung

Vor Arbeitsbeginn müssen Sie in jedem Fall den Stromkreis ausschalten, an dem Sie arbeiten wollen. Schützen Sie die Anlage gegen Wiedereinschalten durch Anbringen eines Warnschilds. Überprüfen Sie dann mithilfe des Phasenprüfers oder des Zweipolspannungsprüfers, ob der Stromkreis wirklich spannungsfrei ist.

Steckdosen und Schalter austauschen

Schalten Sie den Stromkreis aus, und überprüfen Sie die Spannungsfreiheit. Sichern Sie den Stromkreis gegen Wiedereinschalten.

Vorbereitende Arbeiten

Entfernen Sie die Abdeckung der Steckdose bzw. des Schalters. Dazu sind bei Aufputzsteckdosen meistens zwei Schrauben zu lösen, um die Abdeckung abzunehmen und den Einsatz herausziehen zu können. (Abb. 1)

Bei Aufputzschaltern hebeln Sie vorsichtig die Schalterwippe – das ist das Schalterteil, das Sie betätigen – mit einem kleinen Schraubendreher vorsichtig so weit ab, bis Sie sie greifen und abziehen können. (Abb. 2) Anschließend lösen Sie die Befestigungsschrauben.

Arbeitsmaterial

Werkzeug: Schraubendreher, Seitenschneider, Phasenprüfer und Zweipolspannungsprüfer, scharfes Messer

Material: Steckdose oder Schalter, bei Unterputzsteckdose zusätzlich einen passenden Abdeckrahmen

Bei den meisten Unterputzsteckdosen müssen Sie nur eine Schraube in der Steckdosenmitte lösen.

Auch bei Unterputzschaltern ist die Schalterwippe lediglich aufgesteckt. Häufig wird man nach dem Abnehmen der Abdeckung einen Metallbügel vorfinden, mit dem der Rahmen auf dem Einsatz befestigt ist. Diesen Bügel hebelt man vorsichtig mit einem kleinen Schraubendreher ab. (Abb. 3)

Abb. 1

Abb. 2

Abb. 3

Falls eine Steckdose oder ein Schalter Bestandteil einer Kombination ist, müssen Sie bei allen anderen Komponenten ebenfalls die Abdeckungen entfernen, um den Rahmen abnehmen zu können.

Ist bei Unterputzinstallationen der Metallrand des Einsatzes mit Tapete überklebt, schneiden Sie die Tapete mit einem scharfen Messer entlang des Metallrahmens durch. Bei Unterputzinstallationen ist der Steckdoseneinsatz mit Spreizkrallen in der Dose befestigt. Durch das Lösen der beiden seitlich am Dosenrand liegenden Schrauben lockern Sie diese Krallen. (Abb. 4)

Abb. 4

Abb. 5

Anschließend können Sie den Einsatz herausziehen. Bei Hohlwanddosen ist der Einsatz meist an seinem Metallrahmen mit der Dose verschraubt. Hier lösen Sie die Halteschrauben, drehen sie aber nicht heraus. Durch eine Drehung des Einsatzes bewegen Sie die Schraubenköpfe in die entsprechenden Aussparungen am Metallrand des Einsatzes und können ihn dann aus der Dose ziehen. (Abb. 5)

Anschluss prüfen

An eine Steckdose sollten drei Leitungsadern führen: Je eine mit schwarzer, blauer und grüngelber Isolierung. Die schwarze und blaue Ader müssen an den Anschlüssen der Steckdose liegen, die zu den Metallzungen für die Aufnahme der Steckerstifte führen. Die grün-gelb isolierte Leitung darf nur mit dem Schutzleiteranschluss verbunden sein – also den bei montierter Steckdose offen liegenden Metallkontakten. (Abb. 6)

Abb. 6

Abb. 7

Ist Ihre Steckdose jedoch nur mit zwei Leitungen angeschlossen, wird eine dieser Leitungen an zwei Punkten angeschlossen sein: an einem Steckerkontakt und am Schutzleiter. Vorsicht: Diese Nullung ist nicht mehr zulässig. Fragen Sie in diesem Fall einen konzessionierten Elektriker um Rat. Sind an jedem Steckdosenanschluss je zwei Leitungen angeklemmt, wird eine Leitung zu einer weiteren Steckdose führen.

Bei Schaltern führen zwei bis vier Leitungen zu dem Schalterelement. Am Schaltereinsatz ist ein Anschluss mit einem „P" oder „L" gekennzeichnet. Zudem zeigt hier oft ein Pfeil in das Schalterelement. (Abb. 7)

Bei den anderen Anschlüssen zeigen Pfeile aus dem Schalter. Das „P" oder „L" bedeutet, dass hier der spannungsführende Anschluss (Phase) liegen soll – also meist die schwarze Ader. Bei einem Ausschalter liegt die blaue Leitung an einem Anschluss mit dem weg weisenden Pfeil.

Bei Serienschaltern und Wechselschaltern muss man besonders aufpassen: Meist gibt

Abb. 8

Abb. 9

Abb. 10

es hier zwei schwarze Adern. (Abb. 8) Dabei ist eine schwarze Ader spannungsführend, die andere führt zu einer Leuchte bzw. zum zweiten Wechselschalter. Sicherheitshalber sollte man hier die zum „P"-Anschluss führende Ader mit einem Streifen Klebeband markieren.

Bei einem Kreuzschalter ist häufig kein Anschluss mit „P" oder „L" markiert. In diesem Fall muss man darauf achten, dass die oben und unten in den Schalter einführenden Leitungen genauso auch wieder am neuen Schalter angeschlossen werden.

Besitzt ein Schalter ein Leuchtelement, ist besondere Vorsicht geboten: Notieren Sie sich genau, welche Ader zur Schalterleuchte führt – denn wenn Sie diese Ader falsch an den neuen Schalter anklemmen, kann ein Kurzschluss entstehen, wobei der neue Schalter ruiniert wird. Sicherheitshalber sollten Sie sich eine Skizze über die Beschaltung des alten Schalters machen.

Austausch der Steckdose bzw. des Schalters

Lösen Sie die Leitungen von der auszutauschenden Steckdose bzw. dem Schalter. Bei älteren Modellen lockern Sie dazu die entsprechenden Schrauben an den Kontaktstellen so weit, dass sich die Leitungen herausziehen lassen. Bei modernerem Material sind die Leitungen eingesteckt – hier gibt es eine kleine Kunststoffplatte, die Sie kräftig drücken müssen, um die Leitungen herausziehen zu können. (Abb. 9)

Entfernen Sie von der neuen Steckdose bzw. dem Schalter die Abdeckung und drehen Sie gegebenenfalls die Kontaktschrauben so weit heraus, dass sie gerade noch nicht herausfallen. Verbinden Sie nun die neue Steckdose oder den Schalter in der gleichen Weise mit den Leitungen, wie sie zuvor am alten Einsatz angeschlossen waren. Bei Schaltern sollten Sie beson-

Abb. 11

ders auf den mit „P" oder „L" markierten Anschluss achten.

Zum Anschluss der Leitungen stecken Sie die abisolierten Leitungsenden unter das Klemmstück der Kontaktplatte und ziehen dann die Schraube fest an. Bei Ausführungen, wo die Adern nur eingesteckt werden, genügt es, diese in die entsprechenden Löcher tief hineinzuschieben. (Abb. 10) Überprüfen Sie aber den festen Sitz der Leitungsadern in den Kontakten.

Einsatz der Steckdose bzw. des Schalters

Setzen Sie die angeschlossene Steckdose oder den Schalter in die Wanddose bzw. das Gehäuseunterteil bei Aufputzinstallation ein, ohne dabei Leitungen einzuklemmen. Richten Sie den Einsatz aus und ziehen Sie bei Unterputzinstallationen die Spreizkrallen so an, dass der Einsatz fest und gerade auf der Wand sitzt. (Abb. 11)

Bei Hohlwanddosen sind die Schraubenköpfe durch die entsprechenden Öffnungen am Metallrahmen des Einsatzes zu führen. Danach ist der Einsatz auszurichten und die Schrauben sind anzuziehen. Die Spreizkrallenbefestigung darf man bei Hohlwanddosen nicht verwenden.

Setzen Sie gegebenenfalls den Rahmen sowie die Abdeckung auf und ziehen Sie die Befestigungsschraube(n) der Abdeckung fest. Schalten Sie die Sicherung wieder ein und überprüfen Sie sofort die Sicherheit und Funktion.

Grundsätzliches zur Verlegung von Leitungen in Installationszonen

Wenn die bestehende Elektroinstallation erweitert werden soll – etwa um eine neue Steckdose oder eine zusätzliche Wand- oder Deckenleuchte –, müssen elektrische Leitungen verlegt werden. Diese kann man auf dem Putz verlegen oder unsichtbar in oder unter dem Putz verschwinden lassen. Ganz gleich, wie Sie die Leitungen verlegen wollen: Bedenken Sie vor Arbeitsbeginn, dass etliche Vorschriften zu beachten sind. Somit sollten Sie einen Elektriker um Rat fragen – vor allem dann, wenn Sie die Installation in Feuchträumen (Bäder, WC, Waschküchen etc.) ändern wollen. Da hier eine hohe Unfall-

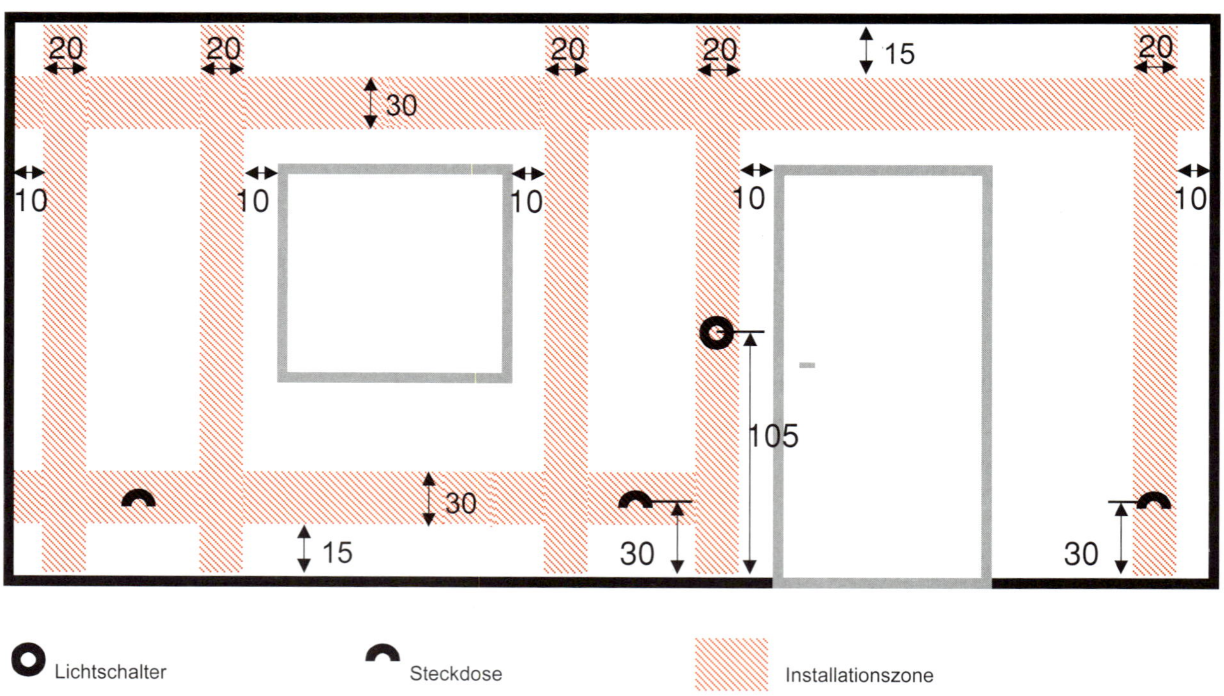

Alle Maße in Zentimeter. Leitungen sollten in der Mitte einer Installationszone liegen.

Abb. 12: Installationsplan

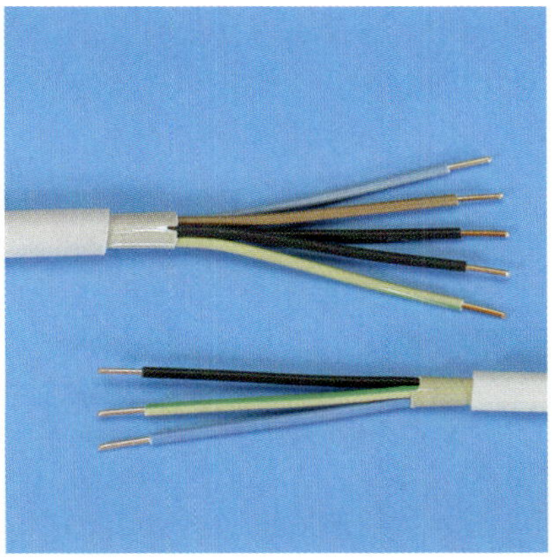

Abb. 13

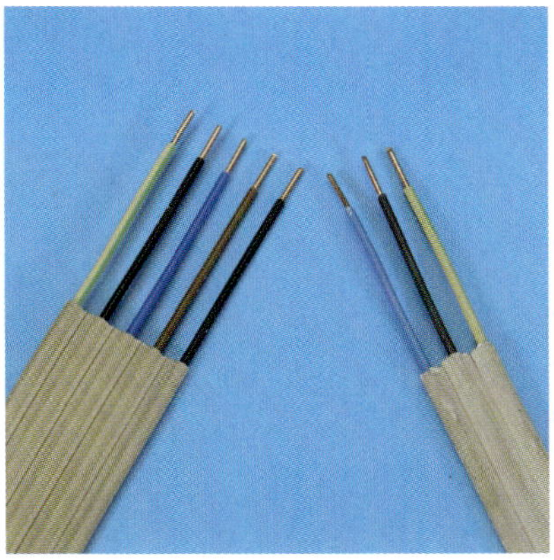

Abb. 14

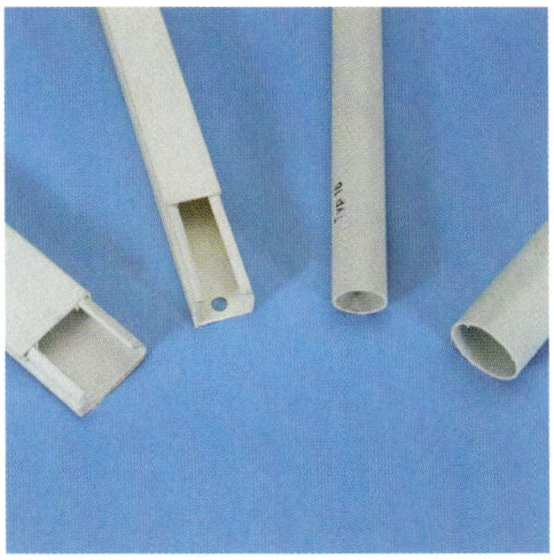

Abb. 15

gefahr besteht, gibt es sehr strenge Vorschriften für die Installationsausführung.

Planung

Wenn eine bestehende Installation verändert werden soll, muss man sich zunächst über die vorhandenen Verteilerdosen, Auslassdosen und Leitungen informieren, da eine neue Leitung an einer Verteilerdose oder an einer Auslassdose beginnt. Befindet sich beispielsweise eine Steckdose am falschen Platz, kann man hier den Steckdoseneinsatz entfernen, die Dose als Verteilerdose verwenden und von dort eine Leitung zur neuen Steckdose verlegen.

Schon bei der Installationsplanung muss man daran denken, dass die Leitungen an den Wänden generell nur waagerecht und senkrecht in den Installationszonen verlegt werden; an den Decken dürfen sie auch diagonal zum Leuchtenauslass führen. (Abb. 12)

Leitungen müssen parallel zur Decke oder zum Boden verlaufen; Richtungsänderungen sind rechtwinklig auszuführen. Die waagerechten Installationszonen liegen im Mittel 30 cm vom Fußboden oder der Decke entfernt, die rund 20 cm breiten senkrechten Installationszonen verlaufen im Mittel 15 cm von Zimmerecken, Türdurchbrüchen und Fensterkanten. Schalter und Steckdosen liegen ebenfalls in den Installationszonen, wobei die Schalter immer einen Abstand von 105 cm zum Fußboden haben sollen.

Materialauswahl

Für feste Installationen benötigen Sie Leitungen mit massiven Kupferleitern. Für die Verlegung auf, in und unter dem Putz eignet sich die Leitungsart NYM. (Abb. 13)

Liegt die Leitung ausschließlich unter oder im Putz, kann man die flache Stegleitung NYIF einsetzen. (Abb. 14)

Diese Stegleitung muss aber im gesamten Leitungsverlauf unter einer Putzschicht von mindestens einem Zentimeter Dicke verlegt werden; sie darf an keiner Stelle offen oder auf brennbaren Materialien liegen. Der Leitungsquerschnitt sollte bei beiden Leitungsarten generell 1,5 mm^2 betragen – diese Angabe bezieht sich auf den Querschnitt jedes einzelnen Kupferleiters.

Verlegung und Befestigung der Leitung

Verlegt man eine Leitung auf dem Putz, kann man sie mit Schellen befestigen, durch Rohre ziehen oder in Kabelkanälen verlegen. Kabelkanäle sind vor allem dann praktisch, wenn mehrere Leitungen über längere Strecken parallel verlegt werden müssen. (Abb. 15)

Hier kann man in einen ausreichend großen Kanal mehrere Leitungen einlegen. Alternativ zum Kabelkanal kann man Leitungen auch in Kunststoffrohren verlegen. Während die Kabelkanäle direkt angedübelt werden, befestigt man die Installationsrohre mit speziellen, zu dem Rohrsystem passenden Dübelschellen.

Die verbreitetste Art, Leitungen auf Putz zu verlegen, ist jedoch

Abb. 16

Abb. 17

die Verwendung von Nagelschellen. (Abb. 16)

Hierbei befestigt man einen Kunststoffclip, der auf die Leitung drückt, mit einem Stahlnagel. Das Einschlagen der Nägel kann jedoch auf manchen Untergründen Probleme bereiten – etwa auf Beton. Hier kann man anstelle der Nagelschellen Dübelschellen einsetzen, die auf dem Untergrund mittels eines Dübels befestigt werden.

Bei der Leitungsverlegung in oder unter dem Putz muss man einen Leitungskanal ausstemmen. Dabei bedeutet die Verlegung im Putz, dass sowohl unter als auch über der Leitung im fertig montierten Zustand Putz liegt. Als unter Putz verlegt bezeichnet man Leitungen, die direkt auf Mauersteinen oder Beton liegen und dann mit der Putzschicht bedeckt werden. Das Ausstemmen der Kanäle kann per Hand mit einem breiten Meißel (Putzmeißel) und Fäustel geschehen.

Kraftsparender, aber auch viel staubiger, kann man Kabelkanäle mit einem Winkelschleifer mit Diamantscheibe herstellen. Dazu schneidet man den Putz an beiden Seiten des vorgesehenen Kabelkanals ein und entfernt anschließend den Steg in der Mitte mit Hammer und Meißel. In den fertigen Kanal legt man die Leitung ein und befestigt sie etwa alle 30 cm mit etwas Gips. (Abb. 17)

Abb. 18

Eine NYIF-Stegleitung kann man auch mit speziellen Stegleitungsnägeln befestigen. Die Nägel dürfen aber immer nur durch die Verbindungsstege zwischen den einzelnen Adern geschlagen werden. Liegen mehrere Leitungen übereinander, darf man keinesfalls einen Nagel durch mehrere Leitungen treiben.

Um eine Stegleitung in einem rechtwinkligen Bogen zu verlegen, sollte man die Leitung rechtwinklig umklappen. (Abb. 18) Da sich hierbei die Dicke an der Ecke verdoppelt, kann man bei Bedarf das Mauerwerk an dieser Stelle etwas weiter ausstemmen.

Leitungen auf Putz verlegen

Vorbereitende Arbeiten

Schalten Sie den Stromkreis aus und überprüfen Sie die Spannungsfreiheit. Sichern Sie

Arbeitsmaterial

Werkzeug: Hammer, Zollstock, Bleistift, Seitenschneider, Phasenprüfer und Zweipolspannungsprüfer, evtl. Schlagschnurgerät, Akkuschrauber oder Schraubendreher, Bohrmaschine mit 6-mm-Steinbohrer
Material: Leitung (NYM), Nagelschellen oder Dübelschellen, 6-mm-Dübel, Schrauben

Abb. 19

den Stromkreis gegen Wiedereinschalten. Befestigen Sie als Erstes den neuen Aufputzschalter, die Aufputzsteckdose oder die Verteilerdose.

Anschließend markieren Sie den vorgesehenen Verlauf der Leitung mit einem dünnen Bleistiftstrich oder Sie verwenden dafür ein Schlagschnurgerät. Auf dieser Linie markieren Sie im Abstand von etwa 25 cm die waagerechten Befestigungspunkte für die Schellen. Im senkrechten Leitungsverlauf sollen die Schellen im Abstand von mindestens 30 bis 40 cm Abstand zueinander stehen. (Abb. 19)

Abb. 20

Verlegung und Befestigung der Leitung

Bei der Leitungsbefestigung mit Dübelschellen bohren Sie die Befestigungslöcher an den Markierungen, schlagen die Dübel ein und schrauben das Schellenunterteil auf Wand oder Decke. (Abb. 20)

Ebenso befestigt man die Befestigungsschellen für Rohrverlegung. Einen Kabelkanal befestigen Sie, je nach Größe und Art der später einzulegenden Leitungen, alle 25 bis 50 cm mit Dübeln und Schrauben.

Am Ausgangspunkt der Leitung – also meistens einer Verteilerdose – muss man nun eine Öffnung schaffen. Bei Verteilerdosen aus flexiblem Kunststoff schneidet man dazu eine der dafür vorgesehenen Öffnungen kreuzförmig ein. (Abb. 21)

Bei Verteilerdosen mit so genannten Würgenippeln dreht man diesen heraus. Dann kann

Abb. 21

Abb. 22

Abb. 23

man die dünne Kunststoffplatte unter dem Sitz des Würgenippels durchstoßen und den Nippel wieder fest einschrauben. Anschließend schraubt man nur das Nippeloberteil ab und nimmt die Scheibe samt der Gummidichtung heraus.

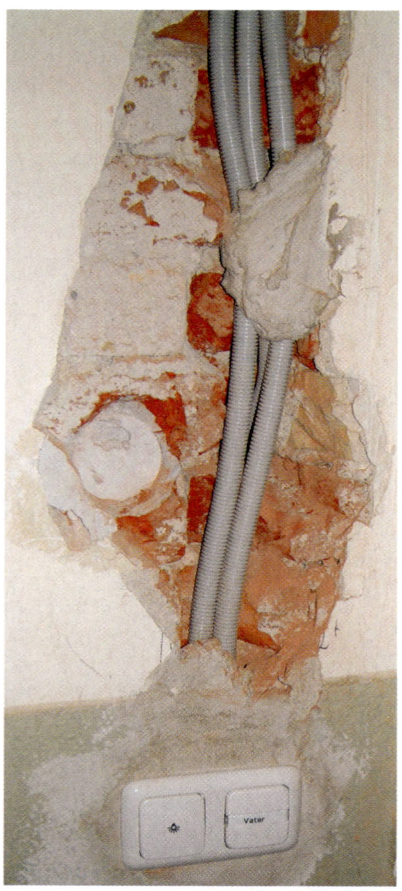

Leitungen können auf, in oder unter Putz verlegt werden.

Abb. 24

Entfernen Sie von der Mantelleitung NYM die äußere Isolierung auf einer Länge von etwa 7 cm. Bei Verteilern ohne Würgenippel schieben Sie die Leitung so weit in die Verteilerdose ein, dass die Mantelisolierung noch etwa 1 cm in das Verteilergehäuse hereinragt. (Abb. 22)

Hat die Verteilerdose Würgenippel, schieben Sie zuerst das Nippeloberteil, die Scheibe und die Gummidichtung ca. 1,5 cm auf das noch vom Mantel isolierte Leitungsstück. Anschließend schiebt man das abisolierte Leitungsende durch das Nippelunterteil in das Verteilergehäuse, drückt die Gummidichtung so weit wie möglich in das Unterteil, schiebt die Scheibe auf die Gummidichtung und schraubt das Nippeloberteil ein.

Nun befestigt man die Leitung mit einer Nagelschelle bzw. legt sie in das Unterteil der ersten Dübelschelle und steckt das Schellenoberteil auf. In Kabelkanälen wird die Leitung einfach nur eingelegt.
So verlegt man die gesamte Leitung, bis das „Zielgerät“ – also die Steckdose oder der Schalter – erreicht ist.

Allerdings sollte man noch nicht die letzte Schelle setzen, sondern zunächst die Leitung so großzügig abschneiden, dass mindestens 10 cm der Leitung in das Gehäuse des Ziels hereinragen.

Anschließend markieren Sie die Leitung so, dass die Mantelisolierung ungefähr 1 cm in das Gehäuse reicht. Ab dieser Stelle entfernen Sie die Außenisolierung, schieben die Leitung in das Zielgerät und befestigen sie mit der letzten Schelle. (Abb. 23)

In der Verteilerdose und im Zielgerät entfernen Sie nun die Isolierung der Adern auf einer Länge von rund 1 cm und schließen die Adern entsprechend der gewünschten Funktion an. (Abb. 24)

Leitungen in oder unter Putz verlegen

Vorbereitende Arbeiten

Schalten Sie den Stromkreis aus und überprüfen Sie die Spannungsfreiheit. Sichern Sie den Stromkreis gegen Wiedereinschalten. Suchen Sie an der

Info

Nachdem Sie die Verteilerdose geschlossen haben und das Zielgerät fertig montiert ist, müssen Sie unbedingt die Funktion und Sicherheit der neuen Installation überprüfen.

Abb. 25

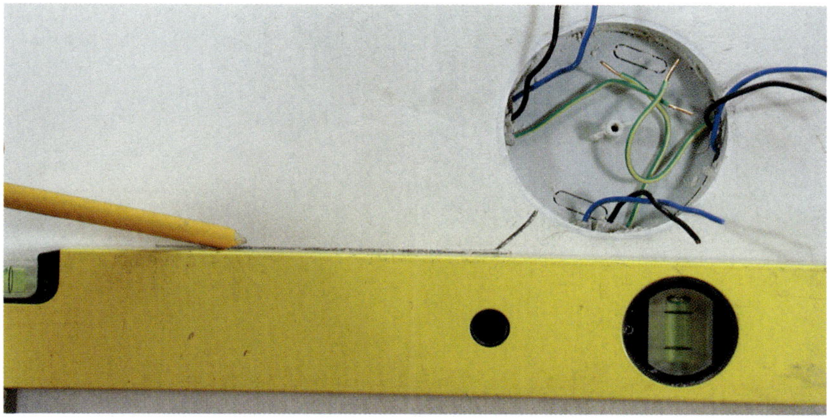

Abb. 26

Unterputzverteilerdose, an der die Leitung entspringen soll, eine unbenutzte Kabelausführung, die dem gewünschten Verlauf der neuen Leitung entspricht. Mit einem kleinen Meißel entfernt man dann den Putz über dem Einlass so weit, dass die neue Leitung problemlos einzuführen ist. (Abb. 25)

Öffnen Sie dann die Leitungseinführung, indem Sie den dünnen Kunststoff dort herausbrechen. Achten Sie bei diesen Arbeiten immer darauf, dass keine schon verlegten Leitungen oder die Dose selbst beschädigt werden.

Abb. 27

Arbeitsmaterial

Werkzeug: Hammer, Fäustel, breiter Meißel, kleiner Meißel, Seitenschneider, Phasenprüfer oder Zweipolspannungsprüfer, Zollstock, Bleistift, Wasserwaage, Leitungssuchgerät, Messer, Gipsbecher und Spachtel (Schaber), eventuell Schlagschnurgerät, Glättkelle, Kelle, eventuell Winkelschleifer mit Steinscheibe oder Diamantscheibe
Material: Installationsleitung (NYM oder NYIF), Schellen oder Stegleitungsnägel in verschiedenen Längen, Gips, Gips- oder Zementputz (je nach Einsatzbereich)

Markieren Sie den Leitungsverlauf mit dem Bleistift mit Hilfe einer Wasserwaage oder mit dem Schlagschnurgerät. (Abb. 26)

Stemmen Sie dann den Kabelkanal aus. Achten Sie darauf, keine bereits unter Putz verlegten Leitungen zu beschädigen – mit einem Leitungssuchgerät können Sie prüfen, wo sich Leitungen unter dem Putz befinden.

Bei der Arbeit mit Fäustel und Meißel sollten Sie zunächst eine Seite des künftigen Kanals einstemmen. Wenn Sie dann die gegenüberliegende Seite aufstemmen, wird dabei meist ein Großteil des Putzes an der gewünschten Stelle abplatzen. (Abb. 27)

Arbeiten Sie mit einem Winkelschleifer, schneiden Sie den Kanal an beiden Seiten ein. Den stehen bleibenden Mittelsteg entfernen Sie danach mit Hammer und Meißel. Der fertige Kabelkanal muss immer – also auch bei Richtungsände-

Info

Nachdem Sie die Verteilerdose geschlossen haben und das Zielgerät fertig montiert ist, müssen Sie unbedingt Sicherheit der neuen Installation überprüfen.

Abb. 28

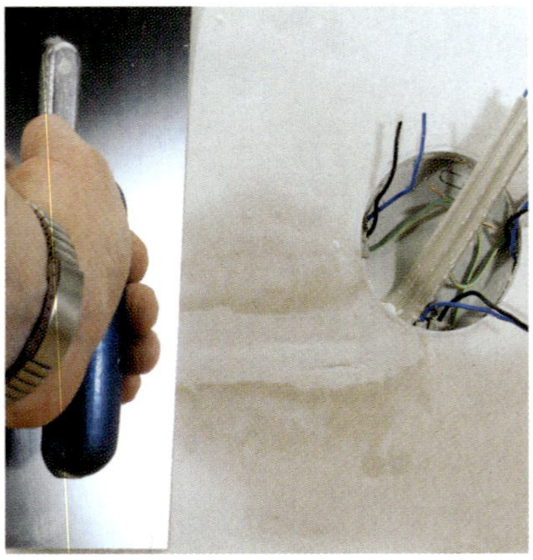

Abb. 29

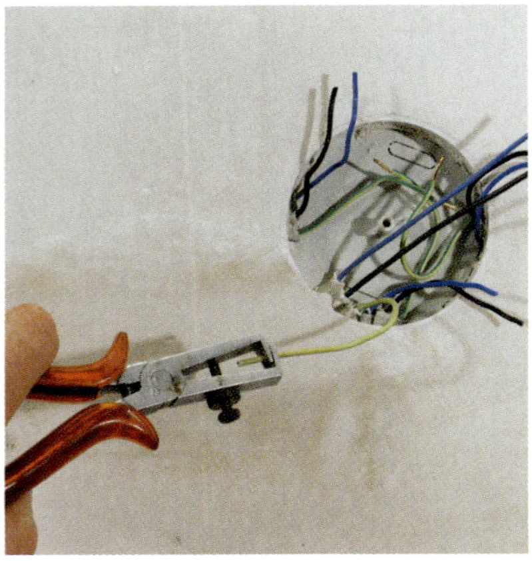

Abb. 30

rungen – so tief sein, dass später eine verlegte Stegleitung an allen Stellen von mindestens 1 cm dickem Putz bedeckt ist.

Verlegung und Befestigung der Leitung

Ist der Leitungskanal fertig, säubern Sie ihn sorgfältig von Staub und Putzbrocken. Dann führen Sie ein Leitungsende etwa 10 cm weit in die Verteilerdose ein. Anschließend verlegen Sie die Leitung in dem Kanal, wobei sie fest und glatt auf dem Mauerwerk liegen muss. (Abb. 28)

Zum Fixieren der Leitung können Sie Stegleitungsnägel verwenden oder Sie befestigen sie mit etwas Gips. Für rechtwinklige Richtungsänderungen knicken Sie die Stegleitung einfach um 90 Grad um – da an dieser Stelle die Leitung nun die doppelte Dicke hat, müssen Sie eventuell hier den Kanal etwas vertiefen. Am Zielpunkt führen Sie die Leitung so weit in die Unterputzdose ein, dass sie ca. 10 cm weit in die Dose hereinragt.

Zum Verschließen des Kanals kann man die leicht zu verarbeitenden Gipsputze verwenden – allerdings nicht in Kellern, Feuchträumen und im Außenbereich. In diesen Räumen sollte man Zementputz verwenden. Bevor man den nach Herstellerangaben angesetzten Putz in den Kanal einbringt, sollte man den Kabelkanal und die umliegenden Putzbereiche gründlich vornässen, da sonst der neue Putz auf dem alten Untergrund schneller hart wird als in der Mitte des Kabelkanals. Das Ebnen des Putzes kann mit dem schräggestellten Glätter erfolgen, wobei man sorgfältig darauf achten muss, das Niveau des alten Putzes zu erreichen. (Abb. 29)

Den elektrischen Anschluss der Installation sollte man erst dann durchführen, wenn der neue Putz gehärtet ist. Dann entfernen Sie in der Verteilerdose und im Zielgerät die Isolierung der Adern auf einer Länge von ungefähr 1 cm und schließen die Adern entsprechend der gewünschten Funktion an. (Abb. 30)

Schalter- oder Verteilerdosen setzen

Material für Aufputzinstallation

Am einfachsten sind Aufputzverteilerdosen zu montieren: Man muss sie lediglich mit zwei Schrauben an der gewünschten Stelle befestigen. (Abb. 31)

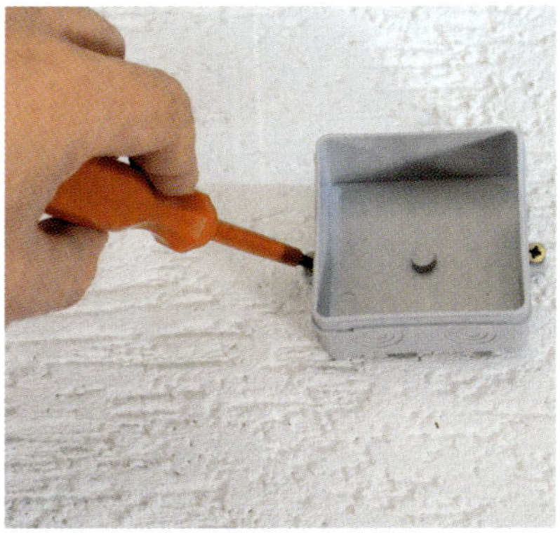

Abb. 31

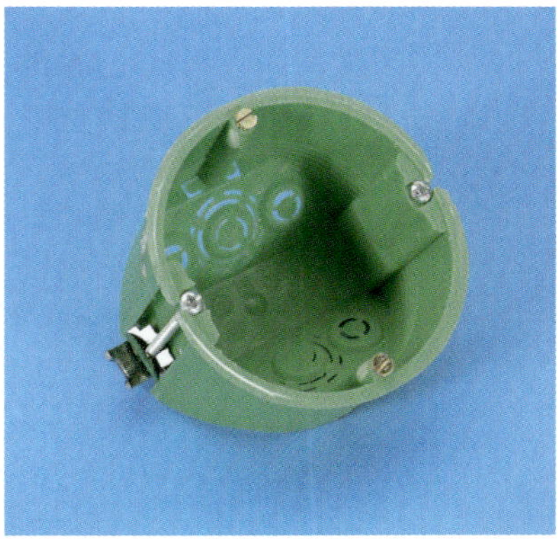

Abb. 32

In Hohlwänden – beispielsweise Wände aus Gipskarton – muss man spezielle Hohlwanddosen verwenden. (Abb. 32)

Diese Dosen müssen einen Innendurchmesser von 60 mm haben, wenn man in ihnen Schalter oder Steckdosen montieren möchte. Die Montageöffnung für die Dose sollte man mit einer genau passenden Lochkreissäge aussägen, damit die Dose später nicht in die Wand rutscht. (Abb. 33)

Bei Mehrfachkombinationen gelten die Abstandsmaße von 71 mm von Dosenmitte zu Dosenmitte. Vor dem Einsetzen von Hohlwanddosen bricht man an einer geeigneten Stelle eine Kabeleinführung aus und schiebt die Leitung in die Dose. (Abb. 34)

Dann erst wird die Dose in das Loch eingesetzt, ausgerichtet und durch Anziehen der Schrauben befestigt.

Material für Unterputzinstallation

Bei Unterputzinstallation benötigen Sie für den Schalter oder die Steckdosen Schalterdosen aus Kunststoff mit einem Innendurchmesser von 60 mm. Diese Dosen können Sie auch als Verteilerdosen verwenden.

Um Kombinationen aus Schaltern oder Steckdosen unter Putz zu setzen, sind fast alle dieser Dosen mit einem herstellereigenen Stecksystem ausgestattet, über das man mehrere Dosen zusammenstecken kann. Das garantiert zum einen den mechanischen Halt der Dosen und gewährleistet zum anderen den richtigen Abstand der Dosen untereinander. (Abb. 35)

Schalterdosen für Lichtschalter setzt man in einer Installationszone in einer Höhe von 105 cm oberhalb des Fußbodens. Verteilerdosen setzt man in einer Installationszone üblicherweise unter der Decke.

Vorbereitende Arbeiten

Vor Beginn der Arbeit markieren Sie die Montagestelle für die Verteilerdose oder Schalterdose. Am einfachsten und genauesten erstellt man die Löcher für die Schalterdosen mit einem Dosensenker (oder Dosenfräser), den man in eine leistungsfähige Bohrmaschine einspannt. (Abb. 36)

Diese Fräsen sind in unterschiedlichen Durchmessern erhältlich. Manchmal bleibt nach der Bohrung der Kern stehen, den man aber leicht mit Hammer und Meißel entfernen kann. (Abb. 37)

Arbeitsmaterial

Werkzeug: Hammer, Fäustel, Meißel, Zollstock, Bleistift, Leitungssuchgerät, Gipsbecher und Spachtel (Schaber), Bohrkrone 65 mm für Schalterdosen, Lochkreissäge 62 mm für Hohlwanddosen

Material: Unterputzmontage: Schalterdose 60 mm, Gips; Aufputzmontage: Aufputverteilerdose; Hohlwände: Hohlwanddose 60 mm

Abb. 33

Abb. 34

Abb. 35

Abb. 36

Abb. 37

Abb. 38

Abb. 39

Abb. 40

Man kann aber auch mit Meißel und Fäustel das Loch für die Dose ausstemmen. Die Dosen müssen so weit in der Wand versenkbar sein, dass der Dosenrand bündig mit der Putzfläche abschließt und unter dem Dosenboden noch einige Millimeter Gips Platz haben.

Wenn das Loch die richtige Größe und Tiefe hat, brechen Sie an der Schalterdose die für die Leitungseinführung benötigte Öffnung aus und stemmen zusätzlich noch eine schräge Vertiefung zu der Einlassstelle. (Abb. 38)

Möchten Sie eine Kombination mehrerer Dosen setzen, erstellen Sie nun die benötigten weiteren Löcher. Sind diese fertig, stemmen Sie noch gegebenenfalls die dünnen Stege zwischen den einzelnen Löchern weg, damit die zusammengesteckten Schalterdosen bequem in die Löcher passen.

Setzen der Dosen

Reinigen Sie die Löcher von Staub und Putzbrocken und nässen sie gründlich vor. Füllen Sie dann eine ausreichende Menge Gips in die Öffnungen und drücken sofort anschließend die Dose(n) in ihre Position und entfernen überstehenden Gips. (Abb. 39)

Kontrollieren Sie abschließend, ob die Dosen nicht über den Putz hinausragen und korrigieren Sie eventuell deren Sitz. Entfernen Sie den noch weichen Gips an der Stelle, wo die

Info

Wenn nur eine einzelne Unterputzdose gesetzt werden soll, kann man sich Stemmarbeit sparen, indem man die Steckränder zum Aneinanderreihen mehrerer Dosen mit einer kleinen Säge oder mit dem Seitenschneider entfernt.

Leitung später in die Dose führen soll. Erst wenn der Gips ausgehärtet ist, können Sie Leitungen in die Dosen führen und eventuelle Nachputzarbeiten um die Dosen herum ausführen. (Abb. 40)

Neuinstallation einer Steckdose

Vorbereitende Arbeiten

Schalten Sie den Stromkreis aus und überprüfen Sie die Spannungsfreiheit. Sichern Sie den Stromkreis gegen Wiedereinschalten. Öffnen Sie die Abzweigdose, an der das Kabel entspringen soll und überprüfen Sie mit dem Phasenprüfer oder dem Zweipolspannungsprüfer, ob an den Leitungsadern eventuell Spannung anliegt. (Abb. 41)

Suchen Sie dann in der geöffneten Unterputzverteilerdose

Info

Wenn Sie bei bereits gesetzten Dosen erst beim Verputzen einer Wand feststellen, dass die Dosen zu tief sitzen, kann man die Dosenhöhe durch Aufschrauben von Putzausgleichsringen der tatsächlichen Putzstärke anpassen.

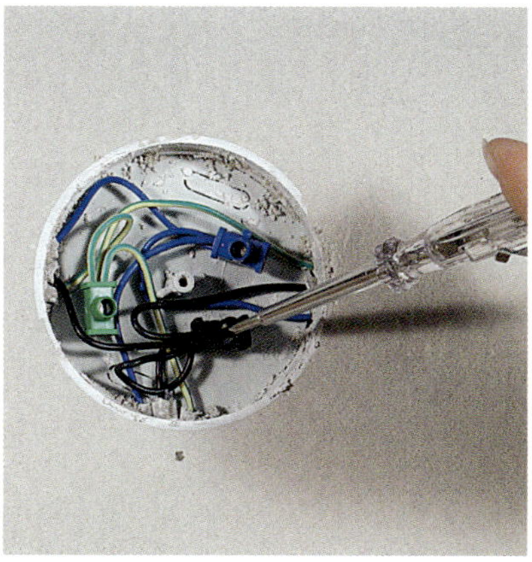

Abb. 41

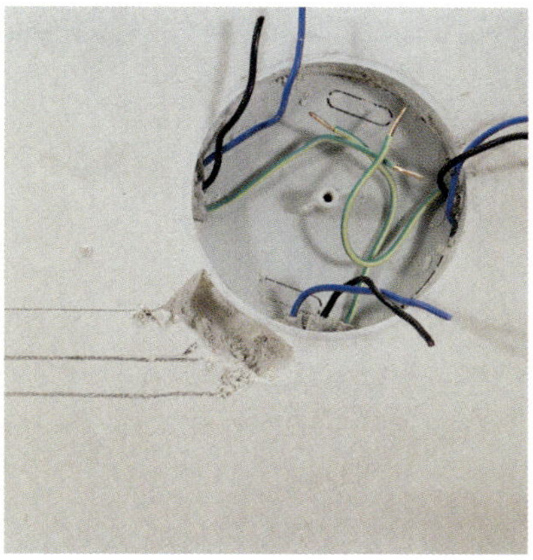

Abb. 42

Abb. 43

eine nicht benutzte Kabeldurchführung, die dem gewünschten Verlauf der neuen Leitung entgegenkommt. Stemmen Sie mit einem kleinen Meißel vorsichtig den Putz über der Anschlussstelle ab. (Abb. 42)

Arbeiten Sie den Putz so weit heraus, dass die gewünschte Kabeleinführung freiliegt. Öffnen Sie die Leitungseinführung, indem Sie den Kunststoff durchstechen und herausbrechen. Bei Aufputzverteilerdosen öffnen Sie die gewünschte vorgestanzte Leitungseinführung mit einem Messer.

Neben einer Verteilerdose kann man auch eine bereits installierte Steckdose als Ausgangspunkt für die Leitung zu der neuen Steckdose verwenden. Bei einer Unterputzinstallation bereitet man hier die Kabeleinführung genauso vor wie bei einer Verteilerdose. Bei Aufputzinstallationen verwendet man die zweite, unbenutzte Kabeleinführung im Steckdosengehäuse, um die neue Leitung anzuschließen. (Abb. 43)

Verlegen Sie die Leitung entsprechend den Hinweisen in den jeweiligen Kapiteln in diesem Buch. Ebenso setzen Sie die Dose(n) für die neue(n) Steckdose(n) bzw. montieren Sie eine Aufputzsteckdose.

Installation der Steckdose

An der Verteilerdose führen Sie ein Ende der neuen Leitung so weit ein, dass es etwa 10 cm hereinragt. Verwenden Sie eine Mantelleitung (NYM), sollten Sie zuvor die äußere Isolierung so entfernen, dass die Außenisolierung nur knapp 1 cm in das Gehäuse hereinragt. An der Montagestelle der neuen Steckdose führen Sie die Leitung genauso ein wie an der Verteilerdose.

Wenn bei Unterputzinstallationen der Putz durchgehärtet ist, können Sie die Leitung anschließen. (Abb. 44)

Dazu isolieren Sie in der Verteilerdose und in der Zieldose die

Arbeitsmaterial

Werkzeug: Seitenschneider, Phasenprüfer, Zweipolspannungsprüfer, Messer
Material: dreiadrige Installationsleitung (NYM oder NYIF), Steckdose (ggf. mit Abdeckrahmen), Dosenklemmen
Zusätzlich: Material und Werkzeug, um eine Leitung zu verlegen und um eine Schalterdose zu setzen

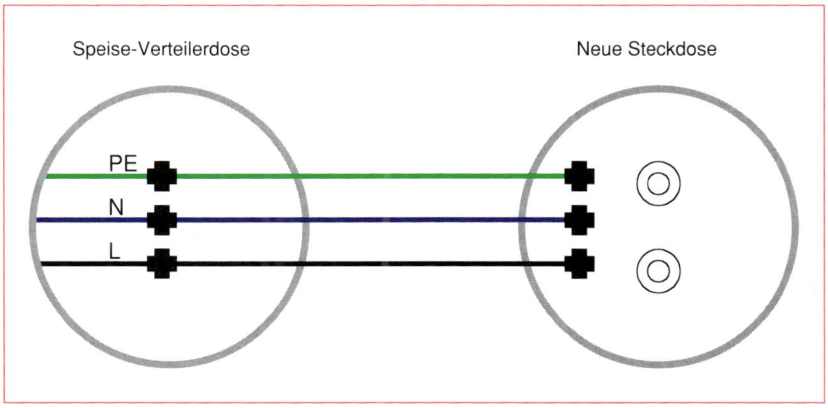

Abb. 44: Steckdose

Abb. 45

Abb. 46

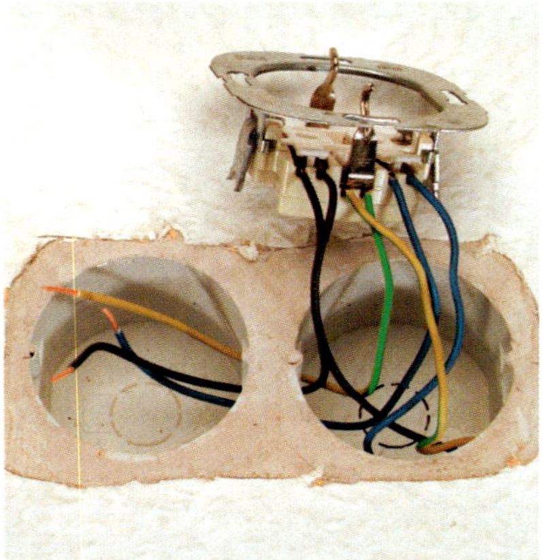

Abb. 47

Aderenden der neuen Leitung etwa 1 cm weit ab. In der Verteilerdose bzw. in einer zur Speisung verwendeten Steckdose verbinden Sie alle gleichfarbig isolierten Adern miteinander. (Abb. 45)

Dabei muss die schwarze Ader mit der spannungsführenden Leitung verbunden sein, der blaue Neutralleiter und der grün-gelb gestreifte Schutzleiter sind jeweils mit der gleichfarbigen Ader in der Verteilerdose zu verbinden. Dazu sollten Sie neue Dosenklemmen verwenden. Sind alle Anschlüsse vorgenommen, verschließen Sie die Verteilerdose bzw. montieren die Abdeckungen an der Steckdose.

Anschluss der Steckdose

Nun können Sie die neue(n) Steckdose(n) anschließen. Hierfür verbinden Sie die abisolierte schwarze und blaue Ader der neuen Leitung mit den Anschlüssen der Steckdose, die zu den Metallzungen für die Aufnahme der Steckerstifte führen.

Die grün-gelb isolierte Leitung muss an den Schutzleiter angeschlossen werden. Zum Anschluss stecken Sie die abisolierten Leitungsenden unter das Klemmstück der Kontaktplatte und ziehen dann die Schraube fest an. (Abb. 46)

Bei modernen Steckdosen sind die Leitungen in die entsprechenden Aufnahmen einzuschieben.

Ist die Steckdose Bestandteil einer Kombination von mehreren Steckdosen, schneiden Sie von einem Reststück Mantelleitung (NYM) rund 20 cm ab und entfernen die äußere Isolierung. Die so erhaltenen farbig isolierten Adern schließen Sie neben der Speiseleitung in der entsprechenden Leiterfarbe an die Steckdose mit an. Die Adern führen Sie durch die Durchführungen der zusammengesteckten Unterputzdosen zur nächsten Steckdose und schließen sie dort wie zuvor beschrieben an. (Abb. 47)

Sind alle elektrischen Verbindungen hergestellt, setzen Sie die Steckdose in die Unterputzdose ein, ohne dabei Adern einzuklemmen. Vor dem Festschrauben der Steckdose muss diese ausgerichtet werden – was besonders bei Kombinationen sehr genau erfolgen muss, damit später die Rahmen passen. (Abb. 48)

Bei Hohlwanddosen führen Sie die Schraubenköpfe der Dose durch die entsprechenden Öffnungen am Metallrahmen des Steckdoseneinsatzes, richten ihn aus und schrauben ihn fest.

Abschließend montieren Sie den Rahmen und die Abdeckung auf die Steckdose. Schalten Sie dann die Sicherung wieder ein und überprüfen Sie die Sicherheit und Funktion der Installation.

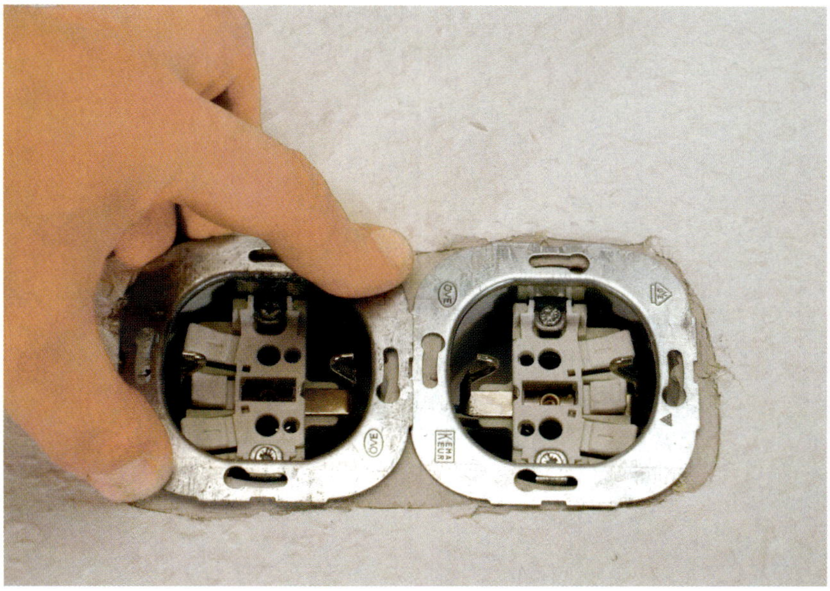

Abb. 48

Grundsätzliches zur Neuinstallation von Leuchten

Für den Anschluss einer Leuchte reicht es im einfachsten Fall aus, eine dreiadrige Leitung zu verlegen, an der permanent Spannung ansteht. Die Leuchte schaltet man dann über einen im Leuchtengehäuse angebrachten Schalter, wie es bei vielen Wandleuchten üblich ist. In diesem Fall entspricht die Installation dem Verlegen einer neuen Steckdose. (Abb. 49)

Wandschalter (Ausschaltung)

Soll die Leuchte über einen Wandschalter betätigt werden, ist die Installation etwas aufwändiger. Hier steht im Mittelpunkt eine Verteilerdose, an der eine Leitung die Versorgungsspannung führen muss. Eine weitere Leitung führt dann zu der Leuchte und eine dritte Leitung zu dem Schalter. Als Schalter zur Betätigung der Leuchte setzt man meistens einen Wechselschalter ein, obgleich man bei dieser einfachen Ausschaltung nur eine Teilfunktion des Schalters verwendet.

Bei der Neuinstallation von Leuchten ist einiges zu beachten.

Serienschaltung

Grundsätzlich genügt es, eine dreiadrige Leitung zum einfa-

Abb. 49

Abb. 50

Abb. 51

chen Ein- und Ausschalten der Leuchte zu verlegen. Wenn Sie sich aber die Option offen halten möchten, die einzelnen Lampen in einer Leuchte getrennt zu schalten (Serienschaltung), sollten Sie zum Lichtschalter und zur Leuchte eine vieradrige oder fünfadrige Leitung verlegen – der Aufwand ist dabei derselbe. (Abb. 50)

Wechselschaltung

Möchte man eine Leuchte nicht nur von einem Punkt aus schalten – beispielsweise in einem Treppenhaus oder Durchgangszimmer –, installiert man eine Wechselschaltung, bei der man von zwei Stellen aus das Licht an- und ausschalten kann. Für eine Wechselschaltung muss man jedoch zu jedem Schalter und zu der Verteilerdose, an der die Leuchtenleitung entspringen soll, mindestens eine vieradrige Leitung verlegen. Einfacher zu erhalten ist jedoch eine fünfadrige Leitung, die man hier problemlos verwenden kann. Für eine Wechselschaltung benötigen Sie Wechselschalter – allerdings sind das die Schalter, die man üblicherweise auch als einfache Ein-/Ausschalter einsetzt.

Wandauslassdose

Oft lässt man die Leitung zum Leuchtenanschluss einfach aus der Wand ragen. Eine wesentlich bessere Lösung ist es, hierfür eine Wandauslassdose zu verwenden. Diese kleinen Unterputzdosen nehmen die Anschlussleitung sowie die Anschlussklemmen zur Leuchte auf und lassen sich mit einem Deckel verschließen und bei Nichtbenutzung unsichtbar übertapezieren. (Abb. 51)

Installation einer Leuchte mit Ausschaltung

Vorbereitende Arbeiten

Schalten Sie den Stromkreis aus und überprüfen Sie die Spannungsfreiheit. Sichern Sie den Stromkreis gegen Wiedereinschalten. Bereiten Sie die Verteilerdose, aus der die Leuchte gespeist werden soll, für den Neuanschluss einer Leitung vor.

Bei Unterputzverteilerdosen suchen Sie eine nicht benutzte Kabeldurchführung, die dem gewünschten Verlauf der neuen Leitung entgegenkommt. Stemmen Sie mit einem kleinen Meißel vorsichtig den Putz über der Anschlussstelle ab. Arbeiten Sie den Putz so weit heraus, dass die gewünschte Kabeleinführung freiliegt. Öffnen Sie die Leitungseinführung, indem Sie den Kunststoff durchstechen und herausbrechen. Bei Aufputzverteilerdosen öffnen Sie die gewünschte vorgestanzte Leitungseinführung mit einem Messer.

Neben einer Verteilerdose kann man auch eine bereits instal-

Arbeitsmaterial

Werkzeug: Seitenschneider, Phasenprüfer, Zweipolspannungsprüfer, Messer
Material: dreiadrige und ggf. vieradrige Installationsleitung (NYM oder NYIF), Lichtschalter „Wechsel" (ggf. mit Abdeckrahmen), Dosenklemmen, 1 Schalter- oder Hohlwanddose, 1 Verteilerdose, Wandauslassdose
Zusätzlich: Material und Werkzeug, um eine Leitung zu verlegen, um eine Schalterdose sowie eine Verteilerdose zu setzen

lierte Steckdose als Ausgangspunkt für die Leitung zu der neuen Leuchte verwenden. Bei Unterputzinstallationen bereitet man hier die Kabeleinführung genauso vor wie bei einer Verteilerdose. Bei Aufputzinstallationen verwendet man die zweite, unbenutzte Kabeleinführung im Steckdosengehäuse, um die neue Leitung anzuschließen.

Abb. 52

Abb. 53

Markieren Sie die Montagestellen für die neue Verteilerdose, die Schalterdose und die Wandauslassdose. Die Schalterdose sollte in einer Höhe von 105 cm oberhalb des Fußbodens liegen. Markieren Sie den vorgesehenen Leitungsverlauf in den Installationszonen.

Verlegen Sie die Leitungen entsprechend den Hinweisen in den jeweiligen Kapiteln in diesem Buch. Ebenso müssen Sie die Dosen setzen.

Installation der Leuchte

An den Verteilerdosen, in der Schalterdose und in der Wandauslassdose führen Sie je ein Ende der neuen Leitungen so weit ein, dass es etwa 10 cm hereinragt. (Abb. 52)

Verwenden Sie eine Mantelleitung (NYM), sollten Sie zuvor die äußere Isolierung so entfernen, dass die Außenisolierung nur knapp 1 cm in das Gehäuse hereinragt.

Wenn bei Unterputzinstallationen der Putz durchgehärtet ist, isolieren Sie in allen Dosen die Aderenden etwa 1 cm weit ab. In der Speiseverteilerdose bzw. in einer zur Speisung verwendeten Steckdose verbinden Sie alle gleichfarbig isolierten Adern mit neuen Dosenklemmen miteinander. Dabei muss die schwarze Ader mit der spannungsführenden Leitung verbunden sein, der blaue Neutralleiter und auch der grün-gelb gestreifte Schutzleiter sind jeweils mit dem gleichfarbigen Draht in der Verteilerdose zu verbinden. (Abb. 53)

In der neuen Verteilerdose verbinden Sie zunächst die drei grün-gelb gestreiften Schutzleiteradern mit einer Dosenklemme. Von der Leitung, die zur Leuchte führt, und von der Speiseleitung verbinden Sie die beiden blauen Adern mit neuen Dosenklemmen miteinander.

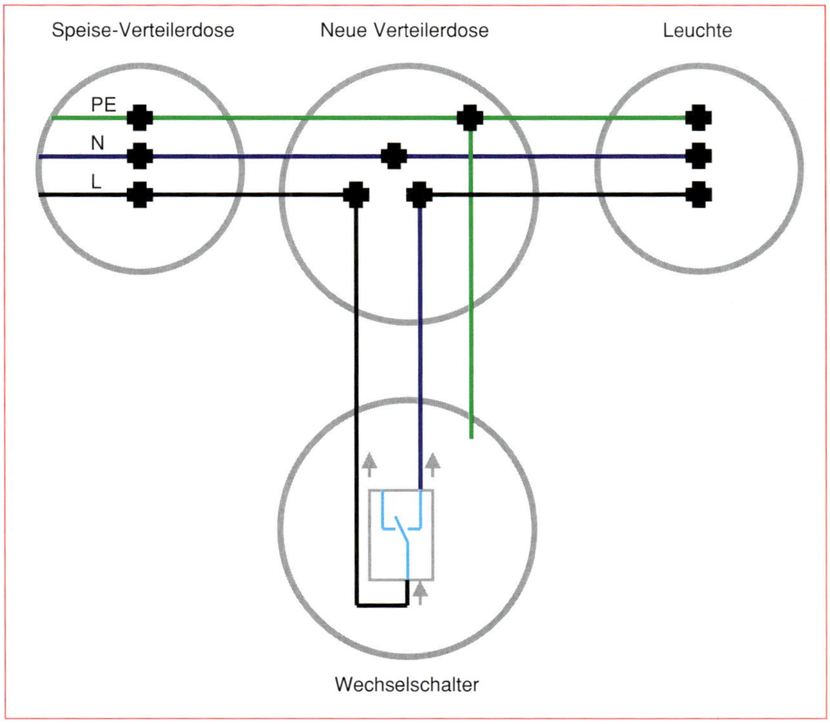

Abb. 54: Ausschaltung

Abb. 55

Anschließend verbinden Sie mit einer Dosenklemme die schwarze Ader der Speiseleitung mit der gleichfarbigen Ader der Leitung zum Schalter. Die übrig bleibenden Adern – die blaue Ader der Leitung zum Schalter und die schwarze Ader der Leitung zur Leuchte – müssen nun noch mit einer Dosenklemme verbunden werden. (Abb. 54)

Anschluss der Leuchte

Nun entfernen Sie am Schaltereinsatz die Abdeckungen. An dem mit „P", „L" oder einem in das Schalterelement weisenden Pfeil gekennzeichneten Anschluss schieben Sie die etwa 1 cm weit abisolierte schwarze Ader in die Klemmaufnahme. (Abb. 55)

Die blaue Ader stecken Sie dann in einen der Anschlüsse, die mit einem weg weisenden Pfeil markiert sind. Den grüngelb gestreiften Schutzleiter isolieren Sie am Ende mit etwas Isolierband, rollen ihn zusammen und drücken ihn auf den Boden der Schalterdose.

Setzen Sie nun den Schaltereinsatz in die Unterputzdose ein ohne Adern einzuklemmen, richten ihn aus und schrauben ihn fest. Bei Hohlwanddosen führen Sie die Schraubenköpfe der Dose durch die entsprechenden Öffnungen am Metallrahmen des Schaltereinsatzes, richten ihn aus und schrauben ihn fest. Abschließend montieren Sie den Rahmen und die Schalterwippe.

Abb. 56

Montieren Sie die Leuchte und schließen Sie sie an. Hinweise dazu finden Sie in dem Kapitel „Anbringung von Wand- und Deckenleuchten" (Seite 106 ff.). Verschließen Sie alle eventuell noch offenen Verteilerdosen bzw. montieren Sie die Abdeckungen. Schalten Sie den Strom wieder ein und überprüfen Sie die Sicherheit und Funktion.

Installation einer Leuchte in Wechselschaltung

Vorbereitende Arbeiten

Die Vorarbeiten entsprechen den Maßnahmen des vorigen Kapitels.

Nach Ausschaltung des Stromkreises und Sicherung gegen Wiedereinschalten muss die Verteilerdose, aus der die Leuchte gespeist werden soll, für den Neuanschluss einer Leitung vorbereitet werden.

Arbeitsmaterial

Werkzeug: Seitenschneider, Phasenprüfer, Zweipolspannungsprüfer, Messer
Material: dreiadrige und fünfadrige Installationsleitung (NYM oder NYIF), 2 Lichtschalter „Wechsel" (ggf. mit Abdeckrahmen), Dosenklemmen, 2 Schalterdosen oder Hohlwanddosen, 2 Verteilerdosen, Wandauslassdose
Zusätzlich: Material und Werkzeug, um eine Leitung zu verlegen, um Schalterdosen sowie Verteilerdosen zu setzen.

Abb. 57

Bei Unterputzverteilerdosen wird eine nicht benutzte Kabeldurchführung benötigt, die dem gewünschten Verlauf der neuen Leitung entgegenkommt. Der Putz über der Anschlussstelle muss mit einem kleinen Meißel abgestemmt und so weit herausgearbeitet werden, dass die gewünschte Kabeleinführung freiliegt. Öffnen Sie dann die Leitungseinführung, indem Sie den Kunststoff durchstechen und herausbrechen.

Bei Aufputzverteilerdosen wird die gewünschte vorgestanzte Leitungseinführung mit einem Messer geöffnet. (Abb. 56)

Auch eine bereits installierte Steckdose kann als Ausgangspunkt für die Leitung zu der neuen Leuchte verwendet werden, wobei bei Unterputzinstallationen die Kabeleinführung genauso vorbereitet wird wie bei einer Verteilerdose. Bei Aufputzinstallationen verwendet man die zweite, unbenutzte Kabeleinführung im Steckdosengehäuse, um die neue Leitung anzuschließen.

Abb. 58

Markieren Sie dann die Montagestellen für die neuen Verteilerdosen, die Schalterdosen (in einer Höhe von 105 cm oberhalb des Fußbodens) und die Wandauslassdose und den vorgesehenen Leitungsverlauf in den Installationszonen.

Beachten Sie dabei, dass Sie nur für die Verbindung von der Speiseverteilerdose zu der neuen Verteilerdose über dem ersten Schalter sowie für die Verbindung zwischen der Leuchte und der Verteilerdose ein dreiadriges Kabel verwenden dürfen. Die Leitungen zwischen den neuen Verteilerdosen und zu den Lichtschaltern müssen mindestens vier Adern haben. Verlegen Sie die Leitungen entsprechend den Hinweisen in den jeweiligen Kapiteln in diesem Buch. Ebenso setzen Sie die Dosen.

Installation der Leuchte

An den Verteilerdosen, in den Schalterdosen und in der Wandauslassdose führen Sie je ein Ende der neuen Leitungen so weit ein, dass es etwa 10 cm hereinragt. Verwenden Sie eine Mantelleitung (NYM), sollten Sie zuvor die äußere Isolierung so entfernen, dass die Außenisolierung nur knapp 1 cm in das Gehäuse hereinragt. (Abb. 57)

Wenn bei Unterputzinstallationen der Putz durchgehärtet ist,

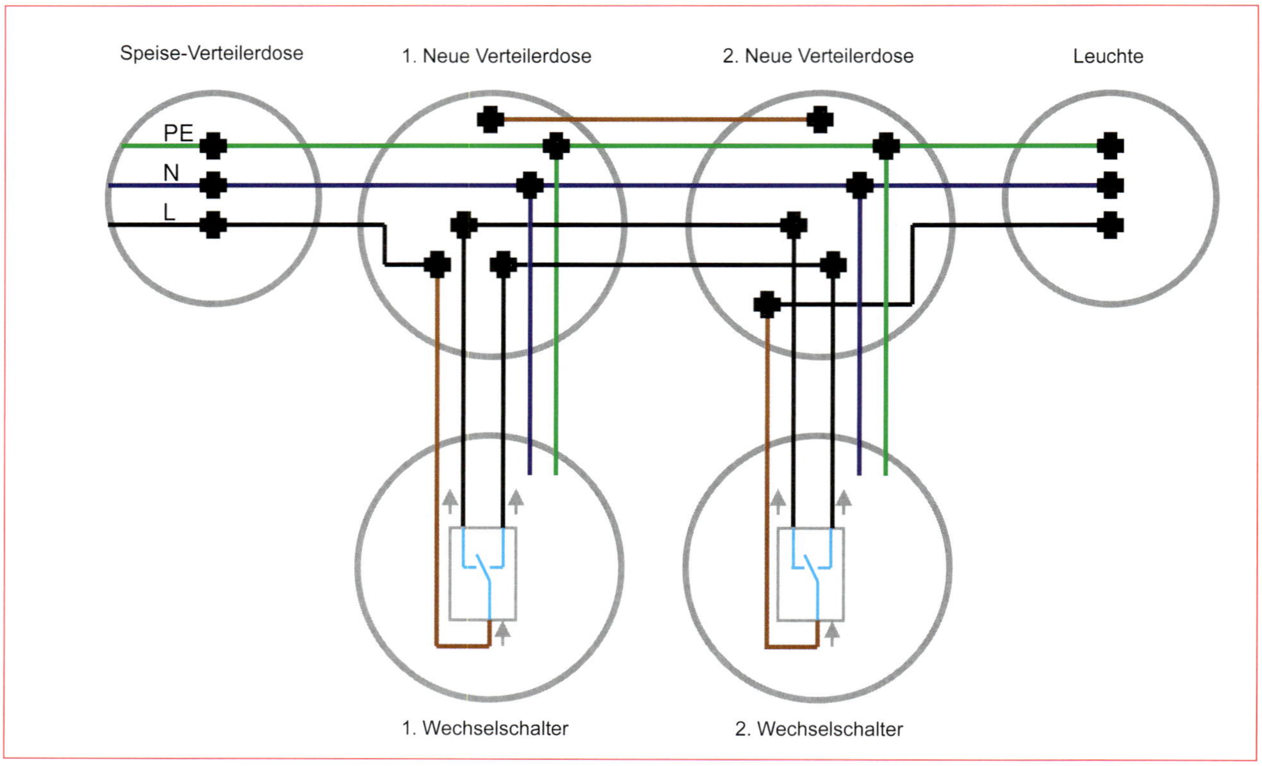

Abb. 59: Wechselschaltung

isolieren Sie in allen Dosen die Aderenden etwa 1 cm weit ab. In der Verteilerdose bzw. in einer zur Speisung verwendeten Steckdose verbinden Sie mit neuen Dosenklemmen alle gleichfarbig isolierten Adern miteinander. Dabei muss die schwarze Ader mit der spannungsführenden Leitung verbunden sein, der blaue Neutralleiter und der grün-gelb gestreifte Schutzleiter sind jeweils mit dem gleichfarbigen Draht in der Verteilerdose zu verbinden.

In der ersten neuen Verteilerdose über dem ersten Wechselschalter verbinden Sie die drei grün-gelb gestreiften Schutzleiteradern mit einer Dosenklemme. Ebenso sind alle drei blauen Adern miteinander zu verbinden. Anschließend verbinden Sie mit einer Dosenklemme die schwarze Ader der Speiseleitung mit der braunen Ader der Leitung zum Schalter. Die beiden schwarzen Adern der Schalterleitung sind jeweils mit den schwarzen Adern der Leitung zu verbinden, die zur zweiten Verteilerdose führt. (Abb. 58)

Bei der zweiten Verteilerdose verbinden Sie wieder die drei grün-gelb gestreiften Schutzleiteradern mit einer Dosenklemme und die drei blauen Adern mit einer weiteren Klemme. Auch hier werden die beiden schwarzen Adern der Schalterleitung jeweils mit den schwarzen Adern der Leitung verbunden, die von der ersten Verteilerdose kommen. Die braune Ader der Leitung zum Schalter müssen Sie dann noch mit der schwarzen Ader der Leitung verbinden, die zu der Leuchte führt. (Abb. 59)

Anschluss der Leuchte

Entfernen Sie an den Schaltereinsätzen die Abdeckungen. Beide Wechselschalter werden nach demselben Schema angeschlossen: An dem mit „P", „L" oder einem in das Schalterelement weisenden Pfeil gekennzeichneten Anschluss schieben Sie die etwa 1 cm weit abisolierte braune Ader in die Klemmaufnahme. Die beiden schwarzen Adern stecken Sie jeweils in einen der Anschlüsse, die mit einem weg weisenden Pfeil markiert sind. (Abb. 60)

Den grün-gelb gestreiften Schutzleiter sowie die blaue

Ader isolieren Sie am Ende mit etwas Isolierband, rollen sie zusammen und drücken sie auf den Boden der Schalterdose.

Setzen Sie die Schaltereinsätze in die Unterputzdosen ein ohne Adern einzuklemmen, richten Sie sie aus und schrauben Sie sie fest. Bei Hohlwanddosen führen Sie die Schraubenköpfe der Dose durch die entsprechenden Öffnungen am Metallrahmen des Schaltereinsatzes, richten ihn aus und schrauben ihn fest. Abschließend montieren Sie Rahmen und Schalterwippen.

Montieren Sie die Leuchte und schließen Sie sie an. Hinweise dazu finden Sie in dem Kapitel „Anbringung von Wand- und Deckenleuchten" (Seite 106 ff.). Verschließen Sie alle eventuell noch offenen Verteilerdosen bzw. montieren Sie die Abdeckungen. Schalten Sie den Strom wieder ein und überprüfen Sie die Sicherheit und Funktion der Installation.

Montage eines Bewegungsmelders

Meist setzt man Bewegungsmelder so ein, dass sie bei der Annäherung einer Person eine Beleuchtung einschalten. Viele Bewegungsmelder sind für die Montage im Außenbereich vorgesehen. Allerdings gibt es auch Ausführungen nur für den Betrieb im Innenbereich und Varianten für Kleinspannungen (z. B. 12 Volt). (Abb. 61)

Bewegungsmelder und Leuchte

Deshalb müssen Sie vor dem Kauf darauf achten, ein für die vorgesehene Montage und den Betrieb geeignetes Gerät auszuwählen. Soll eine vorhandene Leuchte an einen Bewegungsmelder angeschlossen werden, sollte man überlegen, ob sich hier der Kauf einer Kombination aus Bewegungsmelder und Leuchte lohnt. Diese Kombination wird wie eine Leuchte an die vorhandenen Leitungen angeschlossen und man erspart sich das teilweise aufwändige Verlegen von elektrischen Leitungen.

Info

Grundsätzlich benötigt man keinen weiteren Schalter zum Betrieb einer Leuchte über einen Bewegungsmelder. Allerdings kann ein zusätzlicher Schalter recht nützlich sein, da man bei einigen Bewegungsmeldern mit einem Schalter Betriebsarten auswählen kann, in denen der Melder unabhängig von den integrierten Dämmerungsschaltern und der Zeitsteuerung die Leuchte andauernd einschaltet.

Allerdings muss der vorhandene Montageort für die Installation der Kombination geeignet sein – wobei vor allem der Erfassungsbereich des Bewegungsmelders ein wichtiges Kriterium ist.

Jeder Bewegungsmelder hat nur einen bestimmten Bereich, in dem er Bewegungen erkennen kann. Dieser Erfassungs-

Abb. 60

Abb. 61

Bewegungsmelder garantieren, dass man sicher zur Haustür findet.

bereich beträgt meistens 180 Grad, aber es gibt auch Ausführungen mit größeren Erfassungsbereichen. Zudem bestimmen die Montagehöhe sowie die Ausrichtung des Melders, bis zu welchen Entfernungen dieser Bewegungen registriert.

Einen Bewegungsmelder sollte man immer so platzieren, dass er möglichst freie „Sicht" auf den zu überwachenden Bereich hat. Als Montagehöhe sind rund zwei Meter für eine optimale Reichweite empfehlenswert. Zudem sollte der Montageort so weit wie möglich vor direkter Sonneneinstrahlung, Regen, Schnee und Eis geschützt sein. Außerdem sollte der Bewegungsmelder nicht direkt auf eine helle, reflektierende Oberflächen ausgerichtet sein, um Fehlauslösungen zu vermeiden.

Vorbereitende Arbeiten

Schalten Sie den Stromkreis aus und überprüfen Sie die Spannungsfreiheit. Sichern Sie den Stromkreis gegen Wiedereinschalten.

Um eine vorhandene Leuchte über einen Bewegungsmelder schalten zu können, muss zwischen der Leuchte und dem Bewegungsmelder eine vieradrige Leitung verlegt werden, z. B. die Leitung NYM-J 4x1,5 oder die leichter erhältliche Leitung NYM-J 5x1,5.

Sie dürfen keinesfalls eine dreiadrige Leitung verwenden, da

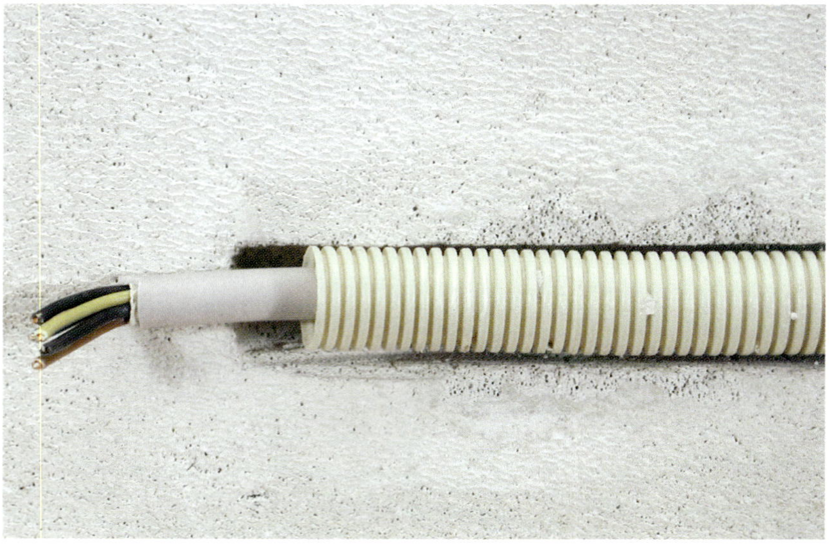

Abb. 62

Arbeitsmaterial

Werkzeug: Schraubendreher, Seitenschneider, Phasenprüfer und Zweipolspannungsprüfer, scharfes Messer, Bohrmaschine mit 6- oder 8-mm-Steinbohrer
Material: Bewegungsmelder, vier- oder fünfadrige Mantelleitung NYM, Lüsterklemmen (Dosenklemmen), 6- oder 8-mm-Dübel, zu den Dübeln und dem Bewegungsmelder passende Schrauben
Zusätzlich: Material und Werkzeug, um eine Leitung zu verlegen

Sie dann beim Anschluss den Schutzleiter anders als vorgeschrieben verwenden müssten.

Wenn die NYM-Leitung auf einer Außenwand liegt, muss sie unter dem Putz verlegt werden. Dabei kann es in vielen Fällen sinnvoll sein, die Leitung in einem flexiblen Installationsrohr zu verlegen – so kann man später gegebenenfalls die Leitung austauschen. (Abb. 62)

Verlegen Sie die neue Leitung so, dass sie bequem an den Bewegungsmelder und die vorhandene Leuchte angeschlossen werden kann. Hinweise zu dieser Arbeit finden Sie in den jeweiligen Kapiteln in diesem Buch.

Entfernen Sie die Abdeckungen an der Leuchte, um an die Anschlussklemmen zu gelangen. Nun müssen Sie kurzfristig wieder den Strom einschalten. Denken Sie bei der folgenden Prüfung daran, dass eine Berührung der offen liegenden

Abb. 63

Anschlüsse einen lebensgefährlichen Stromschlag zur Folge haben kann.

Schalten Sie die Leuchte ein und berühren Sie mit der Spitze des Phasenprüfers nacheinander alle Schraubenköpfe in der Anschlussklemmenleiste der Leuchte: An einer der Anschlussklemmen sollte die Glimmlampe im Phasenprüfer aufleuchten – dieses ist der spannungsführende Anschluss (Phase), der höchstwahrscheinlich mit einer braun oder schwarz isolierten Leitungsader verbunden ist. (Abb. 63)

Nach diesem Test müssen Sie die Sicherung sofort wieder ausschalten und erneut überprüfen, ob die Leuchte stromlos ist. Lösen Sie die Leitung, an der Sie soeben die Spannung festgestellt haben, durch

Abb. 64

Abb. 65

ten Sitz und schließen das Leuchtengehäuse. (Abb. 65)

Anschluss des Bewegungsmelders

Montieren Sie nun den Bewegungsmelder – meistens wird er mit zwei Schrauben befestigt – an einer geeigneten Stelle. Beachten Sie dabei und beim elektrischen Anschluss unbedingt die zum Melder gehörende Montageanweisung. Die hier gemachten Angaben sind in diesem Fall nur als Anhaltspunkte zu sehen.

das Lockern der Klemmschraube und ziehen Sie sie hinaus.

Anschluss der Leuchte

Führen Sie die neu verlegte Leitung in das Leuchtengehäuse und markieren Sie die Leitung so, dass die äußere Isolierung rund 1 cm in das Gehäuse ragt. Anschließend entfernen Sie die äußere Leitungsisolierung ab dieser Markierung und führen die Leitung wieder in das Gehäuse. Kürzen Sie gegebenenfalls die Leitungsadern auf rund 7 cm Länge und isolieren Sie sie an den Enden etwa 1 cm weit ab. Anschließend verbinden Sie die bei dem Test als spannungsführend identifizierte Ader mit einer Lüsterklemme mit der schwarzen Ader der neu verlegten Leitung. (Abb. 64)

In den nun freien Klemmplatz am Leuchtenanschluss stecken Sie anschließend die braune Ader der neuen Leitung und schrauben sie fest an. Nun lösen Sie die Schraubklemme in der Leuchte, wo die blaue Ader angeschlossen ist. Die blaue Ader der neuen Leitung stecken Sie zu der vorhandenen blauen (oder grauen) Ader in die Klemme und ziehen die Schraube wieder fest. Schließlich verbinden Sie nach derselben Methode den grün-gelb gestreiften Schutzleiter mit dem angeschlossenen Schutzleiter. Abschließend kontrollieren Sie alle Schrauben an den Klemmen auf festen Sitz und schließen das Leuchtengehäuse. (Abb. 65)

Entfernen Sie von der neu verlegten Leitung die äußere Isolierung so weit, dass die Leitung mit Isolierung rund 5 mm weit in das Meldergehäuse hereinragt. Kürzen Sie dann die Adern auf etwa 5 cm.

Wenn Sie die neue Leitung wie beschrieben an der Leuchte angeschlossen haben, sind die Adern folgendermaßen beschaltet: Der spannungsführende Leiter, die Phase (Außenleiter oder L), ist die schwarze Ader, der Mittelleiter

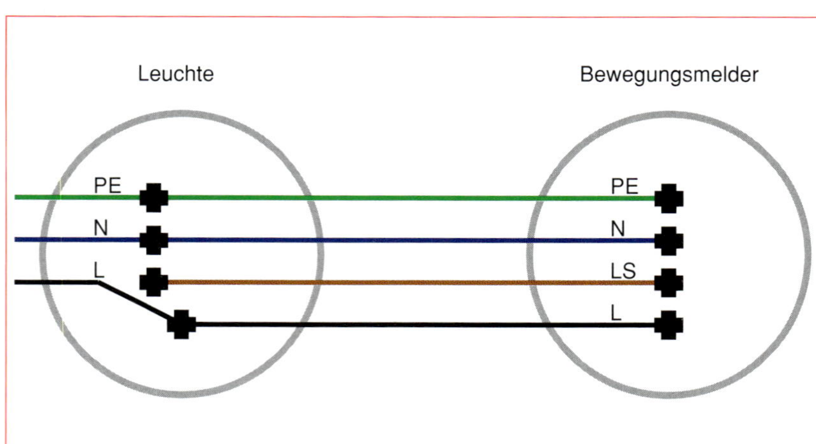

Abb. 66: Bewegungsmelder

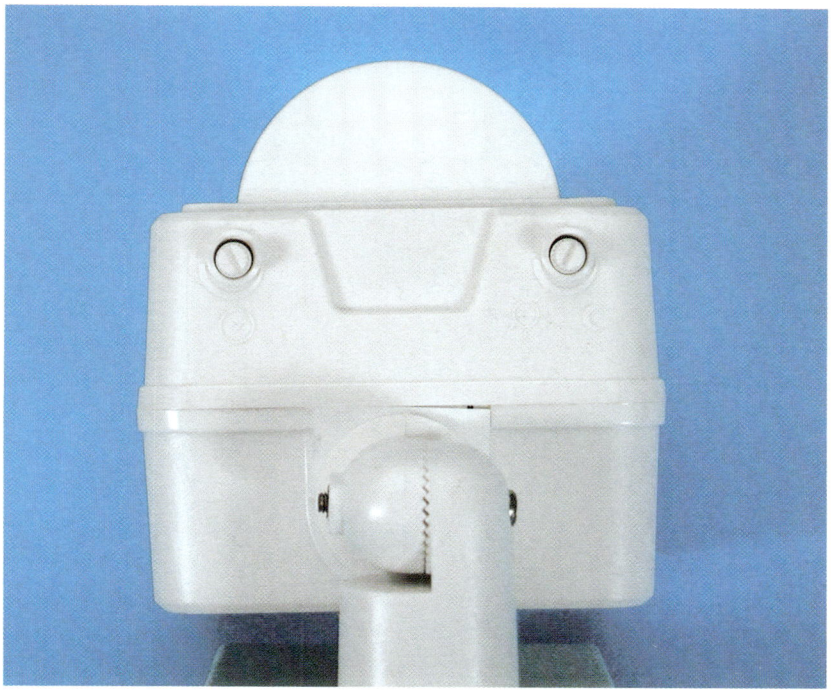

Abb. 67

oder Nullleiter (N) hat die Farbe blau und der Schaltkontakt des Bewegungsmelders (LS) liegt auf der braunen Ader. (Abb. 66)

Diese Leitungen schließen Sie entsprechend den Angaben in der Montageanleitung an den Bewegungsmelder an. Sind alle Leitungen angeschlossen und fest in den Klemmen verschraubt, schließen Sie das Gehäuse des Bewegungsmelders und richten ihn grob aus. Stellen Sie den Bewegungsmelder mit den entsprechenden Reglern in den Testmodus (siehe Bedienungsanleitung des Geräts). Wird dort solch eine Betriebsart nicht genannt, stellen Sie die Regler so ein, dass der Melder auch bei Helligkeit anspricht und die Leuchte die kürzestmögliche Zeit eingeschaltet ist. (Abb. 67)

Schalten Sie den Strom wieder ein. In den meisten Fällen wird sofort die Leuchte einschalten und nach einiger Zeit wieder ausschalten, wenn sich kein Tier oder Mensch im Erfassungsbereich bewegt. Ab diesem Zeitpunkt ist der Bewegungsmelder aktiv. Betreten Sie den Erfassungsbereich des Melders, sollte die Leuchte eingeschaltet werden.

Richten Sie den Melder an der mechanischen Befestigung so aus, dass der Erfassungsbereich Ihren Wünschen entspricht. Ist der Erfassungsbereich des Bewegungsmelders nur an einer Stelle zu groß, können Sie durch Aufkleben eines dünnen Streifens schwarzen Isolierbands oder gegebenenfalls durch Einsetzen eines mitgelieferten Kunststoffstreifens die Linse des Melders an dieser Stelle „blind" machen. (Abb. 68)

Abschließend stellen Sie an den Reglern den Melder so ein, dass er nur bei Dämmerung oder Dunkelheit schaltet und die Leuchte eine Ihnen genehme Zeit eingeschaltet bleibt.

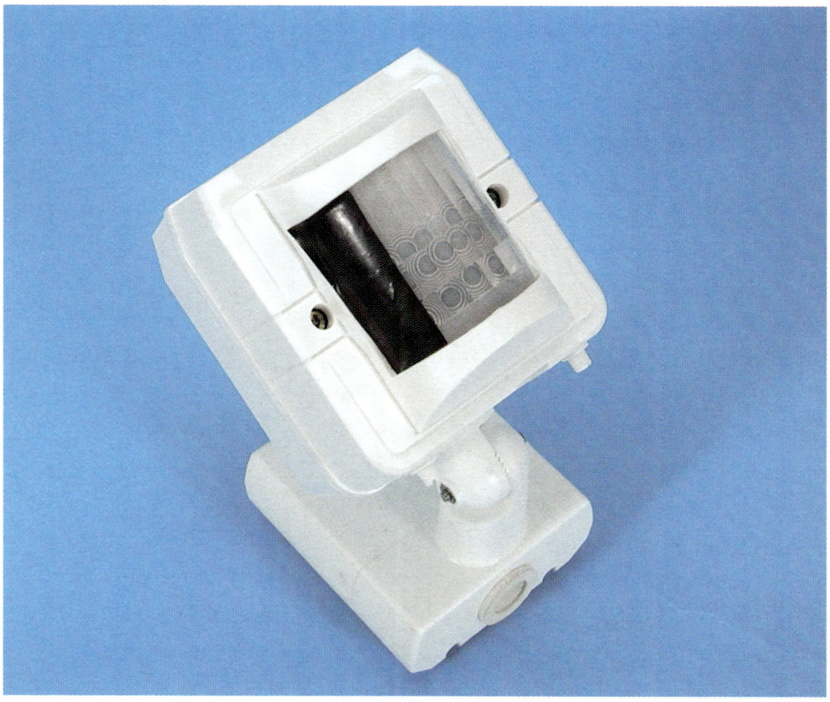

Abb. 68

Defekte Elektrogeräte – die Fehlersuche

Häufig sind bei fehlerhaften Elektrogeräten nur Kleinigkeiten daran schuld, dass das Gerät nicht mehr funktioniert. Dabei sind das Anschlusskabel, der Netzstecker und die Kabeleinführung in das Gehäuse häufige Fehlerursachen, die sich jedoch leicht beheben lassen. Ebenso einfach lassen sich mechanisch beschädigte Anschlussleitungen auswechseln – sie sind in jedem Fall ein hohes Sicherheitsrisiko.

Häufige Fehlerquellen bei Elektrogeräten

Leider findet man in vielen Haushalten immer wieder Geräte, bei denen eine Anschlussleitung beschädigt wurde – bestenfalls ist diese defekte Leitung dann mit Isolierband umwickelt. (Abb. 1)

Derartige „Reparaturen" sind äußerst gefährlich. Aber auch Geräte mit spröde gewordenen Anschlussleitungen sind bei manchen Menschen noch in Gebrauch – wenn man so eine Leitung biegt, hört man oft ein knirschendes Geräusch und die Leitung setzt der Bewegung starken Widerstand entgegen. Solche Leitungen müssen ausgetauscht werden. (Abb. 2)

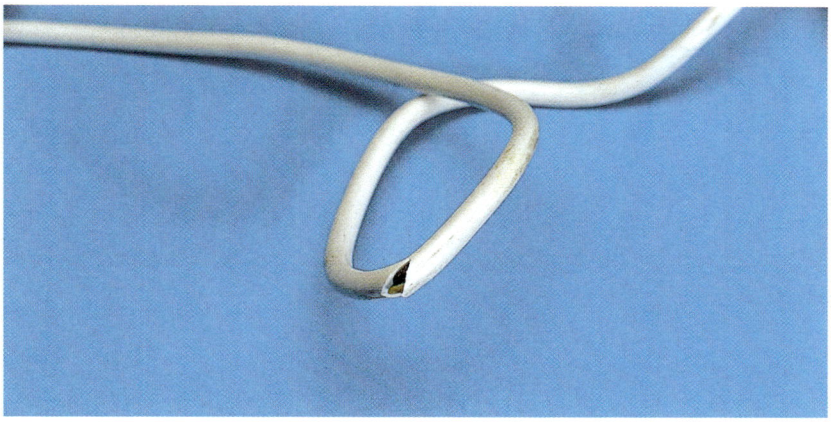

Abb. 1

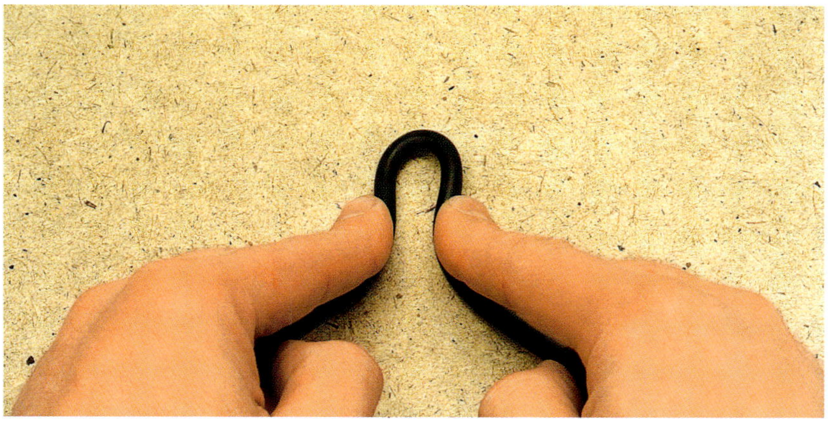

Abb. 2

Allgemeine Tipps zur Fehlersuche

Bei der Fehlersuche sollten Sie immer in der gleichen Reihenfolge vorgehen: Steckdose, Netzstecker, Netzkabel und Schalter überprüfen. Gibt es bei dem Gerät Sicherungen, sind diese natürlich ebenfalls zu untersuchen. In jedem Fall beachten Sie aber den Grundsatz: Führen Sie nur solche Arbeiten durch, die Sie vollständig überblicken.

Abb. 3

Steckdose prüfen

Bevor Sie ein Gerät zur Reparatur auseinander nehmen, sollten Sie einige ganz einfache Fehlermöglichkeiten ausschließen. So ist zuerst zu prüfen, ob das Gerät oder die Steckdose defekt ist: Schließen Sie das Gerät an eine Steckdose an, von der Sie wissen, dass sie funktioniert. (Abb. 3) Sie können an die Steckdose zum Test z. B. auch eine Leuchte anschließen.

Leitung, Stecker, Sicherung, Schalter prüfen

Liegt hier kein Fehler vor, sind die Anschlussleitung und der Stecker zu untersuchen. Wenn ein Gerät keine Lebenszeichen mehr von sich gibt, kann aber auch der Ein-/Ausschalter defekt sein. Nach dem Überprüfen des Steckers, der Anschlussleitung und eventuell vorhandenen Sicherungen sollten Sie deshalb den Schalter überprüfen und gegebenenfalls tauschen. Führen diese Tests zu keinem Ergebnis oder hat das

Abb. 4

Gerät einen speziellen Schalter (z. B. Toaster, Mixer), finden Sie in den Kapiteln zu den verschiedenen Gerätearten weitere Hinweise auf mögliche Defekte.

Abschaltung wegen Überhitzung

Einige Geräte sind mit einem thermischen Schutzschalter ausgestattet – er sorgt dafür, dass sich das Gerät z. B. bei Überhitzung abschaltet. (Abb. 4)

Hat dieser Schalter ausgelöst – das Gerät zeigt dann keine Funktion mehr –, sollten Sie das Gerät von der Steckdose trennen und rund eine Viertelstunde warten. Wenn Sie das Gerät erneut einschalten und es dann funktioniert, sollten Sie es gründlich reinigen (auch im Innern) – oftmals ist damit der Fehler schon behoben. (Abb. 5)

Bei einigen Geräten springt auch ein Knopf heraus, wenn der Schutzschalter ausgelöst hat – diesen Knopf sollten Sie drücken und ebenfalls einige Minuten warten, bis Sie das Gerät wieder einschalten.

Noch einmal der dringende Hinweis: Arbeiten Sie nie an einem Gerät, das noch mit einer Steckdose verbunden ist.
Ziehen Sie vor jeglichen Arbeiten an einem Gerät den Netzstecker – ausschalten genügt nicht. Nach jeder Reparatur eines Geräts müssen Sie die anfangs beschriebenen Sicherheitsprüfungen (Seite 26 ff.) durchführen.

Gerät öffnen und reinigen

Wenn Sie ein Gerät reparieren wollen, lässt es sich in der Regel nicht verhindern, das Gehäuse des Geräts zu öffnen. Schauen Sie sich das Gerät zuerst genau an und legen Sie sich die entsprechenden Werkzeuge zurecht – in den allermeisten Fällen nur einen Schraubendreher. (Abb. 6)

Öffnen des Geräts

Einige Geräte haben ihre Schrauben unter Verschlusskappen versteckt – wenn Sie also keine Schrauben sehen, sondern nur eingepresste kleine Kappen, versuchen Sie sie mit einem spitzen Schraubendreher aus ihrer Halterung zu drücken.

Bei anderen Geräten kann man überhaupt keine Schrauben oder Abdeckkappen sehen –

Abb. 5

Abb. 6

Abb. 7

Abb. 8

Abb. 9

Abb. 10

hier sind die Gehäuseteile entweder durch Kunststoffrasten miteinander verbunden oder verklebt. Ob die Gehäuseteile durch Rasten gehalten werden, können Sie daran feststellen, dass sich die Trennfuge zwischen den Gehäuseteilen aufspreizen lässt, wenn Sie einen stumpfen Schraubendreher in die Fuge stecken und ihn dann drehen – meist zeigt sich dann auch, wo die Rasten sitzen. (Abb. 7)

Reparaturen an Geräten mit verklebten Gehäusen sollten Sie nicht durchführen.

Vergewissern Sie sich noch einmal, dass der Netzstecker des Geräts nicht mit einer Steckdose verbunden ist und entfernen Sie alle anderen eventuell am Gerät angesteckten Teile. Drehen Sie die Schrauben heraus, die das Gehäuse zusammenhalten.

Wenn Sie versuchen, das Gehäuse an den Trennlinien der Gehäuseteile auseinander zu ziehen, erkennen Sie schnell, wo eventuell noch eine Schraube die Hälften zusammenhält. Zusätzlich zu einer Verschraubung halten bei sehr vielen Geräten noch kleine Kunststoffnasen die Gehäusehälften zusammen: Eine Hälfte ist mit diesen Nasen ausgestattet, die in Vertiefungen an der anderen Gehäusehälfte eingreifen. Manche Gehäuse werden nur durch diese „Snap-in“-Technik zusammengehalten.

Sie müssen bei dieser Befestigungsmethode versuchen, mit einem möglichst kleinen und flachen Schraubendreher die Kunststoffnasen aus der Rastung zu drücken. Ziehen Sie dabei die Hälften leicht auseinander – dadurch ziehen Sie eine gelöste Rastverbindung aus den Arretierungen.

Merken Sie sich beim Auseinanderschrauben genau, wo jede einzelne Schraube gesessen hat und wie die Gehäuseteile zusammenpassen. Achten Sie beim Auseinanderziehen der Gehäusehälften auch auf eventuell nur von Stegen oder Ähnlichem gehaltenen Teilen im Gerät: Die sollten da bleiben, wo sie hingehören. Bei sehr vielen Geräten ist eine Gehäusehälfte nur eine Abdeckung, während in der anderen Hälfte alle Teile montiert sind – schauen Sie also nach, welche Hälfte einfach abzunehmen ist. (Abb. 8)

Abb. 11

Abb. 12

In jedem Fall sollten Sie genau darauf achten, wo einzelne Teile und Schrauben ursprünglich gesessen haben – Sie müssen das Gerät ja später wieder zusammenbauen. Selbstschneidende Schrauben, also Schrauben, die sich beim ersten Eindrehen ihr Gewinde selbst in das Material einschneiden und somit keine Muttern benötigen, neigen leicht dazu, beim zweiten oder dritten Einschrauben nicht mehr fest zu halten. Sie können sich in solchen Fällen damit helfen, in die Bohrung (also dort, wo das Gewinde der Schraube sitzt) etwas Kunststoffkleber zu tropfen und anschließend die Schraube leicht einzudrehen. (Abb. 9)

Nach Erhärten des Klebstoffs können Sie die Schraube festziehen. Eine andere Möglichkeit besteht darin, eine etwas dickere Schraube einzudrehen.

Reinigen des Geräts

Wenn Sie das Gehäuse eines Geräts für die Reparatur geöffnet haben, sollten Sie Verschmutzungen und Fremdkörper entfernen. Staub oder Abrieb lassen sich meist mit einem kleinen Pinsel einfach entfernen. Oftmals sind aber auch Fussel und Haare in das Gerät gedrungen und haben sich festgesetzt – das Entfernen dieser Fremdkörper erfolgt am einfachsten mit einer Pinzette. (Abb. 10)

Gerade bei Geräten wie Staubsaugern oder Haartrocknern können Haare oder Fäden der Grund für einen Defekt sein. Bei diesen Geräten wickeln sie sich meistens um die Motorwelle, die schlimmstenfalls dadurch so stark abgebremst wird, dass ein Schutzschalter im Gerät anspricht. Aber auch stark verschmutzte Filter am Gerät können solche Fehler auslösen.

Arbeitsmaterial

Werkzeug: Schraubendreher, Durchgangsprüfer oder Multimeter
Material: gegebenenfalls eine dem Original entsprechende Feinsicherung

Feinsicherungen prüfen

Die Überprüfung von Feinsicherungen müssen Sie bei gezogenem Stecker vornehmen: Suchen Sie am Gerätgehäuse nach Sicherungen. Sie sind manchmal an der Rückseite direkt neben der Anschlussleitung zu finden. Wenn das Gerät so eine Sicherung hat, ist diese entweder unter einer leicht abnehmbaren Abdeckung versteckt oder sie sitzt in einem Sicherungshalter, von dem Sie meist nur eine große Kunststoffkappe sehen.

Ein Blick in die Bedienungsanleitung hilft bei der Suche nach Sicherungen oft weiter. Nehmen Sie die Sicherung aus ihrer Halterung, indem Sie die große Kunststoffkappe herausdrehen oder eine Abdeckung entfernen – je nach Gerät. (Abb. 11)

Mit einem Durchgangsprüfer oder dem Messgerät im Ohm-(Widerstands-)bereich kann man die Sicherung prüfen. Wenn Sie die beiden Prüfspitzen an die Metallkappen der Sicherung halten, muss der Durchgangsprüfer summen (bzw. die Lampe im Prüfgerät aufleuchten) oder das Messgerät muss nahezu Null anzeigen. (Abb. 12)

Ist die Sicherung durchgebrannt, ersetzten Sie sie durch eine neue mit den gleichen Daten und schließen das Gerät an die Steckdose an. Wenn es funktioniert, sollten Sie es mehrere Stunden unter Aufsicht betreiben, bevor Sie es wieder „normal" benutzen. Brennt dagegen die Sicherung gleich wieder durch, müssen Sie weiter nach dem Fehler suchen.

Bei einigen Geräten sind Feinsicherungen im Innern untergebracht – Sie müssen also das Gerät öffnen. Zuvor sollten Sie aber die nachfolgend beschriebenen Tests durchführen.

Häufigster Fehler: Kabel und Stecker

Wenn ein Gerät überhaupt nicht oder nur manchmal funktioniert und bei der geringsten Berührung wieder aussetzt, ist in vielen Fällen entweder der Stecker und/oder die Anschlussleitung defekt. Die einfachste Prüfung können Sie ohne Hilfsmittel durchführen: Ist die Steckdose in Ordnung und das fragliche Gerät hat sich ohne Rauchentwicklung oder merkwürdige Geräusche verabschiedet, schließen Sie das Gerät an und schalten es ein.

„Wackeltest"

Wackeln Sie nun an allen Stellen der Anschlussleitung, besonders im Bereich der Leitungseinführungen in das Gerät und den Stecker. Gibt das Gerät bei dieser Prozedur irgendwann kurzzeitig Lebenszeichen von sich, haben Sie den Fehler schon fast gefunden: Die Leitung oder der Stecker ist defekt. Wenn also das eingeschaltete Gerät in einigen Stellungen des Anschlusskabels plötzlich funktioniert, hat die Leitung wahrscheinlich einen „Kabelbruch": Die Kupferdrähtchen unter den Isolierungsschichten sind gebrochen und haben nicht immer miteinander Kontakt. (Abb. 13)

Wenn Sie vor dem Ausfall des Geräts bereits festgestellt haben, dass z. B. der Stecker während des Betriebs warm oder gar heiß wurde, dann wird dort der Fehler zu finden sein: Wahrscheinlich haben lockere Anschlussschrauben im Stecker im Lauf der Zeit dazu geführt, dass sich an der losen Stelle ein Widerstand gebildet hat, in dem der Strom zu Wärme umgewandelt wird. (Abb. 14)
Diese Wärme hat ihrerseits den Widerstand weiter erhöht, wodurch letztendlich die Verbindung zum Gerät unterbrochen wurde – oder die Isolierungen der Leitung sind verschmort und es konnte ein Kurzschluss entstehen. In solchen Fällen ist in jedem Fall der Stecker auszutauschen und, je nach Grad des Schadens, auch die Leitung.

Abb. 13

Abb. 14

Abb. 15

Abb. 16

Grundsätzlich sollten Sie aber beim Ersatz des Steckers den durch Wärme verhärteten Teil der Anschlussleitung immer abschneiden.

Prüfung des Steckers

Aber auch bei Geräten, die man mit dem „Wackeltest" nicht kurzzeitig zum Funktionieren bringt, kann der Stecker oder das Kabel defekt sein.

Arbeitsmaterial

Werkzeug: Schraubendreher

Sie sollten zuerst den Stecker prüfen. Das ist natürlich nur bei Geräten möglich, die keinen angespritzten Stecker haben. Solche fest mit der Leitung verbundenen Stecker finden Sie immer bei Euro-Steckern ohne Schutzkontakt. (Abb. 15)

Solche Euro-Stecker können Sie nur komplett mit der Anschlussleitung tauschen. Einige Stecker mit Schutzkontakt sind ebenfalls unlösbar mit der Anschlussleitung verbunden. Diese Stecker können Sie nicht „solo" überprüfen, sondern nur komplett mit der Anschlussleitung (die Beschreibung dieses Tests finden Sie auf Seite 63). Falls es notwendig ist, darf solch ein angespritzter Schutzkontaktstecker durch einen handelsüblichen, zerlegbaren Schutzkontaktstecker ersetzt werden.

Finden Sie an dem Gerätestecker in der Mitte oder an der Vorderseite eine oder zwei Schrauben, sollten Sie diese lösen und die Steckerhälften auseinander klappen oder die eine Hälfte abnehmen. Schauen Sie sich die Stellen genau an, an denen die (braune oder schwarze sowie hellblaue) Anschlussleitung mit den Steckerstiften verschraubt ist. Die Leitungsenden dürfen nicht dunkel, hart oder porös sein.

Ziehen Sie leicht an den Leitungen: Sie müssen fest in den Steckerstiften sitzen. (Abb. 16)

Zu guter Letzt überprüfen Sie den (grün-gelb gestreiften) Schutzleiter – auch er muss fest an seinem Anschluss sitzen. In jedem Fall sollten Sie die Anschlussschrauben im Stecker auf festen Sitz prüfen und gegebenenfalls nachziehen.

Abb. 17

Prüfung der Leitung und der Feinsicherungen im Gerät

Ist der Fehler nicht offensichtlich im Stecker zu finden oder ist der Stecker untrennbar mit der Anschlussleitung verbunden, sollten Sie das Gerät öffnen und dann die eventuell vorhandene Sicherung und den Stecker mitsamt der Anschlussleitung prüfen. Dafür eignet sich wieder der Durch-

Abb. 18

Achtung

Schalten Sie niemals das offene Gerät ein oder verbinden es mit der Steckdose: Es besteht extreme Unfallgefahr (Stromschlag). Ein weiterer Grund: Die einzelnen Teile werden durch das geschlossene Gehäuse festgehalten – sie sind beim offenen Gerät lose und können z. B. durch einen anlaufenden Motor herausgerissen werden.

gangsprüfer oder aber das Multimeter.

Arbeitsmaterial

Werkzeug: Schraubendreher, Durchgangsprüfer oder Multimeter
Material: gegebenenfalls eine dem Original entsprechende Feinsicherung

Feinsicherung prüfen

Suchen Sie im Gerät nach einer Feinsicherung. Besitzt das Gerät so eine Sicherung, prüfen Sie diese mit dem Durchgangsprüfer oder Messgerät im Widerstandsbereich (Ohmbereich): Wenn beide Prüfspitzen an die Kappen der Sicherung gehalten werden, müssen die Prüfgeräte Durchgang bzw. Null Ohm anzeigen. (Abb. 17)

Hat die Sicherung keinen Durchgang, die Prüfgeräte zeigen also nichts an, müssen Sie die Sicherung austauschen – gegen einen Typ mit den gleichen Werten wie die alte Sicherung! (Abb. 18)

Bauen Sie nach dem Tausch das Gerät wieder zusammen und überprüfen Sie danach dessen Funktion.

Testen Sie vor dem Einschalten des Geräts die Sicherheit, wie im ersten Kapitel beschrieben. Ist alles in Ordnung und funktioniert das Gerät wieder einwandfrei, sollten Sie es trotzdem einige Zeit unter Aufsicht betreiben, bevor Sie es wieder wie gewohnt einsetzen.

Stecker und Anschlussleitung prüfen

Besitzt das Gerät keine Sicherung oder hat eine vorhandene Sicherung Durchgang, überprüfen Sie den Stecker und die Anschlussleitung. Suchen Sie dazu im Gerät die Stelle, an der die einzelnen Leitungen des Anschlusskabels an das eigentliche Gerät angeschlossen sind: Meistens wird das der Schalter oder eine Schraubklemmenleiste sein.

Halten Sie eine der Prüfspitzen des Messgeräts oder des Durchgangsprüfers an eine der Anschlussleitungen im Gerät (nicht an den grün-gelb gestreiften Schutzleiter) und berühren nacheinander die beiden Anschlussstifte am Stecker. (Abb. 19)

Abb. 19

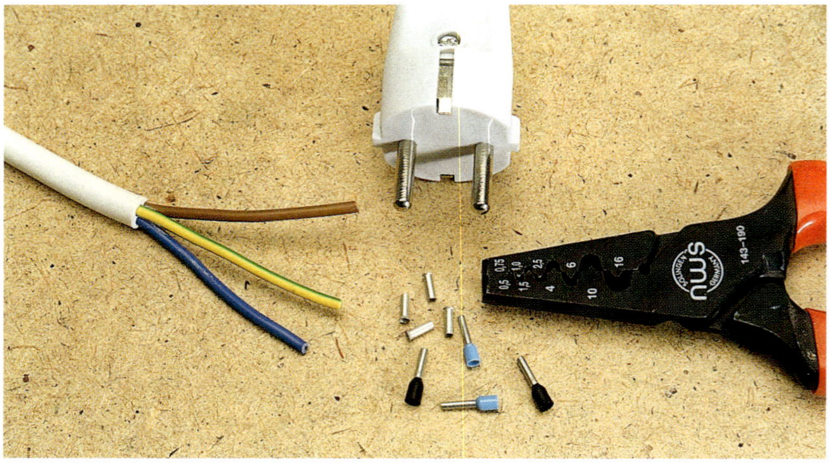

Abb. 20

Arbeitsmaterial

Werkzeug: Schraubendreher (je nach Stecker und Gerät), Seitenschneider, Abisolierzange, Aderendhülsenquetschzange, Messer, Durchgangsprüfer oder Multimeter, Phasenprüfer, Flach- oder Kombizange, eventuell Lötkolben

Material: Netzstecker und/oder Anschlussleitung, Aderendhülsen, eventuell Lötzinn

Dabei muss bei einem Steckerkontakt der Durchgangsprüfer summen (oder die Lampe aufleuchten) bzw. das Messgerät muss nahezu Null anzeigen. Zeigt das Gerät eine Verbindung beider Anschlüsse zu beiden Steckerkontakten an, schalten Sie den Ein-/Ausschalter des Geräts in die „Aus"-Stellung – spätestens jetzt darf nur bei einem der Steckerkontakte Durchgang sein.

Prüfen Sie auf diese Weise beide Anschlüsse des Steckers und, wenn vorhanden, die Verbindung des grün-gelb gestreiften Schutzleiters mit den Metallschienen: Es muss immer eine Verbindung zwischen einem Anschluss im Gerät mit einem Kontakt am Stecker geben. Liegt hier eine Unterbrechung vor, kann das Gerät nicht funktionieren – in den meisten Fällen ist die Anschlussleitung unterbrochen.

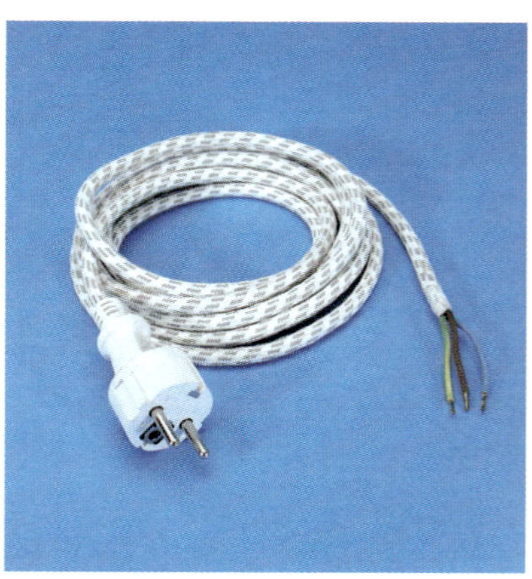

Abb. 21

Auswechseln der Anschlussleitung und/oder des Steckers

Benötigtes Material

Haben Sie mit den beschriebenen Prüfungen festgestellt, dass der Stecker und/oder die Anschlussleitung ausgewechselt werden müssen, kaufen Sie zunächst das benötigte Material ein: entweder einen „Schuko-Stecker", also einen Stecker mit Schutzkontakt, und/oder ein Stück Anschlussleitung in der Länge (es sollten etwa 30 cm mehr sein) und Ausführung, wie sie werksseitig am Gerät montiert war. (Abb. 20)

Abb. 22

Bei Geräten mit den fest anmontierten Euro-Steckern müssen Sie eine komplette Anschlussleitung samt angespritztem Stecker erwerben.

Aber auch in dem Fall, dass ein Fehler in der Anschlussleitung vorliegt, können Sie sich die Montage des Steckers ersparen, wenn Sie eine fertige Anschlussleitung mit angespritztem Stecker erhalten können. Hierbei gilt ebenfalls, dass die Art der Leitung genau der werksseitig montierten Leitung entsprechen muss. Bei vielen Geräten, die Wärme erzeugen (z. B. Bügeleisen), mutet die stoffumspannte Anschlussleitung antiquiert an – sie ist es aber nicht. (Abb. 21)

Auch hier muss eine neue Leitung genau diesem Typ entsprechen. Neben den stoffumspannten Leitungen gibt es auch Kunststoffleitungen für diese Zwecke – allerdings sind das spezielle Leitungen mit Silikonisolierung. Keinesfalls dürfen Sie hier die üblichen kunststoffisolierten Leitungen verwenden.

Darüber hinaus benötigen Sie Aderendhülsen, die für die anzuschließende Leitung passen. Kaufen Sie ein paar Hülsen mehr als benötigt: Erstens kosten sie nicht viel und zweitens kann sehr leicht eine Hülse verloren gehen oder bei der Montage beschädigt werden.

Vorbereitende Arbeiten

Entfernen Sie, wenn der alte Stecker wiederverwendet werden kann, zunächst dort die alte Anschlussleitung. Zuerst ist der Stecker zu öffnen: Entfernen Sie also die Halteschraube oder lösen Sie sie so weit, bis sich eine Steckerhälfte entfernen oder aufklappen lässt. (Abb. 22)

Als Nächstes sind eine oder zwei Schrauben am Steckergehäuse zu lösen, die eine Schiene fest auf das Kabel drücken: Das ist die Zugentlastung. Wenn an der Leitung gezogen wird, fängt diese Schiene die Zugkräfte auf, sodass die Anschlüsse nicht belastet werden. Haben Sie die Schiene entfernt oder hochgeklappt, lösen Sie die Schrauben an den Steckerstiften und der Schutzkontaktschiene. Die alte Leitung sollte sich nun aus dem Stecker herausziehen lassen.

Abb. 23

Abb. 24

Abb. 25

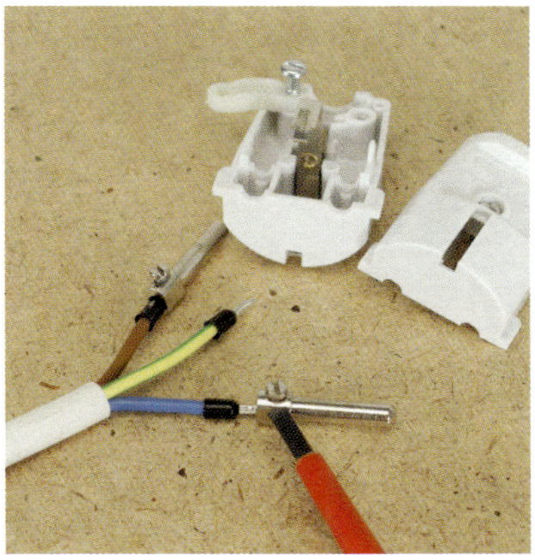

Abb. 26

Einen neuen Stecker müssen Sie ebenfalls zunächst öffnen und die Schrauben der Zugentlastung herausschrauben. Anschließend drehen Sie die Schrauben an den Steckerstiften und der Schutzkontaktschiene so weit heraus, dass sie gerade noch nicht herausfallen. (Abb. 23)

Sie müssen jetzt die Anschlussleitung abisolieren – dieser Arbeitsschritt wurde bereits unter der Überschrift „Leitungen abisolieren“ (Seite 19 ff.) beschrieben.

Für den Anschluss der Leitung an den Stecker entfernen Sie zuerst etwa 4 cm der äußeren Isolierung. Schneiden Sie dann von der blauen und der schwarzen Ader (nicht von dem grün-gelb gestreiften Schutzleiter) rund 2 cm ab. Diese Maßnahme ist wichtig, da bei starkem Zug an der montierten Leitung der Schutzleiteranschluss zuletzt aus seinem Anschluss gerissen würde.

Entfernen Sie die Isolierungen der drei Leiter auf einer Länge von etwas weniger als 1 cm und schieben Sie jeweils eine Aderendhülse auf die blanken unverdrillten Drähtchen der abisolierten Leitungen. (Abb. 24)

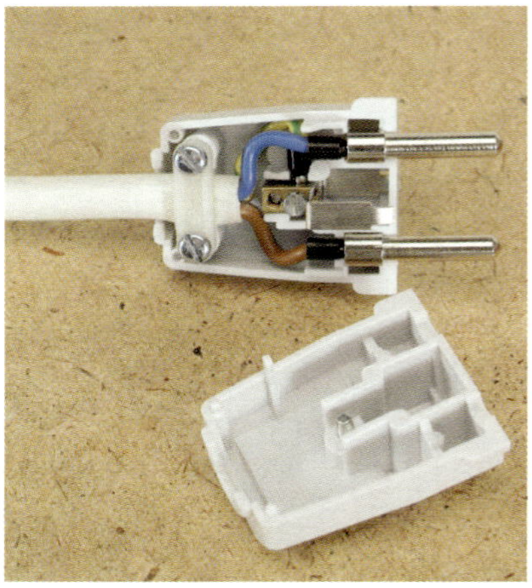

Abb. 27

Abb. 28

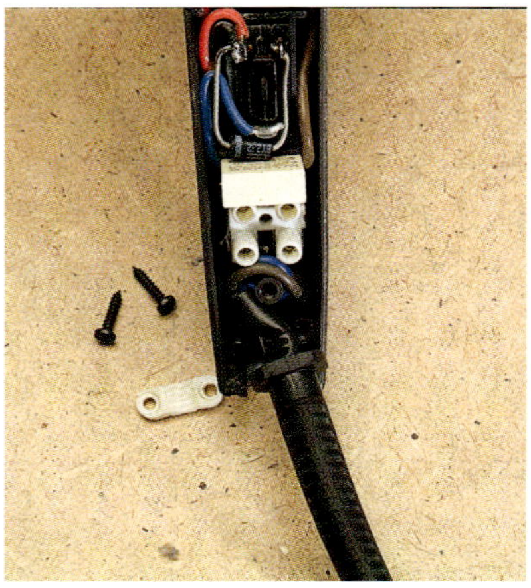

Abb. 29

Fixieren Sie die Hülsen auf den Leitungsenden mit der Quetschzange für Aderendhülsen. (Abb. 25)

Anschluss der Leitung an den Stecker

Jetzt können Sie die vorbereitete Leitung an den Stecker anschließen.

Schieben Sie die blaue Leitung in einen Stift des Steckers und drehen Sie die Befestigungsschraube am Stift fest. Diese Prozedur wiederholen Sie mit der schwarzen Leitung am anderen Stift des Steckers. (Abb. 26)

Einige Stecker haben zum Anschluss der Leitungen lediglich Schrauben, unter die die Leitung geklemmt wird. In diesem Fall stecken Sie die Leitung an der linken Schraubenseite unter den Schraubenkopf und halten sie mit einem zweiten Schraubendreher beim Festziehen der Schraube in ihrer Position.

Den richtigen Sitz der Leitungen in den Steckerstiften überprüfen Sie durch Ziehen an den einzelnen Leitungen: Die Kupferdrähtchen dürfen nicht aus den Aderendhülsen rutschen; der Verbund Aderendhülse/Kupferdrähte darf sich nicht in dem Anschlussstift bewegen. Den grün-gelb gestreiften Schutzleiter klemmen Sie unter die Schraube an der Metallschiene des Steckers und ziehen die Schraube ebenfalls fest. Anschließend ist wieder der feste Sitz der Verbindung wie beschrieben zu überprüfen. Nun ist noch die Anschlussleitung unter die Schiene der Zugentlastung zu legen, wobei die äußere Isolierung der Leitung etwa 2 bis 3 mm aus der Schiene herausragen sollte.

Ziehen Sie die Schrauben der Zugentlastung fest und verlegen Sie die Leitungen so in dem Steckergehäuse, dass sie beim Zusammenbau nicht gequetscht werden. (Abb. 27)

Prüfung der Reparatur

Zu guter Letzt setzen Sie die zweite Gehäusehälfte auf die erste und schrauben den Stecker zusammen. Sicherheitshalber müssen Sie nun noch einmal Ihre Arbeit überprüfen: Der Durchgangsprüfer oder das Messgerät dürfen keine Verbindungen der drei Steckeranschlüsse (also die beiden Stifte und die Schutzkontaktschienen) untereinander anzeigen. (Abb. 28)

Außerdem müssen Sie, wenn nur der Stecker getauscht oder neu angeschlossen wurde, messen, ob der Schutzleiter ordnungsgemäß angeschlossen ist. Halten Sie für diesen Test eine Prüfspitze des Multimeters im Ohmbereich oder des Durchgangsprüfers an die Metallschiene des Schutzleiters am Stecker und die andere Prüfspitze an die metallischen Gehäuseteile des Geräts. Es muss Durchgang angezeigt werden: Das Multimeter zeigt nahezu Null an, der Summer ertönt oder die Lampe am Durchgangsprüfer leuchtet.

Diese Prüfung ist deshalb wichtig, da bei eventuell zuvor unsachgemäß reparierten Geräten der Schutzleiter falsch angeschlossen sein könnte.

Durch den jetzt korrekt angeschlossenen Stecker könnte schlimmstenfalls das Gehäuse in einer Stellung des Steckers an Phase liegen. Führen Sie abschließend noch die obligatorische Endkontrolle durch.

Vorbereitende Arbeiten zum Leitungsanschluss an das Gerät

Wird die Leitung neu an das Gerät angeschlossen, ist der Vorgang ähnlich wie bei der Steckermontage: Zuerst muss man die Zugentlastung im Gerät abschrauben. (Abb. 29)

Bei einigen Geräten besteht sie jedoch nicht aus einer Schiene, die über dem Kabel liegt, sondern ist in der Gummi- oder Kunststoffhülle der Kabeleinführung untergebracht.

Wieder andere Geräte sichern die Leitung (mechanisch) dadurch, dass sie von den zusammengeschraubten Gehäusehälften festgeklemmt wird. Das erkennen Sie an Druckstellen an der Leitung.

Ist die Anschlussleitung nicht mehr am Gehäuse durch die Zugentlastung fixiert, können Sie die drei Adern der Anschlussleitung verfolgen und sich die Lage der einzelnen Leitungen im Gehäuse notieren – die neuen Leitungen sollten an denselben Stellen liegen.

Lösen Sie dann die Verbindungen der Leitungen mit dem Gerät, wobei Sie sich merken müssen, an welchen Punkten die Leitungen angeschlossen waren. (Abb. 30)

Ganz besonders wichtig ist der Anschlusspunkt des Schutzleiters: Ihn dürfen Sie in keinem Fall mit den anderen Leitern verwechseln.

Bei einigen Geräten sind die Leitungen angelötet – ohne Lötkolben kommen Sie hier nicht weiter. Zum Ablöten der Leitung brauchen Sie kein Lötzinn; es genügt, die Lötstelle zu erwärmen, bis das Zinn schmilzt und die Leitung mit einer Zange von der Lötstelle abgezogen werden kann. Die alte Anschlussleitung sollte nun nirgends mehr angeschlossen sein und sich leicht entfernen lassen.

Schieben Sie von dieser Leitung eine eventuell vorhandene Kabeleinführung – also eine Gummi- oder Kunststofftülle – herunter. Dabei sollten Sie aber zuvor messen, wie weit die Tülle vom Leitungsende angebracht war. (Abb. 31)

Anschluss der Leitung an das Gerät

Anschließend ist die Tülle genauso weit auf die neue Leitung zu schieben, wie sie auf der alten Leitung gesessen hat. Nehmen Sie zum Abisolieren der neuen Leitung das alte Kabel als Muster: Die neue Leitung sollte genauso weit von der Isolierung befreit werden wie die alte Leitung. War die alte Leitung durch Schraubbefestigungen an dem Gerät angeschlossen, verwenden Sie wieder Aderendhülsen zur Vorbereitung der Leitungsenden. Schieben Sie also die Hülse auf die Kupferdrähtchen der Leitungsenden und fixieren Sie sie durch Zangendruck.

War dagegen die alte Leitung angelötet, verzinnen Sie sie und löten sie danach an den im

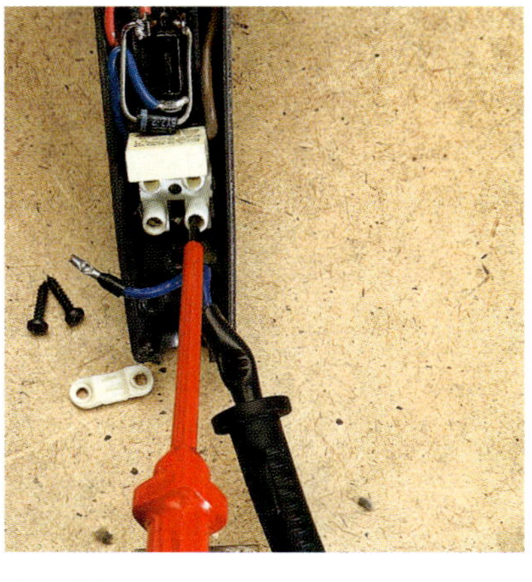

Abb. 30

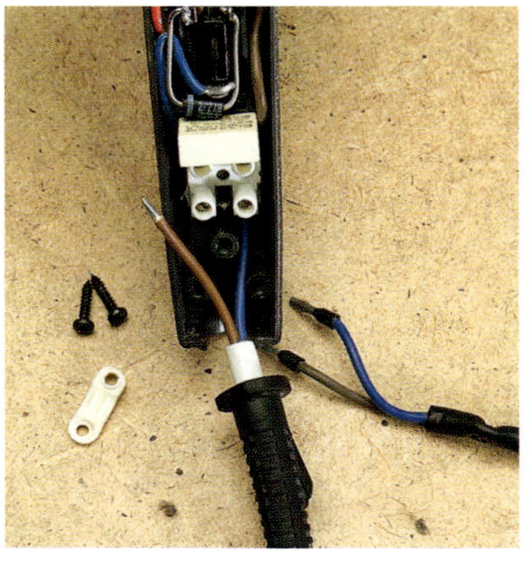

Abb. 31

Abb. 32

Gerät vorhandenen Anschlüssen an. (Abb. 32)

Fixieren Sie zuerst die verzinnten Leitungsenden mechanisch an der vorgesehenen Lötstelle, indem Sie sie beispielsweise hakenförmig biegen und dann um den Lötanschluss festdrücken. Erwärmen Sie die Lötstelle und führen das Lötzinn zu. Nach dem Erkalten der Lötstelle sollte die Leitung fest mit dem Anschluss verbunden und die gesamte Lötstelle sauber vom Lötzinn umflossen sein und hell silbrig glänzen.

Ist die Leitung vollständig am Gerät angeschlossen, befestigen Sie wieder die Zugentlastung und verlegen Sie die einzelnen Leitungen so im Gerät wie die alten Anschlüsse verlegt waren. Kontrollieren Sie den Schutzleiteranschluss: Haben Sie die grün-gelb gestreifte Leitung mit dem richtigen Anschluss verbunden? Ist alles in Ordnung, schrauben Sie das Gerät wieder zu und führen die Endprüfung durch.

Defektes Verlängerungskabel

Arbeitsmaterial

Werkzeug: Schraubendreher, Seitenschneider, Abisolierzange, Aderendhülsenquetschzange, Messer, Durchgangsprüfer oder Multimeter
Material: Netzstecker, Netzkupplung und/oder Anschlussleitung, Aderendhülsen

Die Reparatur eines Verlängerungskabels ist im Prinzip sehr einfach: Ein Fehler kann nur im Stecker, der Kupplung oder im Kabel selbst liegen. Gibt es keinen Hinweis auf die Fehlerquelle, sollten Sie zunächst den Stecker, wie bei der Arbeitsanleitung „Prüfung des Steckers" (Seite 64 f.) beschrieben, kontrollieren. Liegt hier kein Fehler vor, sollten Sie sich die Kupplung näher ansehen. (Abb. 33)

Diese öffnen Sie meist mit einer oder zwei Schrauben. Oft besteht eine Kupplung nicht aus zwei Hälften, sondern die Umhüllung lässt sich von dem Kontakteinsatz durch Herausziehen trennen. Überprüfen Sie dann die geöffnete Kupplung genauso wie zuvor den Stecker.

Abb. 33

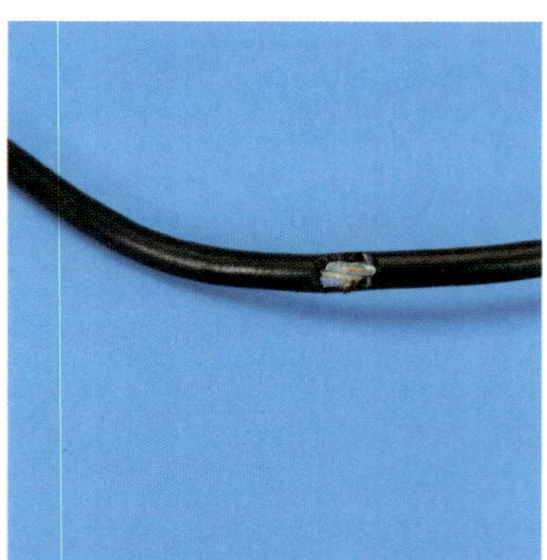

Abb. 34

Sind an Stecker und Kupplung keine Fehler festzustellen, dann muss das Kabel defekt sein – meist liegt hier dann ein Leitungsbruch vor. Diesen zu finden, ist ohne viel Aufwand nur dann möglich, wenn eine mechanische Verletzung des Kabels zu sehen ist. (Abb. 34)

In manchen Fällen bemerkt man eine Unterbrechung im Kabel auch dadurch, dass an dieser Stelle das Kabel extrem flexibel ist. Falls Sie durch diese Überprüfungen keinen Fehler finden können, haben Sie zwei Möglichkeiten: Sie ersetzen das Kabel komplett durch ein neues oder Sie versuchen eine Reparatur, indem Sie an beiden Leitungsenden jeweils etwa 10 cm des Kabels abschneiden und neu anschließen – denn häufig ist ein Kabel in der Nähe von Stecker oder Kupplung gebrochen, da es hier mechanisch am stärksten belastet wird.

Falls Sie diese Reparatur durchführen wollen, schließen Sie

Abb. 35

Abb. 36

Abb. 37

das verbleibende Kabel, wie in der Arbeitsanleitung „Auswechseln der Anschlussleitung und/oder des Steckers" (Seite 66 ff.) beschrieben, neu an. Dabei erfolgt der Anschluss der Kupplung in der gleichen Art und Weise wie beim Stecker.

Defekter Schalter

Hat bei einem defekten Gerät die Prüfung der Sicherung, des Steckers und der Anschlussleitung keinen Hinweis auf einen Fehler erbracht, sollten Sie sich den Schalter genauer ansehen. Bei Geräten ohne elektronische Regelungen (damit kann man beispielsweise die maximal gewünschte Drehzahl einer Bohrmaschine einstellen) können Sie den Schalter recht einfach durchmessen. Etwas komplexer wird der Messvorgang, wenn das Gerät einen zweistufigen Schalter hat. Die Prüfvorgänge für Geräte mit mehrstufigen Schaltern sind unter der Überschrift „Prüfung beleuchteter Schalter" und „Prüfung besonderer Schalter" (Seite 72 ff.) beschrieben.

Arbeitsmaterial

Werkzeug: Schraubendreher (je nach Gerät), Durchgangsprüfer oder Multimeter, eventuell Lötkolben und Kombizange

Prüfung einfacher Schalter

Bei den meisten Geräten ist ein zweipoliger Schalter (nicht zu verwechseln mit einem zweistufigen Schalter) montiert, das heißt, beide Adern des Anschlusskabels (mit Ausnahme des grün-gelben Schutzleiters) sind an den Schalter angeschlossen. (Abb. 35)

An zwei weiteren Anschlusspunkten des Schalters sind dann die übrigen Teile im Gerät angeschlossen. Den Schalter können Sie mit einem Durchgangsprüfer oder dem Multimeter (im Ohmbereich) prüfen. Für die Überprüfung des Schalters halten Sie eine Prüfspitze des Testgeräts an einen Schalteranschluss auf der Seite, wo die Netzleitung angeschlossen ist, und die zweite Spitze an einen geräteseitigen Anschlusspunkt des Schalters. (Abb. 36) Wenn bei eingeschaltetem Schalter das Multimeter im Ohmbereich etwa Null anzeigt oder der Durchgangsprüfer summt bzw. die Lampe leuchtet, ist dieser Pol des Schalters in Ordnung.

Ergibt diese Prüfung keinen Durchgang, dann halten Sie die Prüfspitze an den anderen geräteseitigen Schalteranschluss: Spätestens jetzt sollte Durchgang angezeigt werden. Diese Verbindung muss unterbrochen werden, wenn Sie den Schalter betätigen. Diesen Prüfvorgang wiederholen Sie auch bei dem zweiten Netzkabelanschlusspunkt des Schalters.

Ergeben sich bei dieser Prüfung Zweifel – etwa weil jeder Netzkabelanschlusspunkt eine Verbindung mit jedem geräteseitigen Anschluss hat – können Sie sicherheitshalber die geräteseitigen Leitungen vom Schalter lösen. Dazu löten Sie entweder den Anschluss ab, indem Sie mit dem Lötkolben die Lötstelle

Abb. 38

erwärmen, bis sich die Leitung entfernen lässt, oder Sie ziehen den Steckkontakt ab – je nach Gerät. Steckkontakte sitzen oft sehr fest. In diesem Fall hebeln Sie sie vorsichtig mit einem flachen Schraubendreher von ihrem Sitz.

Wiederholen Sie dann die Prüfung: Jeder Anschluss der Netzleitung darf bei eingeschaltetem Schalter nur mit einem Punkt des geräteseitigen Anschlusses Verbindung haben. Diese Verbindung muss sich durch ein Betätigen des Schalters unterbrechen lassen. (Abb. 37)

Prüfung beleuchteter Schalter

Einige Geräte sind mit beleuchteten Schaltern ausgestattet. Diese Schalter haben meist drei Anschlüsse – wovon zwei mit der Netzanschlussleitung verbunden sind und ein Anschluss zum Gerät führt. Häufig sind diese Schalter einpolig – sie schalten nur eine der zwei Anschlussleitungen.

Die zweite an den Schalter geführte Leitung dient lediglich der Stromversorgung der im Schalter untergebrachten Lampe. Wenn bei solch einem Schalter nur diese Lampe defekt ist – das Gerät funktioniert also wie gewohnt, nur die Lampe im Schalter leuchtet nicht –, muss meist der ganze Schalter getauscht werden, eine Möglichkeit zum Lampenwechsel ist häufig nicht vorgesehen.

Das Überprüfen eines einpoligen beleuchteten Schalters ist einfach: Von dem Durchgangsprüfer oder Multimeter im Ohmbereich halten Sie eine Prüfspitze an einen Schalteranschluss, der mit der Netzanschlussschnur verbunden ist. Mit der anderen Prüfspitze berühren Sie nacheinander die beiden anderen Schalteranschlüsse – je nach Schalterstellung werden Sie bei einem der Anschlüsse Durchgang feststellen. (Abb. 38)

Betätigen Sie dann den Schalter und messen erneut: Hatte zuvor ein Anschluss Durchgang, darf nun kein Durchgang angezeigt werden – und umge-

Abb. 39

Abb. 40

Abb. 41

Abb. 42

kehrt, abhängig von dem zuvor ermittelten Ergebnis.

Prüfung besonderer Schalter

Einige Geräte kennen mehr als nur die Betriebszustände „Ein" und „Aus": Mittels des Ein-/Ausschalters lassen sich hier verschiedene Leistungsstufen wählen – z. B. bei einem Haartrockner. (Abb. 39)

Andere Geräte, wie beispielsweise Küchenmixer, haben fast immer mehrere Schaltstufen. Sie werden auch bei diesen Geräten überwiegend zweipolige Schalter finden – nur gibt es hier meist vier anstelle von zwei geräteseitigen Anschlüssen.

Schwieriger wird es, wenn ein Gerät eine im Schalter montierte Elektronik zur Leistungsregelung hat. Diese Geräte erkennen Sie daran, dass sie irgendwo ein Einstellrädchen oder einen Knopf besitzen, mit dem man die gewünschte Leistung einstellen kann – also beispielsweise beim Staubsauger oder der Bohrmaschine die Drehzahl des Motors. (Abb. 40)

Wenn das defekte Gerät mit solch einer elektronischen Regelung ausgestattet ist, können Sie mit einfachen Mitteln nicht sehr weit kommen. Die möglichen Prüfungen beschränken sich hier auf Sicherungen, Stecker und Anschlusskabel.

Beim Durchmessen von mehrstufigen Schaltern ist es sehr hilfreich zu wissen, wie der Schalter funktionieren soll. In den meisten Fällen sind die Schalter intern so aufgebaut, dass beispielsweise der netzseitige Anschlusspunkt in einer gedachten vertikalen Linie mit den Geräteanschlüssen verbunden wird. (Abb. 41)
Wenn etwa an der schmalen Seite eines Schalters links unten der Netzanschluss liegt, werden wahrscheinlich die geschalteten Kontakte auf der gegenüberliegenden Seite sein.

Das Durchmessen dieser mehrstufigen Schalter erfolgt ähnlich wie bei einstufigen Schaltern: Sie halten eine Prüfspitze des Testgeräts an einen Schalteranschluss auf der Seite, wo die Netzleitung angeschlossen ist, und die zweite Spitze an einen geräteseitigen Anschlusspunkt des Schalters. Bewegen Sie dann den Schalter in alle möglichen Stellungen; bei einer Position muss das Multimeter im Ohmbereich „Null" anzeigen oder der Durchgangsprüfer summt bzw. die Lampe leuchtet, wenn dieser Pol des Schalters in Ordnung ist. (Abb. 42)

Lassen Sie dann die eine Prüfspitze am netzseitigen Anschlusspunkt und halten Sie die zweite Prüfspitze an den zweiten geräteseitigen Pol: Auch hier muss in einer Schalterstellung Durchgang angezeigt werden. Ergeben diese Prüfungen in keinem Fall Durchgang, halten Sie die Prüfspitze an jeweils den anderen geräteseitigen

Arbeitsmaterial

Werkzeug: Schraubendreher (je nach Gerät), Durchgangsprüfer oder Multimeter
Material: 600er-Schmirgelpapier, Kontaktspray

Schalteranschluss: Spätestens jetzt sollte, je nach Schalterstellung, Durchgang angezeigt werden. Diesen Prüfvorgang wiederholen Sie bei dem zweiten Netzkabelanschlusspunkt des Schalters und den geräteseitigen Anschlüssen, an denen kein Durchgang angezeigt wurde bzw. an denen Sie noch nicht gemessen haben.

Haben Sie bei dieser Prüfung Zweifel – etwa weil jeder Netzkabelanschlusspunkt eine Verbindung mit jedem geräteseitigen Anschluss hat – können Sie sicherheitshalber die geräteseitigen Leitungen vom Schalter lösen. Zuvor sollten Sie aber jede Leitung unverwechselbar markieren und sich notieren, wo sie am Schalter befestigt sind. Dann löten Sie entweder die Anschlüsse ab oder Sie ziehen den Steckkontakt ab. Wiederholen Sie dann die Prüfung.

Bei Bohrmaschinen wird die Leistung durch eine am Schalter montierte Elektronik gesteuert.

Abb. 43

Reparatur eines Schalters

Haben die zuvor beschriebenen Prüfungen ergeben, dass ein Schalter defekt ist, muss nicht in jedem Fall gleich der Schalter getauscht werden. Ausführun-

Achtung

Gekapselte Schalter sollten Sie in keinem Fall öffnen. Bei offensichtlichen Defekten – wenn der Schalter verschmort ist oder Teile herausgebrochen sind – dürfen Sie ebenfalls keine Reparaturversuche am Schalter ausführen. Hier hilft nur der Austausch.

Abb. 44

Abb. 45

Arbeitsmaterial

Werkzeug: Schraubendreher (je nach Gerät), Durchgangsprüfer oder Multimeter, Phasenprüfer, Flach- oder Kombizange, eventuell Lötkolben
Material: Originalschalter, eventuell Lötzinn

gen, bei denen die Schaltmechanik offen liegt, lassen sich in einigen Fällen mit einfachen Mitteln reparieren. (Abb. 43)

Wenn ein Schalter mit gut zugänglicher Mechanik seinen Dienst verweigert, können Sie alle Kontaktstellen leicht mit sehr feinem Schmirgelpapier (600er-Körnung) abschmirgeln. Nach dieser Prozedur messen Sie den Schalter erneut durch, wie in dem jeweiligen Abschnitt beschrieben. In einigen Fällen dürfte damit der Fehler schon behoben sein.

Bei offenen und einigen gekapselten Schaltern kann die folgende Reparaturmethode Abhilfe schaffen: Kaufen Sie ein Kontaktspray, z. B. in einem Elektronikgeschäft. Sprühen Sie mit dem beigefügten Kapillarröhrchen in Ritzen und Öffnungen des Schalters und betätigen Sie den Schalter 20- bis 30-mal. Anschließend warten Sie etwa eine Viertelstunde, damit die Lösungsmittelreste des Sprays verdampfen können und messen dann den Schalter erneut durch. Diese „Sprühreparatur“ ist vor allem dann Erfolg versprechend, wenn ein Schalter „Aussetzer“ hatte. (Abb. 44)

Austausch eines Schalters

Hat die Prüfung einen Kurzschluss im Schalter festgestellt (dann hat sich das Gerät vorher mit einem Knall und einer herausgesprungenen Sicherung verabschiedet) oder, was häufiger der Fall ist, eine Unterbrechung, muss der gesamte Schalter ausgetauscht werden.

In der Regel werden Sie nur von der Herstellerfirma des Geräts einen entsprechenden Ersatz bekommen – Sie benötigen zum Einkauf also alle Gerätedaten und eventuell den ausgebauten Schalter als Muster. Besonders wichtig ist beim Tausch von mehrstufigen Schaltern, dass Sie sich genau notieren, welche Leitung an welchem Schalteranschluss gesessen hat. Aber auch beim Tausch von gewöhnlichen Ein-/Ausschaltern müssen die Leitungen wieder genau an den Kontakt angeschlossen werden, wo sie beim defekten Schalter saßen.

Der Ausbau des Schalters ist meist problemlos: Bei Geräten, in denen der Schalter in einer Gehäusehälfte liegt, wird er einfach durch Stege gehalten und/oder ist durch wenige Schrauben fixiert. (Abb. 45)

Sind alle Anschlüsse am Schalter aufgesteckt, hebeln Sie vorsichtig diese „Steckschuhe“ von den Laschen am Stecker. Das geht meistens recht gut mit einem kleinen Schraubendreher. (Abb. 46)

Sind die Anschlüsse an den Schalter angelötet, können Sie den Schalter vorsichtig hochziehen – auf diese Weise lassen

Abb. 46

Abb. 47

Abb. 48

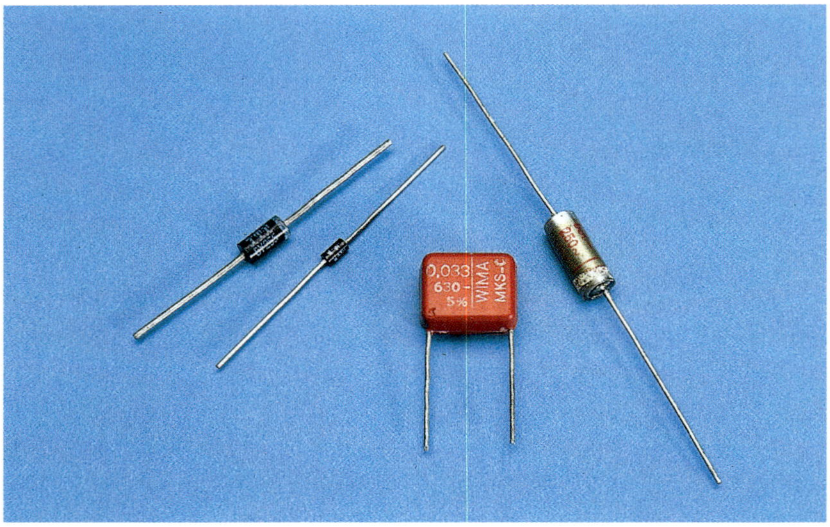

Abb. 49

sich die Leitungen einfacher ablöten. Ganz gleich, wie die Leitungen angeschlossen sind: Notieren Sie sich in jedem Fall vor der Demontage, welche Leitung wo gesessen hat. Oft ist es dabei hilfreich, die Leitungen mit Klebestreifen zu markieren.

Wenn Sie feststellen müssen, dass die Leitungen unlösbar mit den Steckerkontakten verbunden sind (geschweißt – es gibt also keinen Steckkontakt und keine silbrig schimmernde Lötstelle), sollten Sie nicht versuchen, mithilfe des Seitenschneiders den Anschluss zu lösen: Oft gibt es als Ersatzteil einen Stecker mit Leitungsstücken, die dann irgendwo im Gerät, beispielsweise an einer Schraubklemmenleiste, mit dem eigentlichen Anschlusskabel verbunden werden.

Der Einbau des neuen Schalters sollte keine Probleme bereiten: Da Sie sich notiert haben, welche Leitung wo gesessen hat, stecken Sie im einfachsten Fall die Steckschuhe der Leitungen an die entsprechenden Steckerkontakte. Sollte dabei ein Steckschuh locker auf der Nase am Schalter sitzen, drücken Sie den (abgezogenen) Steckschuh vorsichtig mit einer Flach- oder Kombizange zusammen. (Abb. 47)

Waren die Leitungen dagegen an die Steckerkontakte angelötet, sollten Sie die Leitungsenden zuerst mechanisch an den Steckerkontakten fixieren: Indem Sie die verzinnten Leitungsenden zu einem kleinen Haken biegen, den Sie durch das oft vorhandene Loch im Schalterstift stecken und dann so weit zusammendrücken, bis die Leitung mechanisch stabil mit dem Kontakt verbunden ist. Dann folgt der Lötvorgang. Erhitzen Sie mit dem Lötkolben den Schalterkontakt und das verzinnte Leitungsende so lange, bis das Lötzinn sofort fließt. (Abb. 48)

Hat der Lötvorgang nicht auf Anhieb geklappt, erhitzen Sie die Lötstelle erneut und führen Sie eventuell sehr wenig Zinn zu. Diese Prozedur wiederholen Sie bei allen Anschlusspunkten. Vor der Endkontrolle des Geräts sollten Sie die erkalteten Lötstellen prüfen: Wackeln Sie an den Anschlussleitungen und ziehen Sie leicht daran – sie dürfen sich nicht an der Lötstelle bewegen.

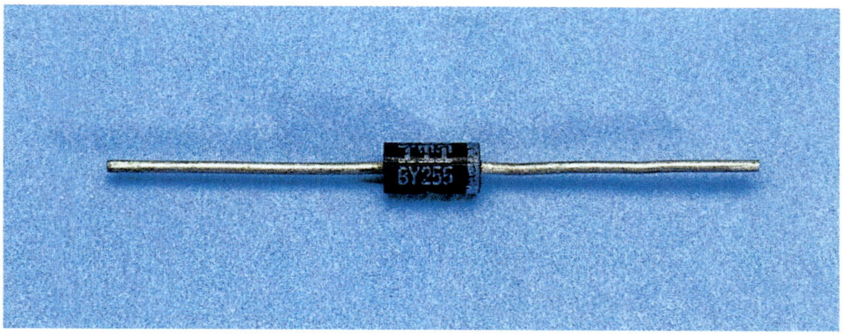

Abb. 50

Abb. 51

Abb. 52

Spezielle Bauteile in Geräten

In einigen Geräten finden Sie neben Leitungen und Schaltern auch elektronische Bauelemente. Das sind meistens kleine röllchenförmige Teile – oft sind es entweder Kondensatoren und/ oder Dioden. (Abb. 49)

Arten von Bauteilen

Um die speziellen Bauteile zu prüfen, muss man wissen, was für ein Bauteil es jeweils ist. Einen ersten Hinweis gibt der Anschluss des Bauteils: Ist es mit den beiden Anschlüssen verbunden, die zum Netzstecker führen, wird es sich um einen Kondensator handeln.

Ist das Bauteil dagegen mit beiden Polen an einen Schalter angeschlossen, wird es sich höchstwahrscheinlich um eine Diode handeln.

Vor allem aber gibt die angebrachte Beschriftung Auskunft über die Art des Bauteils. Eine Diode trägt eine Aufschrift wie „1Nxxxx" oder „BAxxx", wobei für „x" jeweils eine Ziffer steht. Ein Kondensator kann eine Aufschrift in der Form einer Zahl tragen, etwa „0,001". Außerdem finden Sie bei Kondensatoren fast immer eine Angabe der Spannungsfestigkeit, etwa „500 V".

Prüfung einer Diode

Dioden sind eine Art Ventil für den elektrischen Strom: Der Strom kann hier nur in einer Richtung durch das Bauteil fließen. (Abb. 50)

Wenn das fragliche Gerät solch ein Bauteil hat, können Sie es

Arbeitsmaterial

Werkzeug: Schraubendreher (je nach Gerät), Durchgangsprüfer oder Multimeter, Phasenprüfer, Flach- oder Kombizange, eventuell Lötkolben
Material: Originalschalter, eventuell Lötzinn

Abb. 53

Abb. 54

mit dem Multimeter im Ohmbereich messen. Halten Sie die Prüfspitzen des Messgeräts an die beiden Anschlüsse der Diode: Entweder zeigt das Gerät nahezu Null Ohm an oder es besteht ein großer Widerstand. Vertauschen Sie dann die Prüfspitzen untereinander.

In dieser neuen Polung muss genau das Gegenteil von dem zuvor ermittelten Ergebnis herauskommen: Zeigte das Gerät also bei der ersten Prüfung Durchgang an, muss jetzt ein hoher Widerstand angezeigt werden und umgekehrt. (Abb. 51) Ergibt die Prüfung, dass in beiden Messgerätepolungen entweder Durchgang oder kein Durchgang besteht, ist dieses Bauteil mit hoher Wahrscheinlichkeit defekt und muss durch ein Originalteil vom Hersteller ersetzt werden.

Prüfung eines Kondensators

Ein Kondensator ist ein Speicher für elektrische Spannung. Wenn dieses Bauteil eine Unterbrechung hat, kann das Gerät Funkstörungen produzieren – diesen Fehler können Sie aber mit den hier angesprochenen Messgeräten nicht feststellen. (Abb. 52)

Wenn dagegen der Kondensator einen Kurzschluss hat, können Sie das zum einen mit dem Multimeter oder Durchgangsprüfer messen; zum anderen wurde dieser Schaden meistens von einem kleinen Knall und/oder einem Rauchwölkchen begleitet, wobei dann auch oftmals die Sicherung im Sicherungskasten herausgesprungen ist.
Am offenen Gerät können Sie einen defekten Kondensator manchmal schon mit bloßem Auge erkennen: Er hat ein kleines eingebranntes Loch, eine schwarze Verfärbung oder ist „aufgebläht".

Bevor Sie einen Kondensator durchmessen, sollten Sie ihn sicherheitshalber vor der Messung kurzschließen: Unter Umständen kann er noch genügend Energie gespeichert haben, um Ihre Prüfgeräte zu ruinieren. Verbinden Sie also beide Anschlüsse des Kondensators für etwa zwei Sekunden mit einem in der Mitte isolierten Stück Draht (die beiden Enden des Drahts müssen natürlich abisoliert sein). (Abb. 53)

Dann halten Sie beide Prüfspitzen des Messgeräts im Ohmbereich oder des Durch-

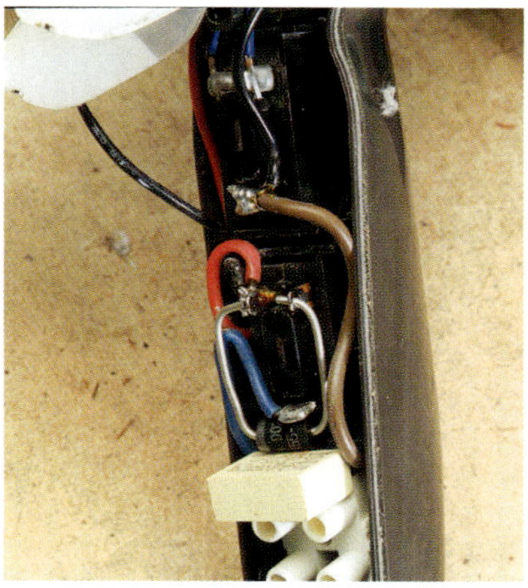

Abb. 55

Abb. 56

gangsprüfers an die Anschlüsse des Kondensators (zuvor müssen Sie natürlich das Kurzschlussdrahtstückchen entfernen): Es muss ein sehr großer Widerstand bestehen – der Summer muss ruhig bleiben, die Lampe darf nicht leuchten. (Abb. 54)

Austauschen der Bauteile

Haben die Prüfungen ergeben, dass eine Diode oder ein Kondensator defekt sind, müssen sie durch ein Originalteil vom Hersteller ersetzt werden. Zwar sind diese Teile auch in Elektronikfachgeschäften erhältlich, aber ohne tiefgehende Elektronikkenntnisse können Sie leicht ein optisch ähnliches, aber von seinen Daten her anderes Bauteil erwerben, was dann zu einer gefährlichen und potenziellen Fehlerquelle werden könnte. Außerdem haben Originalteile den Vorteil, dass sie meist genau auf die Anschlüsse im Gerät zugeschnitten sind. Teilweise erhalten Sie Originalteile sogar bereits mit vorbereiteten Anschlüssen.

Achtung

Trotz der Kennzeichnungsvorschriften sollten Sie sich niemals auf die Farbe eines Kabels verlassen: Immer wieder findet man Installationen, bei denen die Kabel unsachgemäß beschaltet sind.

Der Austausch eines Kondensators ist am einfachsten: Das alte Teil wird entweder abgelötet oder mitsamt seinen Steckschuhen von den Anschlüssen abgezogen, eventuell unter Zuhilfenahme eines Schraubendrehers.

Beim Auswechseln einer Diode müssen Sie deren Polung beachten: Ein Ende des meist röllchenförmigen Körpers ist entweder mit einem umlaufenden Ring, einer eingepressten Rille oder einer Spitze am Gehäuse markiert. Notieren Sie sich in jedem Fall, zu welchem Anschlusspunkt diese Markierung zeigt. Entfernen Sie dann die defekte Diode aus dem Gerät durch Ablöten oder Abziehen.

Beim Ablöten der Anschlüsse halten Sie die Drähtchen des Kondensators oder der Diode mit einer Flach- oder Kombizange fest, während Sie die Lötstelle mit dem Lötkolben erhitzen – wahrscheinlich werden Sie etwas an den Anschlüssen biegen müssen, um den Draht abzubekommen.

Bei der Lötmontage des neuen Teils stellen Sie wieder zuerst eine mechanisch stabile Verbindung her – am besten in der Art, wie das alte Teil auch befestigt war. (Abb. 55)

Beim Austausch einer Diode müssen Sie auf die Markierung achten – das Ersatzteil muss genauso gepolt werden, wie das zuvor ausgebaute Teil. Anschließend erhitzen Sie die Anschlussstelle und halten das Lötzinn daran: Die gesamte Lötstelle muss vom Lötzinn umflossen sein und hellsilbrig glänzen. Beim Anlöten von Dioden müssen Sie die Lötzeit so kurz wie möglich halten – dieses Bauteil kann durch zu große Hitze zerstört werden. (Abb. 56)

Reparatur von Elektrogeräten

Man kann haushaltsübliche Elektrogeräte grob in die Kategorien „Geräte mit Motoren“ und „wärmeerzeugende Geräte“ einteilen. Zur Fehlersuche an Geräten, die mit einem Motor arbeiten und Wärme erzeugen – etwa ein Haartrockner – sollten Sie zuerst prüfen, welche Funktion ausgefallen ist, und dann anhand der Angaben in dem entsprechenden Kapitelabschnitt die Fehlersuche durchführen.

Geräte mit Motoren

In die Kategorie „Geräte mit Motoren" fallen z. B. Küchenmaschinen, Mixer (Handrührgeräte), Pürierstäbe, Bohrmaschinen, Staubsauger, aber auch Haartrockner (Fön) und Heizlüfter. Obwohl Geräte wie Haartrockner und Heizlüfter mit einem Motor ausgestattet sind, ist für ihre richtige Funktion noch eine Heizung entscheidend. Bläst ein Haartrockner oder Heizlüfter nur noch kalte Luft, ist der Motor in Ordnung – in diesem Fall ist der Fehler in der Heizung zu suchen.

Allgemeine Fehlermöglichkeiten

Generell gilt, dass sich die erste Fehlersuche auf die Anschlussleitung, den Stecker und den Schalter konzentrieren sollte.

Überlastung oder Überhitzung

Viele Motorgeräte sind mit einem Schutzschalter ausgestattet, der bei einer Überlastung oder Überhitzung anspricht. Hat dieser Schalter angesprochen, wird meistens das Gerät zunächst nicht mehr funktionieren.

Schalten Sie es dann nach einiger Zeit wieder ein, hat sich oft der Schalter zurückgestellt und das Gerät läuft wieder. Immer wenn so ein Schutzschalter angesprochen hat, sollten Sie nach der Ursache suchen. Im einfachsten Fall haben Sie das Gerät überlastet, Lüftungsschlitze verdeckt oder Verschmutzungen am und im Gerät sind die Ursache für die Auslösung.

Bei allen Geräten, die Luft ansaugen und/oder ausblasen, werden Sie immer mehr oder minder starke Verschmutzungen feststellen. Dieser Schmutz kann durchaus die Ursache für einen Fehler sein – reinigen Sie also ein Gerät in jedem Fall bei einer Reparatur. (Abb. 1) Achten Sie auch auf verdreckte Filter sowie auf Fusseln und Haare, die sich häufig um rotierende Teile im Gerät wickeln.

Bei Heizlüftern kann es vorkommen, dass ein defekter Thermostat jegliche Funktion des Geräts verhindert – Sie sollten also bei diesen Geräten darauf achten, ob es einen separaten Ein-/Ausschalter gibt oder ob dieser Schalter mit einem Temperaturwahlschalter kombiniert ist. (Abb. 2)

In jedem Fall sollten Sie besonders bei Geräten mit Motoren und wärmeerzeugenden Geräten darauf achten, beim Zusammenbau alle Leitungen und eventuell entfernten Teile genauso wieder im Gerät zu platzieren, wie es werksseitig war.

Eine falsch verlegte Leitung kann unter Umständen das Gerät beim ersten Einschalten sofort ruinieren oder erhebliche Gefahren verursachen, wenn sie an rotierende Teile kommt. Bei wärmeerzeugenden Geräten kann eine falsch verlegte Leitung zusätzlich noch einen Brand auslösen.

Abgenutzte Schleifkohlen

In Motorgeräten wird elektrischer Strom durch einen Motor in eine Drehbewegung umgewandelt. (Abb. 3)

Generell besteht der bei solchen Geräten am meisten zu findende Universalmotor aus einem feststehenden, metallischen Teil, der einen Drahtwickel enthält. Dieser Drahtwickel besteht aus dünnem, mit einer Lackschicht isoliertem

Abb. 1

Abb. 2

Abb. 3

Draht, der auf einem Eisenblechkörper aufgewickelt ist. An mindestens zwei Anschlusspunkten ist dieser Wickel mit weiteren Teilen im Gerät verbunden.

In diesem umwickelten Eisenteil befinden sich der „Anker" (oder Rotor) und ein Metallstab (die Welle), der wiederum mit Draht bewickelt ist. Auch der Anker muss mit anderen Teilen im Gerät elektrisch verbunden werden – nur würde sich hier durch die Drehbewegung eine Anschlussleitung aufwickeln und abreißen. Somit muss der Anschluss anders erfolgen: Der Anker hat dazu einen „Kollektor" genannten Teil, der aus um den Umfang der Welle verteilten, untereinander und von der Welle isolierten Metallplättchen besteht. An zwei Stellen erfolgt durch Schleifkohlen der elektrische Anschluss. (Abb. 4)

Die feststehenden Kohlen drücken auf je ein Metallplättchen und versorgen so die Ankerwicklung mit Strom, da die Metallplättchen des Kollektors mit dieser Drahtwicklung verbunden sind. Diese Schleifkohlen eines Elektromotors sind aus speziellem Material gefertigt und haben sehr wenig mit den „gewöhnlichen" Kohlen gemeinsam.

Abb. 4

Abb. 5

Schleifkohlen nutzen sich im Betrieb des Geräts ab – wenn sie verbraucht sind, schaltet sich entweder das Gerät ab (es funktioniert einfach nicht mehr) oder die metallischen Halterungen der Kohlen schleifen auf den Kollektormetallplättchen, je nach Konstruktion. Das kann im schlimmsten Fall den Motor ruinieren.

Macht ein Gerät im Betrieb also plötzlich merkwürdige Geräusche oder Sie bemerken starke Funken im Gerät (das sieht man oft durch die Lüftungsschlitze im Gehäuse), sollten Sie das Gerät sofort abschalten und die Kohlen kontrollieren. (Abb. 5)

Bei vielen Elektrowerkzeugen muss zur Kontrolle oder zum Auswechseln der Kohlen das Gerät nicht geöffnet werden – sie sind nach dem Entfernen von Abdeckungen erreichbar. Bei solchen Geräten finden Sie dann in der jeweiligen Bedienungsanleitung entsprechende Hinweise.

Verbrauchte Schleifkohlen

Prüfung der Schleifkohlen

Ziehen Sie den Stecker des Geräts und schrauben es auf. Suchen Sie nach dem Kollektor: Üblicherweise befindet er sich am hinteren Geräteteil und ist leicht erkennbar auf der Motorwelle angebracht. Auf die Metallplättchen des Kollektors drücken die Kohlen, die in einer mehr oder minder stabilen Führung stecken. In sehr vielen Fällen können Sie bereits ohne jede weitere Demontage von Teilen des Geräts erkennen, ob die schwarzgrauen Kohlestifte verbraucht sind.

In jedem Fall sollten Sie auf die Kollektorplättchen schauen: Sie dürfen nur von den Kohlestiften berührt werden und nicht von den metallischen Halterungen der Kohlen. Einige Geräte schalten sich dadurch ab, dass beim Erreichen der Verschleißgrenze die Kohlestifte einfach nicht mehr auf die Kollektorplättchen reichen – achten Sie also auch darauf. Generell sollten Sie die Kohlen ersetzen, wenn sie bis auf etwa 5 mm abgenutzt sind.

Austausch der Kohlen

Müssen die Kohlen ersetzt werden, sollten Sie in jedem Fall Originalersatzkohlen kaufen. (Abb. 6)

Können Sie keine Originalersatzteile bekommen, sollten Sie die Reste der verbrauchten Kohlen als Muster zum Einkauf mitnehmen.

Arbeitsmaterial

Werkzeug: Schraubendreher (je nach Gerät), Durchgangsprüfer oder Multimeter, Phasenprüfer, Flach- oder Kombizange
Material: zum Gerät passende Schleifkohlen

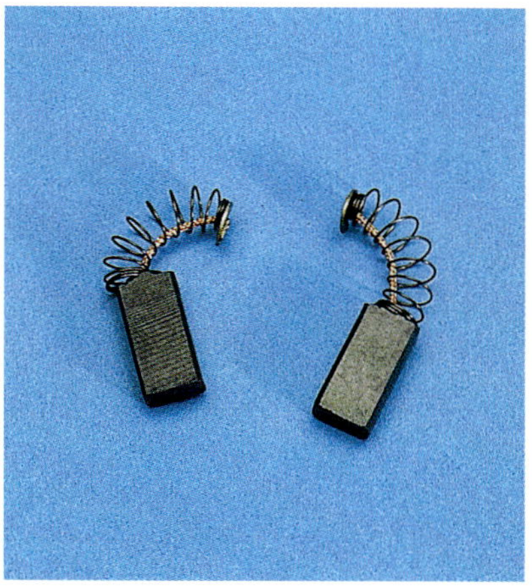

Abb. 6

Abb. 7

Abb. 8

Es gibt verschiedene Arten von Kohleführungen, fast immer werden aber die Kohlestifte in einer Führung von einer Feder gegen den Kollektor gedrückt. Zum Ausbau muss man eine Arretierung lösen, die das Herausspringen der Feder verhindert.

Oft findet man eine Art der Kohleführung, bei der man zum Ausbau mit einer Zange ein Kontaktplättchen an der Zuleitung zur Kohle abziehen muss, wobei die Arretierung mit einem Schraubendreher leicht herunterzudrücken ist. Es sollte nun die Andruckfeder aus dem Führungskäfig springen und die Kohle leicht entnehmbar sein. (Abb. 7)

Zum Einbau der Kohlen schieben Sie die Kohlestifte in die Führungen, drücken die Feder herunter und halten sie mit einem Schraubendreher fest.

Schieben Sie mit der Zange das Kontaktplättchen in die Führung und ziehen Sie den Schraubendreher zurück, wobei die Arretierung einrasten muss. (Abb. 8)

Vor dem Funktionstest müssen Sie das Gerät in jedem Fall wieder zusammenbauen und die Endprüfung durchführen. Sind alle Schrauben wieder an ihrem Platz und die Endprüfung hat keinen Grund zur Besorgnis ergeben, schließen Sie das Gerät an eine Steckdose an und schalten Sie es kurz ein. Ist alles in Ordnung, sollten Sie das Gerät für einige Zeit laufen lassen, bevor Sie es wieder wie üblich benutzen.

Eine häufige Fehlerquelle bei Staubsaugern ist die Kabelaufwicklung.

Defekte Kabelaufwicklung am Staubsauger

Grundsätzlicher Aufbau des Geräts

Bei der Demontage von Staubsaugern oder anderen Geräten mit automatischer Kabelaufwicklung sollten Sie besondere Vorsicht walten lassen: Die Aufwicklung der Anschlussschnur geschieht durch eine Feder, die eine enorme Kraft entwickeln kann, wenn sie aus ihrer Halterung springt. Hier besteht Verletzungsgefahr. Wenn Sie solch einen Staubsauger öffnen, sollten Sie den Kasten mit der Aufwickelvorrichtung mit Vorsicht behandeln und bei älteren Geräten die Feder festklemmen. Einen Test sollten Sie bei diesen Geräten vor dem Tausch in jedem Fall durchführen: die

Abb. 9

Abb. 10

Arbeitsmaterial

Werkzeug: Schraubendreher (je nach Gerät), Durchgangsprüfer oder Multimeter
Material: 600er-Schmirgelpapier

Schleifkontakte an der Kabeltrommel. (Abb. 9)

Prüfung der Kabelaufwicklung

Bei Geräten mit automatischer Kabelaufwicklung endet die Anschlussleitung nicht an Klemmen oder Lötstellen, sondern ist an Schleifringe an der Aufwickeltrommel angeschlossen. Das Gerät bekommt seinen Strom über Schleifkontakte, die auf diese Schleifringe drücken. Am einfachsten ist es, in diesem Fall die gesamte Leitung samt den Schleifkontakten zu überprüfen.

Suchen Sie im Gerät die Kabeltrommel und daran die Schleifkontakte. Halten Sie dann eine Prüfspitze des Durchgangsprüfers oder des Multimeters im Ohmbereich an einen Schleifkontaktanschlusspunkt. Berühren Sie mit der anderen Prüfspitze nacheinander beide Stifte des Netzsteckers: Bei eingeschaltetem Gerät muss bei einem Stift Durchgang angezeigt werden (das Multimeter zeigt etwa Null an, beim Durchgangsprüfer leuchtet die Lampe oder der Summer ertönt). Führen Sie diesen Test auch bei dem zweiten Schleifkontakt durch – auch hier muss bei einem Netzsteckerstift Durchgang bestehen. (Abb. 10)

Abb. 11

Reparatur bei offen liegenden Schleifkontakten

Hat einer oder haben beide Schleifkontakte keine Verbindung mit den Schleifringen, können Sie diesen Fehler bei alten Geräten mit offen liegenden Schleifkontakten mit Schmirgelpapier (600er-Körnung) beheben. Schneiden Sie hierfür einen schmalen (etwa 1 cm), rund 5 cm langen Streifen Schleifpapier ab und ziehen ihn mehrmals zwischen der Kontaktstelle Schleifring/ Schleifkontakt durch, wobei die „scharfe" Seite des Schleifpapiers zu den Kontakten zeigt.

Wiederholen Sie nach dieser Prozedur die Überprüfung der Kontakte mit dem Multimeter oder Durchgangsprüfer. Hat diese Reinigung nicht zum Erfolg geführt, sollten Sie den Austausch der Kabeltrommel erwägen. Beim Einbau der Kabeltrommel sollten Sie die Feder vorsichtig festhalten, damit sie nicht von der Rolle springt.

Austausch der Kabeltrommel

Bei neueren Geräten ist die Kabelaufwicklung meistens so konstruiert, dass die Schleifkontakte in der Welle der Trommel liegen. Somit ist Ihnen bei diesen Geräten der Zugang dazu verwehrt.

Hier können Sie die Leitung samt der Schleifkontakte am Stück durchmessen wie beschrieben. Wenn sich dabei herausstellt, dass hier eine Unterbrechung vorliegt, muss die gesamte Kabeltrommel samt Leitung ausgetauscht werden. (Abb. 11)

Nachdem das Gerät komplettiert ist, müssen Sie in jedem Fall eine Sicherheitskontrolle durchführen.

Abb. 12

Defekter Handmixer

Grundsätzlicher Aufbau des Geräts

Elektrische Handmixer sind im Prinzip sehr einfache Geräte. Sie bestehen aus einem Motor, einem Stufenschalter sowie einem Getriebe mit mehreren Zahnrädern. (Abb. 12)

Arbeitsmaterial

Werkzeug: Schraubendreher (je nach Gerät), Durchgangsprüfer oder Multimeter

Prüfung des Geräts

Häufige Fehler bei diesen Geräten sind durch Überlastung zerstörte Getriebe. Trotz der Kapselung können Verschmutzungen in das Getriebe gelangen und dieses blockieren und später dann zerstören.

Einen deutlichen Hinweis auf ein defektes Getriebe erhält man dadurch, dass sich zwar der Motor dreht, aber einer oder beide Quirle sich nicht bewegen. Somit sollte man nach dem Öffnen des Geräts das Getriebe inspizieren. Mit etwas Glück genügt es, Verschmutzungen zu entfernen. In schlimmeren Fällen wird man jedoch Zahnräder oder das gesamte Getriebe mit Originalersatzteilen reparieren müssen.

Wenn sich dagegen der Motor überhaupt nicht bewegt, kann der Fehler ebenfalls im Getriebe liegen. Prüfen Sie am geöffneten Gerät, ob sich die Motorwelle von Hand drehen lässt, indem Sie das Zahnrad bewegen, das direkt auf der Motorwelle sitzt. (Abb. 13)

Abb. 13

Wenn Sie die Motorwelle samt Getriebe nicht bewegen können, sollten Sie das Getriebe gründlich reinigen und auf Beschädigungen bzw. eingeklemmte Fremdkörper untersuchen.

Ist an dem mechanischen Teil des Geräts kein Fehler zu finden, sollten Sie wie beschrieben Stecker, Anschlussleitung und Schalter überprüfen.

Defekter Dunstabzug

Grundsätzlicher Aufbau des Geräts

Dunstabzugshauben sind elektrisch meist sehr einfach aufgebaut: Ein Motor sowie häufig eine Leuchte werden über einen oder mehrere Schalter betätigt. Bei diesen Geräten ist es sehr selten, dass der Motor defekt ist: Wenn sich der Motor nicht bewegt, liegt meistens eine Störung im Schalter vor.

Manche Dunstabzüge haben zwei Schalter, wobei ein Schalter das gesamte Gerät ein-

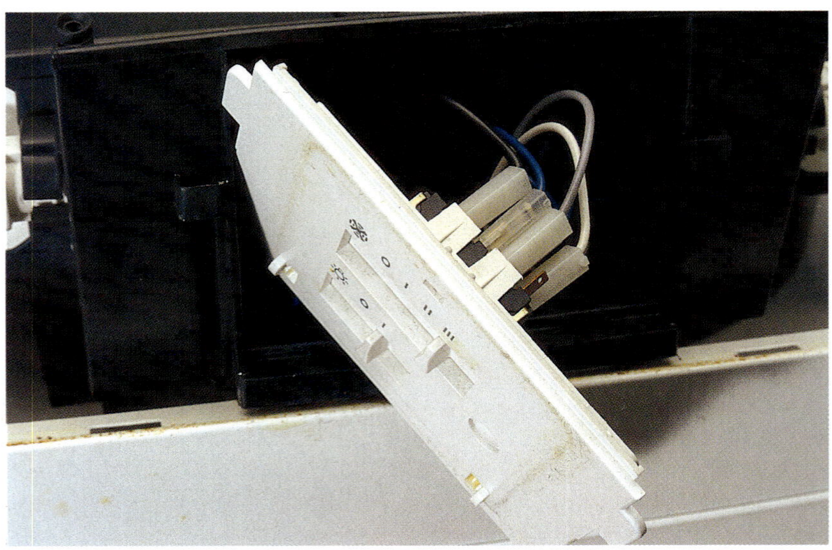

Abb. 14

Arbeitsmaterial

Werkzeug: Schraubendreher (je nach Gerät), Durchgangsprüfer oder Multimeter

schaltet (meist geht dann auch die Beleuchtung der Haube an) und ein zweiter Schalter (oft ein Stufenschalter zur Leistungsanpassung) dient zum Einschalten des Gebläses. (Abb. 14)

Manchmal gibt es bei Einbauhauben noch einen dritten, nicht direkt sichtbaren Schalter, der dadurch betätigt wird, dass man eine Klappe an der Front der Haube öffnet – erst dann läuft der Motor an.

Die unterschiedlichen Leistungsstufen des Dunstabzugs werden meist dadurch realisiert, dass ein Stufenschalter jeweils die Netzspannung an eine von mehreren Leitungen schaltet, die zum Motor führen. Weitere Bauteile sind dadurch nicht nötig. Besitzt der Abzug jedoch eine elektronische Steuerung für die verschiedenen Leistungsstufen, sollten Sie die Prüfungen auf die Schalter und den Spannungsanschluss beschränken. (Abb. 15) Die Elektronik können Sie nicht mit einfachen Mitteln überprüfen.

Prüfung eines Dunstabzugs

Die Überprüfung eines Dunstabzugs kann prinzipiell genauso erfolgen wie bereits beschrieben: Stecker, Leitungen und Schalter sind mit dem Durchgangsprüfer oder Multimeter im Ohmbereich durchzumessen. (Abb. 16)

Meistens muss man dazu den Dunstabzug nicht ausbauen, sondern kann diese Prüfungen nach Demontage der Abdeckungen durchführen. Ganz wichtig ist jedoch sicherzustellen, dass der Dunstabzug vor dem Auseinanderbauen stromlos ist: entweder durch Ziehen des Netzsteckers oder durch Abschalten der dazugehörigen Sicherung.

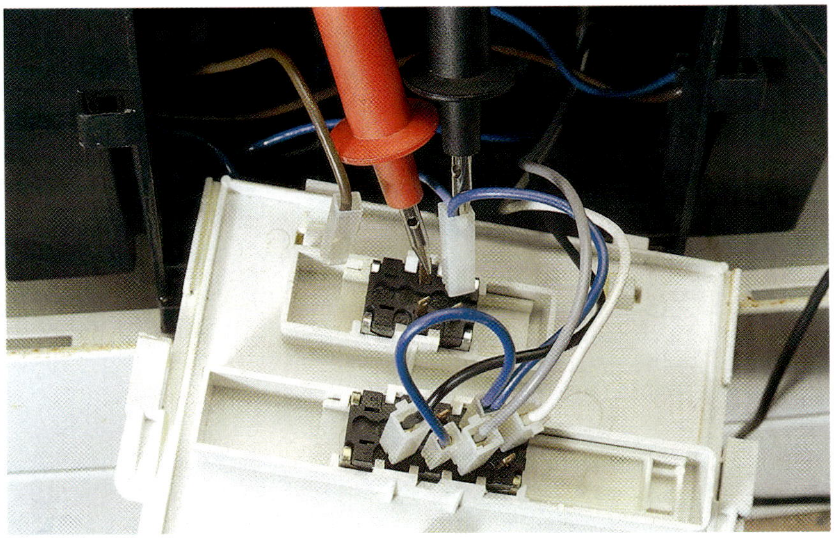

Abb. 15

Abb. 16

Sind die Bedienschalter bei einem Einbaudunstabzug in Ordnung, sollten Sie den Schalter suchen, der von der aufklappbaren Frontblende betätigt wird. Oft ist dieser Schalter versteckt hinter den seitlichen Führungen dieser Klappe. Zum Überprüfen dieses Schalters müssen Sie somit meist Teile der Führung ausbauen.

Bevor Sie das machen, sollten Sie sich die Führungsschienen an der Klappe genau ansehen. Häufig brechen diese Kunststoffschienen aus, wodurch dann der Schalter nicht mehr automatisch betätigt werden kann. In diesem Fall nehmen Sie die Klappe vollständig ab, montieren wieder alle Abdeckungen und schließen den Dunstabzug an das Netz an. Wenn Sie nun mit einem isolierten Schraubendreher auf das Betätigungselement des Schalters drücken – so wie es normalerweise die geöffnete Klappe macht –, sollte der Motor anlaufen. Die Reparatur beschränkt sich dann darauf, die Kunststoffschienen zu erneuern.

Wärmeerzeugende Geräte

Wärme aus elektrischem Strom steht im Mittelpunkt bei Geräten wie Toastern, Kaffeemaschinen oder Bügeleisen. Wärme ist aber auch wesentlich für die Funktion von Haartrocknern oder Heizlüftern.

Die Umwandlung von elektrischem Strom in Wärme ist im Vergleich zur Umsetzung von Strom in eine Drehbewegung (wie beim Motor) sehr einfach: Prinzipiell genügt ein Draht, der mit der Stromquelle verbunden wird. Dieser Draht setzt den Elektronen einen Widerstand entgegen, wodurch in ihm Wärme entsteht. Dieses Prinzip finden Sie in allen wärmeerzeugenden Geräten: Deren Heizung ist immer ein spezieller Draht, der meist wendelförmig um einen Isolierkörper gewickelt ist. (Abb. 17)

Abb. 17

Dieser Isolierkörper bestand bei alten Geräten oftmals aus Asbest, aber auch Glimmerscheiben und Keramik wurden und werden oft hierfür eingesetzt. Diese Heizung wird im Betrieb von Strom durchflossen.

Temperaturregelung in Elektrogeräten

Bei sehr vielen wärmeerzeugenden Geräten können Sie eine Temperatur wählen, die das Gerät dann automatisch hält (Bügeleisen, Heizlüfter). Andere Geräte sollen eine fest eingestellte Temperatur halten – etwa eine Kaffeemaschine. Diese Temperaturregelung erfolgt durch Thermostate.

Funktionsweise eines Thermostats

Obgleich Thermostate elektronisch aufgebaut sein können, findet man noch in vielen Geräten mechanisch arbeitende Thermostate. Diese bestehen dann aus einem elektrischen Schalter, der von einem auf Wärme reagierenden Metall (Bi-Metall) betätigt wird. Dieses Bi-Metall besteht aus zwei ver-

Abb. 18

Abb. 19

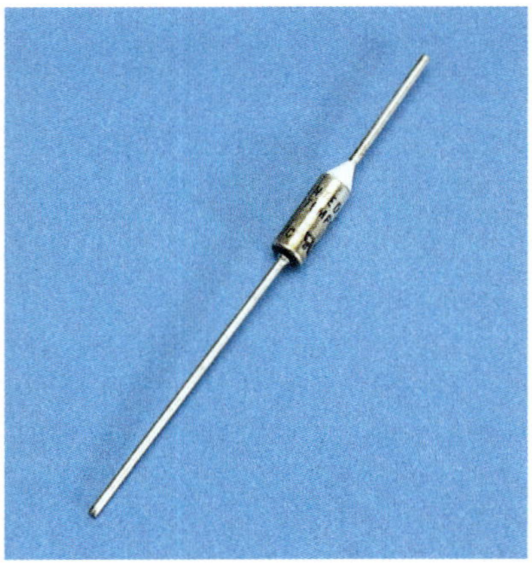

Abb. 20

schiedenen Metallarten, die fest miteinander verschweißt sind. Unter Wärmeeinwirkung dehnen sich die beiden Metalle unterschiedlich stark aus, wodurch sich ein Bi-Metallstreifen biegen wird. Diese Durchbiegung erfolgt etwa proportional zur Temperatur des Streifens – je höher die Temperatur, umso mehr biegt sich der Streifen.

Sorgt man nun dafür, dass der Bi-Metallstreifen bei einer gewissen Durchbiegung einen elektrischen Kontakt schließen oder öffnen kann, lässt sich damit eine Temperaturregelung aufbauen. (Abb. 18)

Temperaturregelung auf eine Festtemperatur

Wenn man beispielsweise eine Kaffeemaschine einschaltet, ist der Bi-Metallstreifen kalt und hat den elektrischen Kontakt geschlossen; dadurch kann Strom durch die Heizung fließen – die Heizung wird also warm, ebenso der an der Heizung montierte Bi-Metallstreifen. Dadurch biegt sich der Streifen. Ab einer bestimmten Durchbiegung öffnet sich dann der Kontakt am Bi-Metallstreifen. Die Heizung ist damit stromlos und kühlt ab – genauso kühlt aber auch der Bi-Metallstreifen ab und verändert nun wieder seine Form in Richtung „Kalt".

Beim Erreichen einer bestimmten Temperatur wird der Bi-Metallstreifen den elektrischen Kontakt wieder schließen. Die Heizung kann somit wieder aufheizen und der Vorgang beginnt

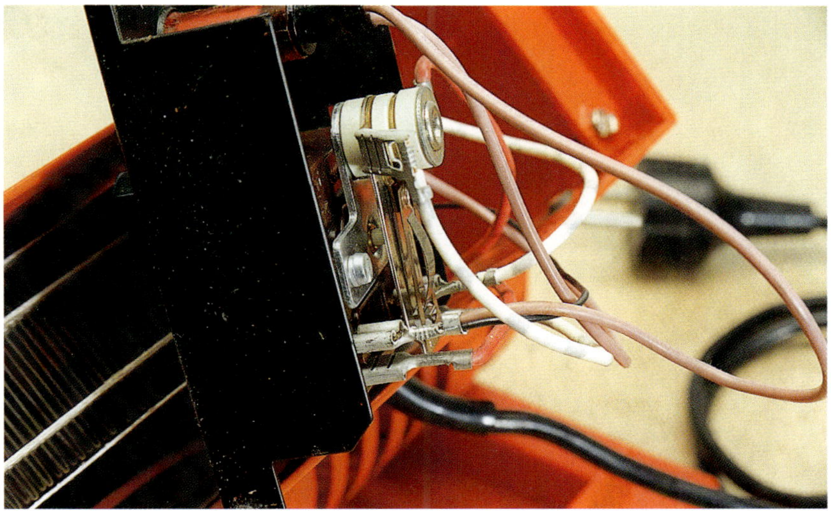

Abb. 21

von Neuem. Damit wird insgesamt eine Temperatur gehalten, die um den Schaltpunkt des Bi-Metallstreifens liegt. Solche Thermostate lassen sich sehr kompakt aufbauen. (Abb. 19)

Einstellbare Temperaturregelung

Diese einfache Regelung finden Sie bei Kaffeemaschinen – hier soll ja der fertige Kaffee nicht kochen, aber auch nicht kalt werden. Etwas anders sieht die Regelung bei Heizlüftern und Bügeleisen aus: Hier soll nicht nur eine fest vom Hersteller eingestellte Temperatur gehalten werden, sondern Sie möchten in einem vorgegebenen Bereich eine Temperatur wählen können.

Dafür ist das Prinzip wieder das gleiche wie bei der einfachen Regelung – nur können Sie den Schaltpunkt des Bi-Metallstreifens verändern. Da die Durchbiegung des Bi-Metallstreifens etwa proportional zur Temperatur erfolgt, können Sie eine gewünschte Temperatur dadurch einstellen, indem Sie den Abstand des Schaltkontakts von dem Bi-Metallstreifen verändern. Genau das bewirkt das Temperatureinstellrad am Bügeleisen oder Heizlüfter.

Übertemperatursicherung

Wärmeerzeugende Geräte haben sehr häufig einen Schutzschalter eingebaut, der beim Überschreiten einer bestimmten Temperatur den Stromkreis unterbricht. Je nach Geräteausführung ist das entweder eine Sicherung, die nach dem Ansprechen durch eine neue ausgetauscht werden muss (Abb. 20; fast immer bei Kaffeemaschinen), oder ein Schalter, der nach dem Abkühlen das Wiedereinschalten des Geräts erlaubt.

Wenn also ein Gerät plötzlich aufhört zu funktionieren, schalten Sie es ab, ziehen den Netzstecker und gönnen ihm eine viertel- bis halbstündige Pause, bis Sie es erneut einschalten.

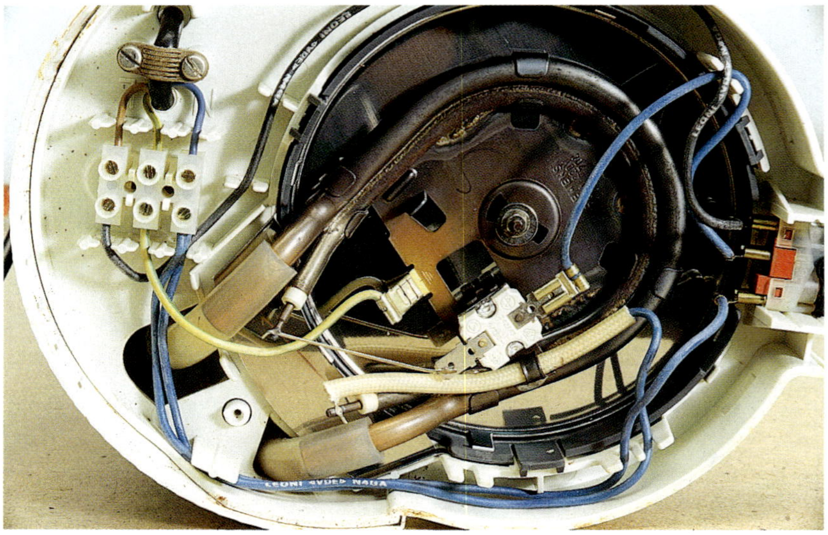

Abb. 22

Funktioniert es dann wieder wie gewohnt, sollten Sie zuerst kontrollieren, ob beispielsweise Lüftungsschlitze verdeckt sind – dadurch kann sich ein Gerät überhitzen. War das nicht der Grund für das Auslösen des Schutzschalters, reinigen Sie das Gerät besonders im Bereich der Lüftungsschlitze. In vielen Fällen ist der Fehler damit schon behoben.

Allgemeine Fehlermöglichkeiten

Generell gilt auch bei wärmeerzeugenden Geräten, dass sich die erste Fehlersuche auf die Anschlussleitung, den Stecker und den Schalter konzentrieren sollte. Bei einigen Geräten gibt es keinen Ein-/Ausschalter, da er mit dem Temperaturwahlknopf am Thermostat kombiniert ist. In diesem Fall sollten Sie den Thermostat samt dieser Schaltfunktion prüfen.

Liegt in der Anschlussleitung, dem Stecker und gegebenenfalls dem separaten Schalter kein Fehler vor, sind als Nächstes eine eventuell vorhandene Übertemperatursicherung, der Thermostat und die Heizung zu untersuchen. (Abb. 21)

Spätestens hierfür müssen Sie das Gerät öffnen – ziehen Sie also den Netzstecker und schrauben das Gerät auf. Bei Kaffeemaschinen muss man zum Öffnen oftmals nur eine Bodenplatte entfernen.

Dass Sie nach Abschluss der Arbeiten einen genaue Endkontrolle auf elektrische Sicherheit durchführen müssen, ist selbstverständlich.

Achtung

Ganz besonders wichtig ist bei wärmeerzeugenden Geräten, dass Sie sich bereits beim Öffnen des Gehäuses die Lage der Bauteile und Leitungen merken – bei falscher Verlegung von Leitungen nach einer Reparatur kann schlimmstenfalls ein Brand entstehen. Vor dem Schließen des Gehäuses sollten Sie also ganz besonders gründlich die Verlegung der Leitungen kontrollieren. (Abb. 22)

Defekter Thermostat

Im günstigsten Fall hat ein Gerät nur einen einfachen Thermostat, der eine vom Hersteller vorgesehene Temperatur halten soll – wie beispielsweise bei Kaffeemaschinen. Sie finden diese Thermostate sowohl

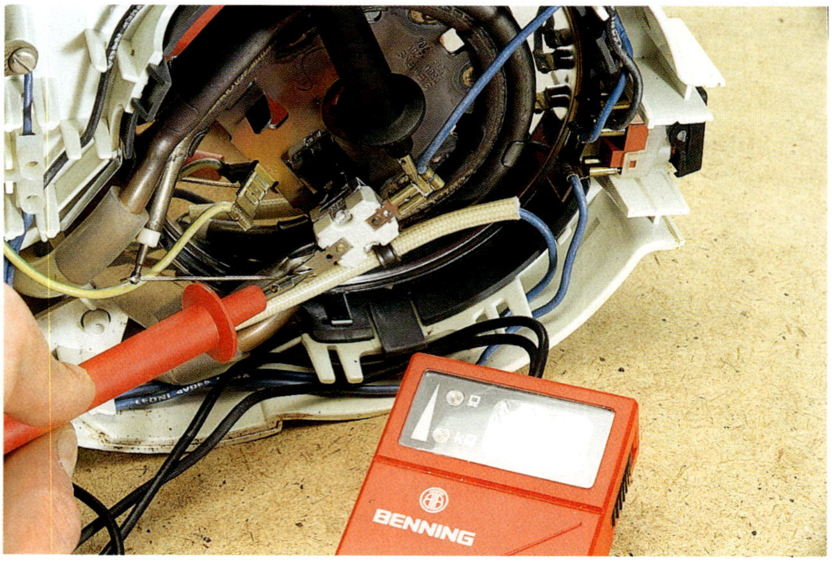

Abb. 23

Arbeitsmaterial

Werkzeug: Schraubendreher (je nach Gerät), Multimeter oder Durchgangsprüfer

in offener Bauweise, wo Sie den Bi-Metallstreifen sowie den Schaltkontakt erkennen können, als auch in gekapselter Ausführung, wo nur die Anschlusskontakte zu sehen sind.

Prüfung eines Thermostats

Thermostate haben in der Regel zwei Anschlüsse. Da bei einem kalten Gerät der Kontakt geschlossen sein muss, können Sie wieder das Multimeter im Ohmbereich oder einen Durchgangsprüfer für die Überprüfung verwenden. Halten Sie je eine Prüfspitze des Messgeräts an die Anschlüsse des Thermostats – es muss Durchgang bestehen. (Abb. 23)

Bei Bügeleisen und Heizlüftern ist der Thermostat ähnlich aufgebaut – bei diesen Geräten ersetzt er in vielen Fällen auch den Ein-/Ausschalter.

Einen ersten Test können Sie ganz einfach durchführen: Beim Drehen an dem Temperaturwahlschalter muss bei einer bestimmten Stellung ein leises Klicken aus dem Gerät zu hören sein – der mechanische Thermostat schaltet.

Die Überprüfung der Kontakte nehmen Sie wieder mit einem Durchgangsprüfer oder dem Multimeter vor: Halten Sie die Prüfspitzen an die beiden Anschlüsse des Thermostats – es sollte Durchgang bestehen. Hat der Thermostat keinen Durchgang, drehen Sie so lange am Temperatureinstellknopf, bis das Klicken ertönt: Spätestens jetzt muss Durchgang angezeigt werden. (Abb. 24)

Abb. 24

Reparatur eines Thermostats

Bei Geräten mit gekapseltem Thermostat wird im Fehlerfall nur ein Austausch des ganzen Thermostats möglich sein.
Bei komplexeren und gekapselten Thermostaten (also Ausführungen, bei denen man eine Temperatur einstellen kann), führt oft eine Reparatur mit Kontaktspray zum Erfolg.

Halten Sie dazu das Sprühröhrchen des Kontaktsprays in oder an eine Öffnung des Thermostatgehäuses und drücken kurz auf den Sprühknopf. Manchmal lässt sich ein Spalt am Gehäuse mit einem kleinen Schraubendreher etwas aufspreizen, sodass das Spray wirklich an die Kontaktstellen gelangen kann. (Abb. 25)

Arbeitsmaterial

Werkzeug: Schraubendreher (je nach Gerät), Durchgangsprüfer oder Multimeter, Flach- oder Kombizange, eventuell Lötkolben
Material: Kontaktspray (z. B. Kontakt 60), Schmirgelpapier (600er-Körnung), eventuell Originalthermostat, Lötzinn

Abb. 25

Nach dem Spraystoß bewegen Sie den Drehknopf zur Temperatureinstellung etwa 20- bis 30-mal hin und her. Kontrollieren Sie dann Ihre Arbeit mit dem Multimeter oder Durchgangsprüfer, wie in vorigem Abschnitt beschrieben. Gegebenenfalls können Sie diesen „Reparaturversuch" noch einmal wiederholen.

Wenn nach den Messergebnissen der Thermostat wieder in Ordnung ist, sollten Sie das offene Gerät etwa eine halbe Stunde liegen lassen, bevor Sie es zusammenbauen und überprüfen. In dieser Wartezeit sollen Lösungsmittel des Sprays entweichen.

Thermostate mit offenen Kontakten können Sie vorsichtig mit

feinem Schmirgelpapier zu Leibe rücken. Unter ganz leichtem Druck ziehen Sie dazu einen schmalen Streifen Schmirgelpapier (600er-Körnung) zwischen den Kontakten durch. Dazu sind zwei Durchgänge nötig, wobei die „scharfe" Seite des Schmirgelpapiers jeweils zu einer der beiden Kontaktseiten zeigen muss. (Abb. 26)

Abb. 26

Nach diesem Reparaturversuch sollten Sie vor dem Zusammenbau des Geräts die Funktionsfähigkeit des Thermostats mit dem Durchgangsprüfer oder Multimeter überprüfen.

Austausch eines Thermostats

Ist eine Reparatur des Thermostats nicht möglich oder ist dieses Bauteil offensichtlich mechanisch defekt (verbrannt, Teile abgebrochen), bleibt nur der Tausch gegen ein Originalersatzteil. Zuerst entfernen Sie die Anschlussleitungen: In sehr vielen Fällen sind sie mit Steckschuhen angeschlossen, die sich mithilfe eines kleinen Schraubendrehers leicht von den Anschlüssen abhebeln lassen. Sind die Anschlüsse gelötet, erhitzen Sie die Lötstelle, während Sie die Leitung mit der Zange abziehen.

Entfernen Sie dann die Befestigungsschrauben des Thermostats und/oder biegen Sie die Metalllaschen auf, die den Thermostat halten. (Abb. 27)

Das Ersatzteil schrauben Sie fest und biegen gegebenenfalls die Metalllaschen in die vorgesehene Position. Dann stecken Sie die Anschlussleitungen wieder auf die Kontaktlaschen bzw. löten die Leitungen an.

Dazu stellen Sie zuerst eine mechanisch stabile Verbindung zwischen der Leitung und dem Anschluss her, indem Sie die Leitungen um den Anschluss biegen und dann mit einer Zange festdrücken. Anschließend erwärmen Sie die Lötstelle mit dem Lötkolben und führen das Lötzinn zu – es muss die ganze Lötstelle sauber umfließen. Nach dem Erkalten muss die Lötverbindung dann hellsilbrig schimmern.

Defekte Thermosicherung

Ein häufiger Fehler bei Kaffeemaschinen ist eine durchgebrannte Thermosicherung. Die-

Arbeitsmaterial

Werkzeug: Schraubendreher (je nach Gerät), Durchgangsprüfer oder Multimeter, eventuell Flach- oder Kombizange
Material: Thermosicherung – Originalersatzteil vom Hersteller

Abb. 27

Achtung

Verwenden Sie beim Austausch der Thermosicherung grundsätzlich nur ein Originalersatzteil vom Gerätehersteller.

se Sicherung ist oft unter der Warmhalteplatte mit einer Schelle angeschraubt und in einem Schlauch aus wärmefestem Kunststoff untergebracht. Die Sicherung selbst sieht aus wie ein Metallröhrchen.

Prüfung einer Thermosicherung

Wenn Sie die Sicherung gefunden haben, halten Sie die Prüfspitzen des Durchgangsprüfers oder des Multimeters im Ohmbereich an die beiden Anschlussdrähte der Thermosicherung: Das Prüfgerät muss Durchgang anzeigen. (Abb. 28)

Austausch einer Thermosicherung

Hat die Sicherung angesprochen – sie hat also keinen Durchgang – muss sie durch eine neue ersetzt werden. Diese Sicherungen sind bei einigen Geräten fest mit den Anschlüssen der Heizung verschweißt. (Abb. 29)

Bei Kaffeemaschinen ist eine durchgebrannte Thermosicherung ein häufiger Fehler.

In solchen Fällen erkundigen Sie sich beim Fachhändler, ob der Gerätehersteller den kompletten Tausch der Heizung samt Sicherung vorsieht. In einigen Fällen ist eine durchgebrannte Thermosicherung ein Indiz für eine defekte Heizung. Eine neue Sicherung würde in diesem Fall sehr schnell wieder durchbrennen.

Lässt sich die Sicherung aber problemlos austauschen – sie ist dann meist über Steckschuhe angeschlossen –, sollten Sie sich eine neue Sicherung kaufen und einbauen. Dabei dürfen Sie den Isolierschlauch nicht beschädigen. (Abb. 30)

Es empfiehlt sich, die alte Thermosicherung vor dem Kauf einer neuen auszubauen und gegebenenfalls einen neuen Isolierschlauch mitzukaufen. Verwenden Sie aber in keinem Fall einen beliebigen Isolierschlauch: Er muss aus einem speziellen, hochwärmefesten Kunststoff hergestellt sein.

Danach sollten Sie das Gerät einige Zeit unter Aufsicht betreiben – brennt die neue Sicherung wieder durch, ist wahrscheinlich der Thermostat oder die Heizung defekt.

Abb. 29

Abb. 28

Abb. 30

Info

Ist die Heizung defekt, sollten Sie sich vor jeder weiteren Maßnahme über die Kosten für eine neue Heizung informieren – in vielen Fällen lohnt sich ein Tausch nicht, da die Ersatzteilkosten in der Größenordnung des Anschaffungspreises für ein neues Gerät liegen.

Abb. 31

Defekte Geräteheizung

Wie bereits beschrieben, besteht bei wärmeerzeugenden Geräten die Heizung im Prinzip aus einem Stück Draht. Für die Wärmeerzeugung muss dieser Draht dem Strom aber einen gewissen Widerstand entgegensetzen – andernfalls würde ein Kurzschluss entstehen. Dieser Widerstand wird in Ohm gemessen.

Prüfung einer Geräteheizung

Eine funktionierende Heizung beispielweise eines Bügeleisens oder einer Kaffeemaschine hat den Widerstand von etwa 30 bis 40 Ohm. Diesen Wert können Sie nur mit einem Multimeter im Ohmbereich (Widerstandsbereich) messen und nicht mit einem Durchgangsprüfer.

Mit einem Durchgangsprüfer können Sie dennoch in einigen Fällen eine Heizung durchmessen: Die Lampe muss bei intakter Heizung glimmen oder leuchten, allerdings nicht in der Intensität, wie wenn Sie die Prüfspitzen direkt miteinander verbinden. (Abb. 31)

Der Prüfvorgang für die Heizung ist im Prinzip ganz einfach. Sie verbinden die Prüfspitzen des Messgeräts mit je einem Anschluss der Heizung: Es muss ein kleiner Widerstand angezeigt werden. Einen Kurzschluss (also Null Ohm) werden Sie in den seltensten Fällen feststellen; häufiger ist eine Unterbrechung der Heizung.

Aber Vorsicht: Wenn dieser Test mit dem Durchgangsprüfer vorgenommen wird, kann die Heizung in Ordnung sein, obwohl das Gerät keinen Durchgang anzeigt! (Abb. 32)

Austausch einer Geräteheizung

Zum Wechseln der Heizung lösen Sie alle Befestigungsschrauben der alten Heizung. (Abb. 33)

Bei einigen Geräten wird die Heizung auch durch Metalllaschen gehalten, die zum Ausbau aufzubiegen sind. Achten

Arbeitsmaterial

Werkzeug: Schraubendreher (je nach Gerät), Multimeter
Material: eventuell Originalheizung

Abb. 32

Sie besonders auf eventuell vorhandene Isolierschläuche und Isolierscheiben – bei der Montage müssen sie jeweils wieder an der richtigen Stelle sitzen. Außerdem dürfen sie keinerlei Beschädigungen aufweisen.

Die elektrischen Anschlüsse zu der Heizung sind entweder gesteckt (mit Steckschuhen) oder angeschweißt. Lötstellen würden hier nicht halten, da die Heizung die Temperatur erreichen kann, bei der das Lötzinn schmilzt.

Gesteckte Verbindungen lassen sich meist leicht mithilfe eines Schraubendrehers lösen. Bei Geräten mit geschweißten Verbindungen sind in aller Regel bei dem Ersatzteil die Anschlussleitungen gleich angeschweißt, sodass sie dann nur noch an den vorgesehenen Stellen angeschlossen werden müssen.

Defekter Haartrockner

Prüfung des Geräts

Wenn ein Haartrockner überhaupt keine Funktion zeigt, sind zunächst die Anschlussschnur, Stecker und der Schalter wie beschrieben zu überprüfen. Bläst ein Haartrockner jedoch nur kalte Luft, ist der Motor mit Sicherheit noch in Ordnung – in diesem Fall ist der Fehler in der Heizung zu suchen.

Beim Haartrockner ist die Heizung fast immer vor dem Luftaustritt angeordnet – verfolgen Sie also die Anschlussleitungen von den Heizdrähten bis zu ihren Anschlusspunkten und halten dort die Prüfspitzen des Messgeräts an. (Abb. 34)

Austausch bzw. Reparatur der Heizung

Die Überprüfung muss einen geringen Widerstand ergeben. Besteht ein extrem hoher Widerstand, ist die Heizung defekt und muss gegen ein Originalersatzteil ausgetauscht werden.

Bei solchen und offensichtlichen Fehlern an der Heizung dürfen Sie keine Flickversuche vornehmen.

Arbeitsmaterial

Werkzeug: Schraubendreher (je nach Gerät), Multimeter, Pinzette

Wenn der Motor nicht läuft, die Heizung aber Wärme produziert, sind oftmals Fussel und Haare in das Gerät gedrungen und haben sich meistens um die Motorwelle gewickelt. Das Entfernen dieser Fremdkörper erfolgt am einfachsten mit einer Pinzette. (Abb. 35)

Zudem sollten Sie die Schleifkohlen am Motor überprüfen. (Abb. 36)

Defekter Bügeleisenanschluss

Austausch von Anschlussleitung oder Stecker

Der häufigste Fehler bei Bügeleisen ist eine defekte oder versprödete Anschlussleitung. Wenn Sie so eine Anschlussleitung auswechseln müssen, geschieht das prinzipiell genauso wie in dem Kapitel „Auswechseln der Anschlussleitung und/oder des Steckers“ (Seite 66 ff.) beschrieben.

Abb. 33

Abb. 34

Abb. 35

Abb. 36

Allerdings müssen Sie unbedingt eine spezielle Anschlussschnur verwenden. Da diese wärmebeständig sein muss, ist sie entweder mit Stoff umsponnen oder besteht aus speziellem Silikonwerkstoff. (Abb. 37)

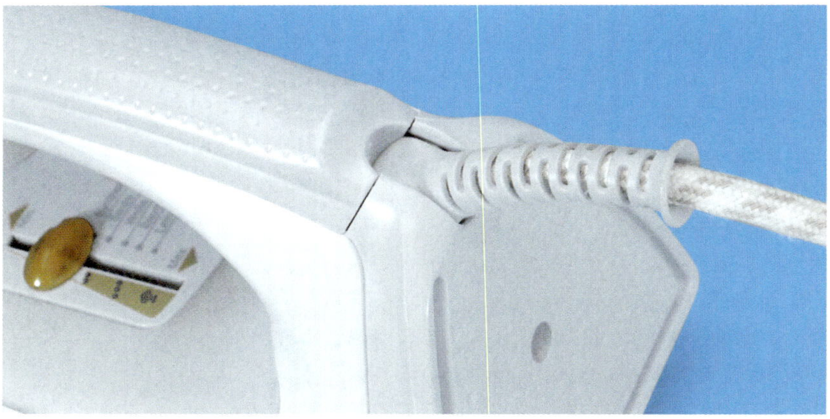

Abb. 37

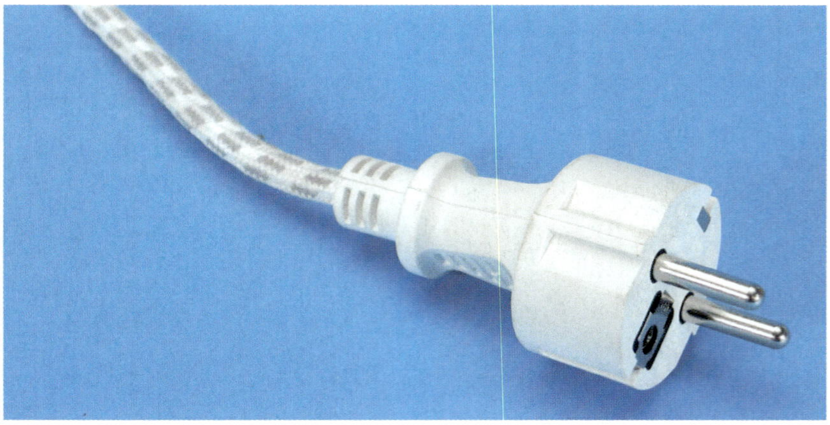

Abb. 38

Bei vielen Bügeleisen ist der Stecker untrennbar mit der Leitung verbunden. (Abb. 38) In solchen Fällen sollten Sie versuchen, eine Leitung samt Stecker als Originalersatzteil vom Hersteller zu beziehen.
Falls das nicht möglich ist, kaufen Sie einen Stecker mit Schutzkontakt und die spezielle Bügeleisenleitung.

Gerade Bügeleisen widersetzen sich häufig Öffnungsversuchen: Wenn Sie alle Schrauben des Gehäuses gelöst haben, sich das Gerät aber dennoch nicht zerlegen lässt, sollten Sie nach Abdeckkappen suchen.

Arbeitsmaterial

Werkzeug: Schraubendreher (je nach Stecker und Gerät), Seitenschneider, Abisolierzange, Aderendhülsenquetschzange, Messer, Durchgangsprüfer oder Multimeter, Phasenprüfer, Flach- oder Kombizange
Material: Netzstecker und/oder Anschlussleitung, Aderendhülsen

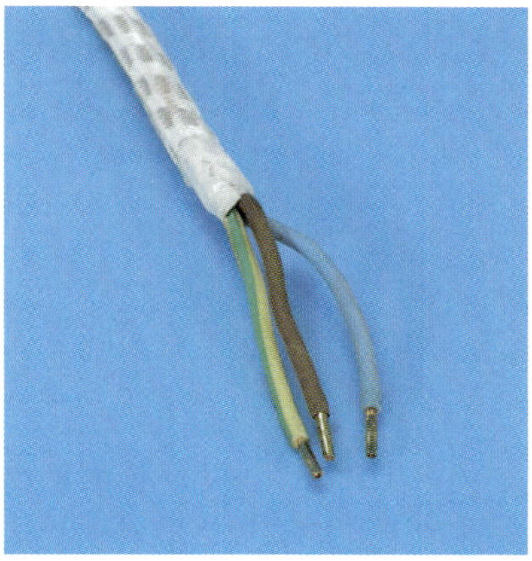

Abb. 39

Oft findet man dann kleine Gehäuseteile, die durch Kunststoffrasten gehalten werden – darunter sind dann wiederum weitere Gehäuseschrauben verborgen.

Anschluss der Leitungen

Das Abisolieren ist bei stoffumsponnenen Leitungen etwas schwieriger als bei Kunststoffleitungen, da die Spezialisolierung deutlich zäher und elastischer ist. Verwenden Sie in jedem Fall zum Anschluss der Leitungsadern an den Stecker Aderendhülsen. Ebenso sind Aderendhülsen für den Anschluss der Leitung am Bügeleisen zu verwenden. (Abb. 39)

In den meisten Fällen erfolgt dieser an einer Schraubklemmenleiste und ist somit problemlos zu bewerkstelligen. Denken Sie vor dem Leitungsanschluss daran, die Knickschutztülle über das Kabel zu schieben.

Nach dem Anschluss der Leitung montieren Sie die Zugentlastung und verlegen die einzelnen Adern genauso im Gerät, wie zuvor die alten angeordnet waren. Überprüfen Sie dann ihre Arbeit durch eine Sichtkontrolle, schrauben das Gerät zu und machen eine Endprüfung.

Defekter Toaster

Häufige Fehler bei Toastern sind durchgebrannte Heizungen und defekte Thermostate. Bei Toastern ist die Heizung auf einem hitzebeständigen Trägermaterial angebracht. Sie finden diese Heizplatten neben den Schlitzen, in die das Brot gesteckt wird. (Abb. 40)

Prüfung der Heizplatte

Viele Toaster haben drei derartige Heizplatten – je eine links und rechts außen sowie eine „Doppelplatte" in der Mitte. Einen Defekt an einer Heizplatte erkennen Sie meist schon daran, dass das Brot im Toaster nur von einer Seite geröstet wird, während die andere Seite kalt bleibt.

Zum Durchmessen der Heizplatten im Toaster suchen Sie

Wenn der Toaster nicht mehr funktioniert, liegt dies häufig an der Heizung oder am Thermostat.

Abb. 40

Achtung

Auch wenn bei einem Toaster offensichtlich ein durchgebrannter Draht bei den Heizwendeln der Fehler ist, dürfen Sie keine Flickversuche unternehmen, sondern müssen die Heizung austauschen.

die Anschlüsse, die von einer Platte abgehen und halten an diese Kontaktstellen die Prüfspitzen des Messgeräts.

Arbeitsmaterial

Werkzeug: Schraubendreher (je nach Gerät), Durchgangsprüfer oder Multimeter

Prüfung des Thermostats

Ist die Heizung in Ordnung, ist mit großer Wahrscheinlichkeit der Thermostat kaputt. (Abb. 41)

Ist der Toaster mit einer elektronischen Regelung ausgestattet, wird Ihnen meist nichts anderes übrig bleiben, als die gesamte Elektronik auszutauschen. Bei vielen Toastern mit mechanischem Thermostat ist dieses Bauteil auch dafür verantwortlich, wenn das Brot sofort nach Einstecken wieder ausgeworfen wird bzw. der Hebel hierfür nicht einrastet.

Bei diesen Toastern arbeitet der Thermostat häufig als eine Art Zeitschalter. Nachdem Sie das Gerät eingeschaltet haben, wird durch die Heizung das Brot erwärmt und gleichzeitig auch der Bi-Metallstreifen des Thermostats. Bei einer bestimmten Temperatur – also einer bestimmten Durchbiegung des Bi-Metallstreifens – löst sich der Streifen aus einer Raste und springt in eine zweite Raststufe.

Da zwischen dem Streifen und der Halterung für das eingesteckte Brot eine mechanische Verbindung besteht, wird bei dieser Prozedur das Brot etwas weiter in Richtung Auswurf bewegt. Da die Heizung weiter eingeschaltet ist, wird auch der Bi-Metallstreifen weiter erwärmt – bis er auch aus der zweiten Raste springt und damit die Heizung abschaltet. Gleichzeitig wird das Brot aus dem Gerät herausgeschoben.

Rasterauslösung durch Elektromagnet

Einige Geräte arbeiten etwas anders: Der Brothebemechanismus wird zwar auch hier

Abb. 41

von einem Thermostat gesteuert, die Auslösung aus der Raste erfolgt hier aber über einen Elektromagneten. (Abb. 42)

Dieser Elektromagnet ist im Prinzip nichts anderes als ein mit dünnem Draht umwickelter Eisenkörper. Diesen Magneten können Sie nur mit einem Multimeter überprüfen: Halten Sie dazu beide Prüfspitzen des Multimeters im Ohmbereich (Ohm x 1) an die Anschlüsse des Magneten. Es darf keine Unterbrechung bestehen.

Bei einem offenen Toaster erkennen Sie leicht die elektrischen Kontakte am mechanischen Thermostat. Halten Sie zum Messen die Prüfspitzen an die beiden Anschlüsse des Thermostats – bei eingeschaltetem Gerät muss Durchgang angezeigt werden. (Abb. 43)

Defekter Rastmechanismus

Wenn der Fehler am Gerät jedoch darin besteht, dass der Rastmechanismus nicht mehr funktioniert – das Brot springt viel zu früh oder zu spät aus dem Toaster bzw. der Bedienhebel rastet gar nicht erst ein – säubern Sie zunächst den Mechanismus. (Abb. 44)

Wenn das keinen Erfolg bringt, schauen Sie sich die Raststellungen an: Oft sind diese durch Verschleiß so abgenutzt, dass die Rastungen nicht mehr halten. In diesem Fall sollten Sie prüfen ob es lohnt, diese Teile zu ersetzen.

Abb. 42

Abb. 43

Abb. 44

Beleuchtung und Sicherheit

Einer der häufigsten Anwendungsbereiche von Elektrizität ist die Beleuchtung. Ein Leben ohne elektrisches Licht ist heutzutage undenkbar. Richtig eingesetzt schafft Licht die gewünschte Stimmung in Räumen, bietet die Voraussetzung für entspanntes Arbeiten und schafft nicht zuletzt Sicherheit durch Beleuchtung von Gefahrenstellen.

Leuchten, Dimmer und Co.

Die Umwandlung von elektrischem Strom in Licht ist im Prinzip nichts anderes als die Wandlung von Strom in Wärme. In einer „normalen" Lampe – also keine Leuchtstoff- oder Energiesparlampe – fließt der Strom durch eine dünne Drahtwendel, die in einem fast luftleer gepumpten oder mit einem speziellen Gas gefüllten Glaskolben montiert ist. (Abb. 1)

Die stromdurchflossene Drahtwendel wird dabei so stark erhitzt, dass sie weißglühend wird. Somit ist eine normale Leuchte ein sehr einfaches Gerät: Der Strom fließt von dem Stecker über einen Schalter direkt zur Lampe.

Prüfung einer normalen Leuchte

Wenn eine Leuchte nicht funktioniert, sollten Sie natürlich zuerst die Steckdose überprüfen. Ist sie in Ordnung, sollten Sie sich die Lampen ansehen und gewöhnliche Lampen probehalber tauschen. Weitere mögliche Fehler in Leuchten lassen sich mit den beschriebenen Prüfungen von Stecker, Anschlussleitung und Schalter feststellen.

Abb. 1

Abb. 2

Dabei sollte man wissen, dass bei der Lampe ein Anschluss mit dem Gewinde und der andere mit einem Lötzinnpunkt in der Mitte des Leuchtenfußes verbunden ist. Bei der Fassung für die Lampe ist wieder ein Anschluss zentral am Boden zu finden; der zweite Kontakt liegt hier an einer v-förmigen Messingfeder, die am Boden der Fassung angebracht ist. (Abb. 2)

Lassen Sie sich beim Durchmessen der Schalter von

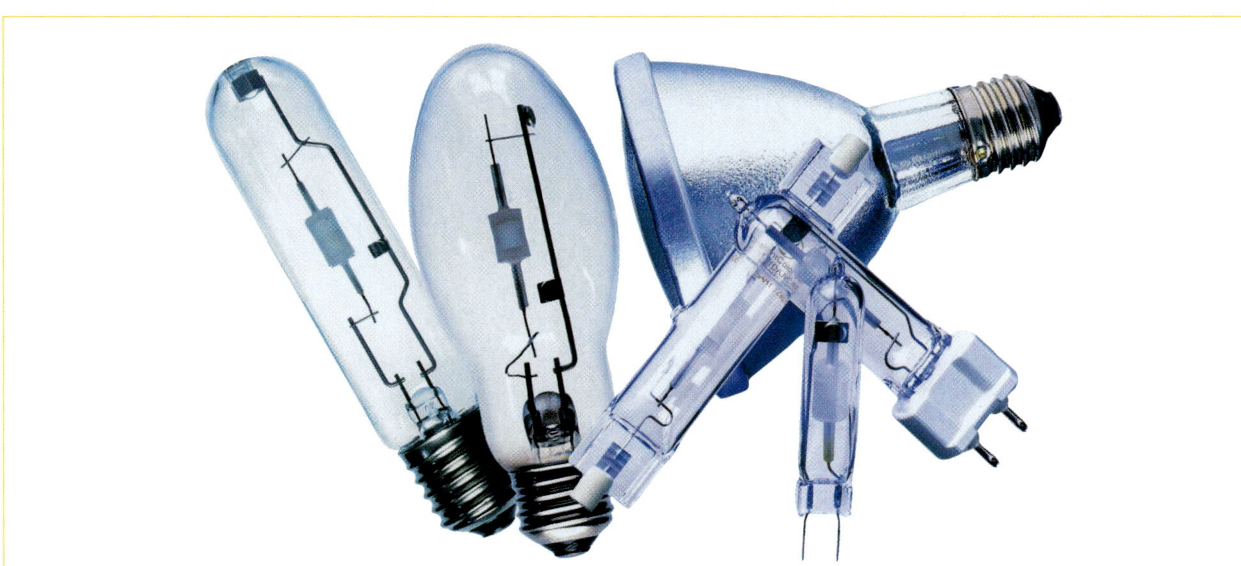

Bei Lampen kann man aus einem sehr großen Angebot auswählen.

Leuchten nicht irritieren: Wie alle anderen Schalter unterbrechen oder verbinden sie einen oder beide Anschlussleitungen. Das gilt auch für Schalter, die nicht in der Leuchte, sondern in einem eigenen Gehäuse in der Anschlussleitung montiert sind. Bei solchen „Schnurschaltern" müssen Sie gegebenenfalls die Anschlussleitung zuerst vom Stecker zum Schalter und dann vom Schalter zur Leuchte durchmessen, um einen Fehler zu finden. (Abb. 3)

Abb. 3

Halogenleuchten

Grundsätzliche Aspekte

Bei Halogenlampen ist der Glaskolben mit einem speziellen Gas gefüllt. Zwar gleicht das Prinzip der Lampe dem von normalen Lampen, aber viele Halogenlampen werden an einer geringen Spannung betrieben. Somit kann man zwischen Niedervolt- und Hochvolthalogenleuchten unterscheiden.

Bei Hochvolthalogenleuchten liegt die Netzspannung direkt am Leuchtelement, dem Brenner, an. (Abb. 4)

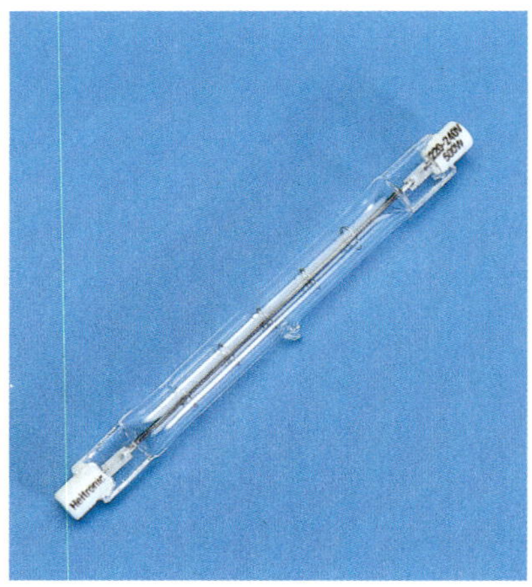

Abb. 4

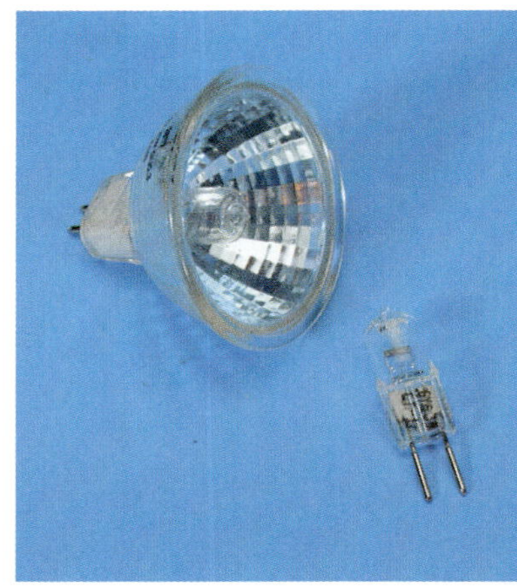

Abb. 5

Bei Niedervoltsystemen wird aus der Netzspannung (230 Volt) mit einem Transformator eine Niederspannung von meistens 12 Volt erzeugt, die dann an die Leuchtenanschlüsse geführt wird. (Abb. 5)

Hochvolthalogenleuchten gleichen hinsichtlich der Fehlersuche normalen Lampen, wenn sie ohne eine Helligkeitssteuerung (Dimmer) ausgestattet sind. Die vom Hersteller in Niedervoltlampen eingebauten konventionellen Transformatoren (sie bestehen aus einem Eisenkern, der mit Draht umwickelt ist) sind nur selten defekt, sodass sie als Fehlerquelle fast immer ausscheiden. Anders sieht es dagegen bei elektronischen Transformatoren aus. Diese sind extrem klein und leicht – und leider auch häufiger für einen Fehler verantwortlich.

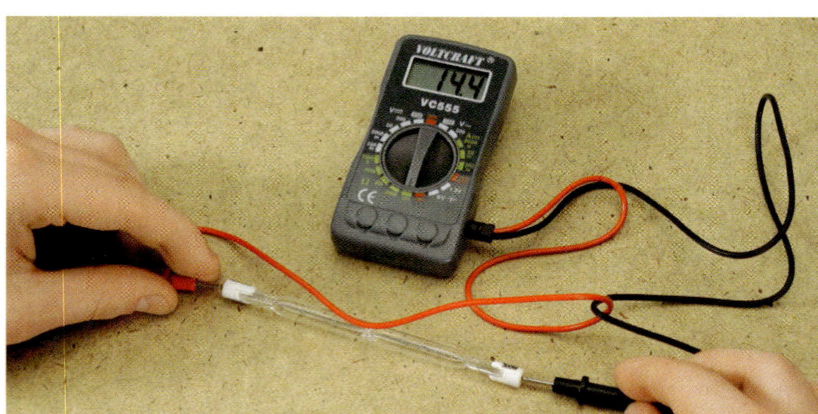

Abb. 6

Abb. 7

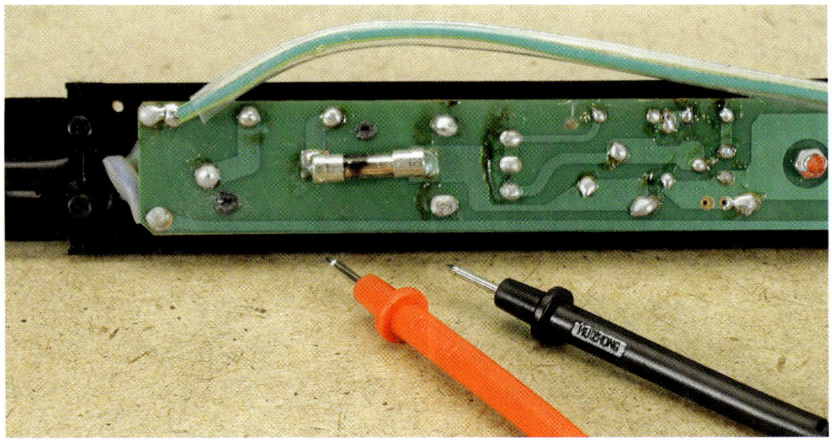

Abb. 8

Achtung

Beim Aus- und Einbau des Brenners sollten Sie die Glasteile nicht mit den bloßen Fingern berühren. Fett- und Schweißpartikel an den Fingern können durch die hohen Temperaturen am Brenner schnell zu Defekten führen.

Prüfung des Brenners in Halogenleuchten

Wenn eine Halogenleuchte nicht funktioniert, sollten Sie natürlich auch zuerst die Steckdose überprüfen. Ist sie in Ordnung, ziehen Sie den Netzstecker und bauen den Brenner aus: Entfernen Sie zunächst ein eventuell angebrachtes Schutzgitter oder die Schutzscheibe. Ziehen Sie dann den Brenner vorsichtig aus seiner Fassung.

Schauen Sie sich das Drähtchen in der Mitte des Brenners an: Es muss ganz sein. Können Sie optisch keinen Fehler erkennen, sollten Sie die Lampe durchmessen. Halten Sie also die Prüfspitzen des Multimeters im Ohmbereich an die Anschlüsse des Brenners: Es muss ein geringer Widerstand bestehen. (Abb. 6)

Arbeitsmaterial

Werkzeug: Schraubendreher, Multimeter, eventuell Durchgangsprüfer
Material: eventuell Feinsicherung

Prüfung der Sicherung in Halogenleuchten

Viele Halogenleuchten sind mit einem Helligkeitsregler ausgestattet – einem Dimmer. (Abb. 7) Dies ist eine elektronische Schaltung, an der Sie keine Reparaturversuche durchführen sollten.

Sie finden aber fast immer im Gehäuse des Dimmers (oder im Leuchtengehäuse, wenn dort der Dimmer sitzt) eine Feinsicherung. Bei einigen Leuchten ist die Sicherung direkt auf eine Leiterplatte gelötet – hier kann man die Sicherung nur mit Lötarbeiten austauschen. (Abb. 8)

Bei fast allen Niedervolthalogenlampen – also den mit Niederspannung arbeitenden Leuchten – finden Sie ebenfalls häufig eine derartige Feinsicherung. (Abb. 9)

Auch wenn diese Leuchten nicht mit einer Helligkeitssteue-

Abb. 9

Achtung

Bevor Sie eine Feinsicherung ausbauen, müssen Sie unbedingt sicherstellen, dass die Leuchte stromlos ist – also die Sicherung im Verteilerkasten ausschalten oder den Netzstecker ziehen.

Abb. 10

rung (Dimmer) ausgestattet sind, schützt diese Sicherung den Transformator vor Überlastung. Oft sind diese Sicherungen bei Wand- und Deckenleuchten bequem von außen zu erreichen, sie befinden sich dann in einer Steckfassung. In Standleuchten befindet sich die Sicherung oft im Fuß der Leuchte in der Nähe des Transformators. Um sie zu erreichen, wird man somit häufig den Leuchtenfuß öffnen müssen.

Eine Feinsicherung können Sie wie beschrieben im ausgebauten Zustand mit dem Durchgangsprüfer oder Multimeter überprüfen – sie muss Durchgang haben. Diese Sicherungen brennen häufig durch, wenn beim Defekt der Halogenleuchte kurzzeitig ein viel zu hoher Strom geflossen ist. Als Ersatz für eine defekte Feinsicherung dürfen Sie nur eine neue Sicherung verwenden, deren Eigenschaften genau der vom Hersteller vorgeschriebenen Sicherung entsprechen.

Weitere Prüfungen an Halogenleuchten

Sind das Leuchtelement und die Feinsicherung in Ordnung, sollten Sie bei Hochvolthalogenleuchten ohne Helligkeitssteuerung wie beschrieben den Stecker, die Anschlussleitung und den Schalter überprüfen. Ist bis hier alles in Ordnung, messen Sie die Leitungen bis zur Brennerfassung durch.

Bei Hochvolthalogenleuchten mit Helligkeitssteuerung können Sie diese Überprüfung der Leitungen nur bis zur eigentlichen Helligkeitssteuerung durchführen. (Abb. 10)

Arbeitsmaterial

Werkzeug: Schraubendreher, Multimeter oder Durchgangsprüfer

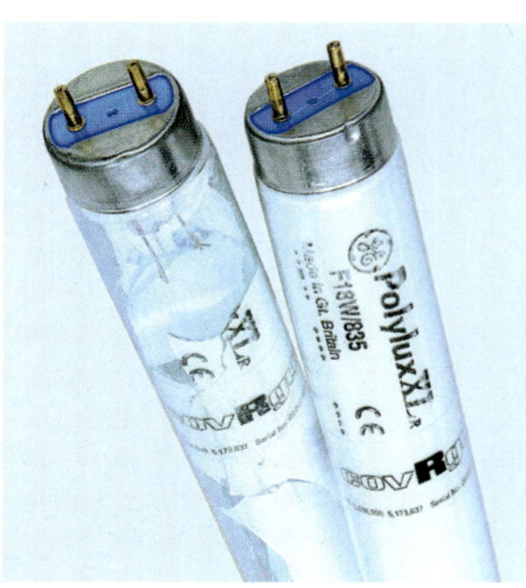

Abb. 11

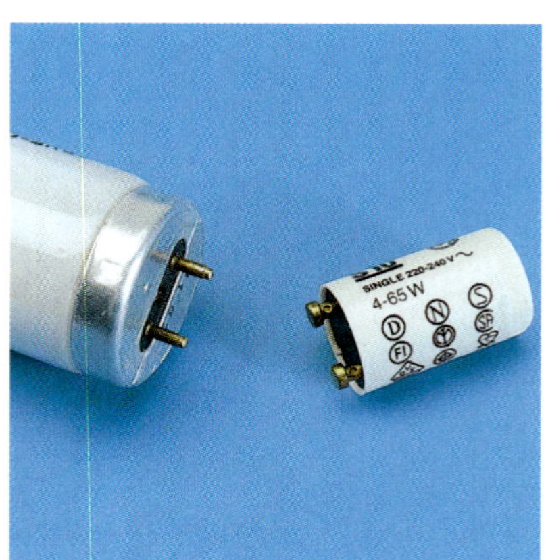

Abb. 12

In einem zweiten Prüfschritt können Sie dann die Leitungen messen, die vom Dimmer zur Fassung des Brenners führen.

Eine Niedervolthalogenleuchte können Sie zunächst nur bis zum Transformator durchmessen. Der zweite Prüfschritt besteht dann darin, die vom Transformator zur Fassung führenden Leitungen auf Durchgang zu überprüfen.

Info

Eine defekte Energiesparlampe können Sie nur ersetzen, nicht reparieren – aber werfen Sie die alte Lampe nicht in den Hausmüll, sie muss als Sondermüll entsorgt werden. Das gilt auch für „gewöhnliche" Leuchtstoffröhren.

Abb. 14

Leuchtstofflampen

Grundsätzliche Aspekte

Die Glaskolben von Leuchtstofflampen sind mit bestimmten Gasen gefüllt und die Glaswände in dem Kolben mit einem speziellen Material beschichtet. (Abb. 11) Ist die Lampe angeschaltet, leitet dieses Gas den Strom, wobei sich eine Reaktion ergibt, welche die Beschichtung an den Glaswänden zum Leuchten bringt.

Das Gas dieser Lampen muss beim Einschalten zuerst leitfähig werden, wozu kurzfristig eine hohe Spannung an den Anschlüssen der Leuchtstofflampe liegen muss. Zur Erzeugung dieser hohen Spannung ist in den Leuchten der so genannte Starter und ein Vorschaltgerät eingebaut. (Abb. 12) Nachdem die damit erzeugte hohe Spannung an der Lampe angelegen hat, reicht die normale Netzspannung, um die Lampe leuchten zu lassen.

Energiesparlampen sind äußerst kompakt gebaute Leuchtstofflampen. (Abb. 13)

Fehlersuche

Wenn eine Leuchtstofflampe beim Einschalten immer wieder aufblinkt oder überhaupt nicht angeht, ist in vielen Fällen der „Starter" defekt – das ist eine kleine Kunststoffpatrone, die häufig irgendwo aus dem Gehäuse der Leuchte herausragt. Da so ein Starter nicht teuer ist, sollten Sie ihn immer probehalber ersetzen. (Abb. 14)

Wenn die Leuchtstofflampe blinkt, können Sie bei eingeschalteter Leuchte den Starter herausdrehen – leuchtet anschließend die Lampe, ist nur der Starter defekt. Zeigt dagegen die Lampe nach Herausnahme des Starters keinerlei Lebenszeichen mehr, sollten Sie sowohl Starter als auch Leuchtstoffröhre auswechseln, da ein Starter in der Regel nur unwesentlich länger hält als die Leuchtstoffröhre.

Abb. 13

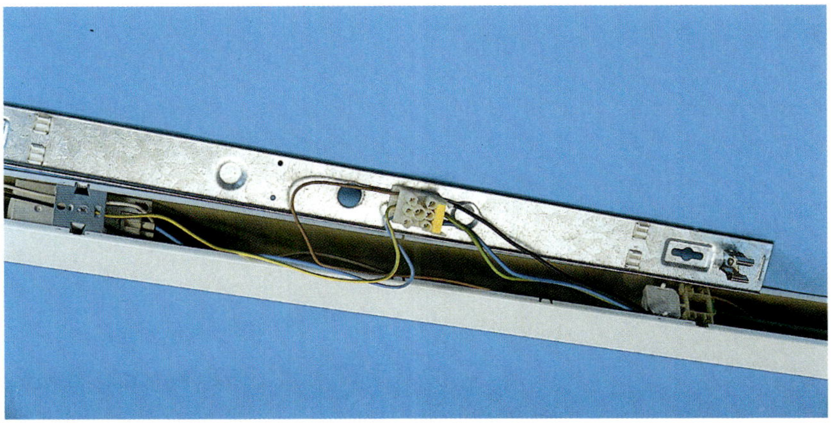

Abb. 15

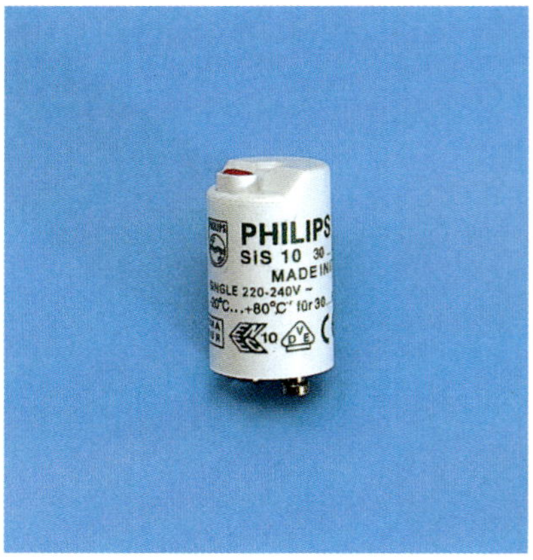

Abb. 16

Abb. 17

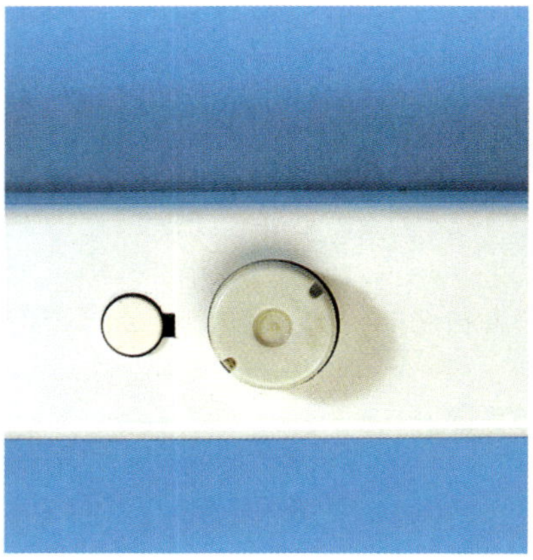

Abb. 18

Ist der Fehler damit nicht behoben, wird wahrscheinlich die Röhre selbst defekt sein – sie muss dann ersetzt werden. Eine mögliche Fehlerquelle sind außerdem noch die im Gehäuse montierten Bauteile des Vorschaltgeräts – sie sind aber nur in seltenen Fällen defekt. (Abb. 15)

Starterpatrone und/oder Leuchtstoffröhre ersetzen

Wenn vermutlich der Starter einer Leuchtstofflampe defekt ist, sollten Sie überlegen, ihn durch einen so genannten „elektronischen Starter" auszuwechseln. (Abb. 16)

Diese Starter kosten mehr als gewöhnliche Starter, sie halten jedoch deutlich länger und können die Lebensdauer des Leuchtelements durch einen optimierten Startvorgang erhöhen. Außerdem flackern dann die Leuchten nicht so lange beim Einschalten.

Arbeitsmaterial

Material: Starterpatrone und/oder Leuchtstoffröhre

Ganz gleich, welchen Starter Sie auch verwenden – er muss zu der Leistung des Leuchtelements passen. Diesen Leistungsbereich eines Starters finden Sie auf seinem Gehäuse aufgedruckt.

Um den Starter auszuwechseln, muss man bei den meisten Leuchten die Leuchtstoffröhre herausnehmen. Schalten Sie dazu als Erstes die Leuchte aus.

Bei den normalen Leuchten fassen Sie dann mit beiden Händen die Röhre nahe den Fassungen und drehen sie gleichmäßig, bis die Stifte der Röhre in den Fassungen an den Seiten sichtbar werden. (Abb. 17)

Die Röhre sollte sich dann aus der Fassung ziehen lassen. Bei Leuchten, die für Feuchträume (Keller, Garagen etc.) ausgelegt sind, befindet sich über der Fassung je eine Abdeckung, die als Erstes zu lösen sind.
Anschließend lässt sich die Leuchtstoffröhre nach dem Entriegeln (Drehbewegung) aus der Fassung ziehen.

Den Starter können Sie ebenfalls mit einer Drehbewegung aus seiner Fassung lösen und ihn dann herausziehen. Einen neuen Starter stecken Sie in die Fassung und drehen ihn dabei leicht, bis er in seine Aufnahme rutscht.
Unter leichtem Druck drehen Sie dann den Starter weiter, bis er fest in seiner Fassung sitzt. (Abb. 18)

Fassen Sie die Leuchtstoffröhre wieder mit beiden Händen und schieben Sie ihre Stifte in die Fassungen. Anschließend drehen Sie die Röhre vorsichtig um etwa 90 Grad. Gegebenenfalls müssen Sie nun noch eventuelle Abdeckungen wieder anbringen.

Anbringung von Wand- und Deckenleuchten

Sicherheitsvorschriften

Bei der Montage von Wand- und Deckenleuchten sollten Sie sehr vorsichtig vorgehen: Zum einen können Sie hierbei nicht einfach einen Stecker ziehen, um die Anschlüsse gefahrlos berühren zu können; zum anderen stellt eine falsch angeschlossene Leuchte eine permanente Gefahr dar. Wenn Sie bei der Anschlussarbeit Zweifel bekommen oder nicht weiterwissen, beauftragen Sie einen Elektriker, um sich und andere keiner möglichen Gefährdung auszusetzen.

Generell genügt es auch bei der Leuchtenmontage nicht, einfach den Wandschalter zu betätigen: Ohne eine richtig angeschlossene und funktionierende Leuchte wissen Sie nie, wann Strom fließen kann und wann nicht. Außerdem gibt es Schaltungen, bei denen eine Leuchte von örtlich weit auseinander liegenden Punkten geschaltet werden kann (Wechselschaltung) – somit kann plötzlich bei der Arbeit eine Leitung Spannung führen, wenn eine unwissende Person den Schalter betätigt. Daher ist das erste Gebot: Sicherung herausschrauben oder abschalten.

Wenn Sie feststellen, dass aus der Wand oder Decke Leitungen mit einer Stoffisolierung (bei alten Installationen) ragen oder die Isolierung der Leitungen bei der kleinsten Berührung abbröckelt, sollten Sie Ihrer Sicherheit zuliebe einen Fachmann die Leuchtenmontage durchführen lassen.

Wenn Sie eine Leuchte angeschlossen haben, müssen Sie sie vor jeder Funktionsprüfung entweder festschrauben oder an dem Haken aufhängen – je nach Typ der Leuchte. Schrauben Sie dann eine Lampe ein und schalten Sie die Sicherung ein bzw. drehen Sie die Sicherungspatrone ein. Anschließend sollte sich die Leuchte am Schalter ein- und ausschalten lassen. Ist alles in Ordnung, müssen Sie die Leuchte in jedem Fall noch überprüfen, wie im ersten Kapitel beschrieben.

Befestigung der Leuchten

Leuchten dürfen nicht einfach nur an den elektrischen Anschlüssen angeschraubt werden – sie müssen auch mechanisch stabil mit der Wand oder Decke verbunden sein. Bei Wand und Deckenleuchten, die direkt an der Stelle montiert werden sollen, wo die Leitungsenden herausragen, werden Sie fast immer bereits einen Haken oder zumindest einen Dübel vorfinden. An diesem Haken wird dann nach dem Anschluss der elektrischen Leitungen die Leuchte aufgehängt. (Abb. 19)

Arbeitsmaterial

Werkzeug: Kombizange, Schraubendreher, eventuell Bohrmaschine mit 6-mm- oder 8-mm-Steinbohrer, Leitungssuchgerät, Staubsauger

Material: Schraubhaken, eventuell 6-mm- oder 8-mm-Dübel, zu den Dübeln und der Leuchte passende Schrauben

Abb. 19

Wenn Sie anstelle einer Hängeleuchte einen Strahler montieren möchten, müssen Sie neue Befestigungslöcher in die Wand oder Decke bohren.

Um eine Lampe zu befestigen, müssen die Halterungen stabil mit der Wand verbunden werden.

Abb. 20

Abb. 21

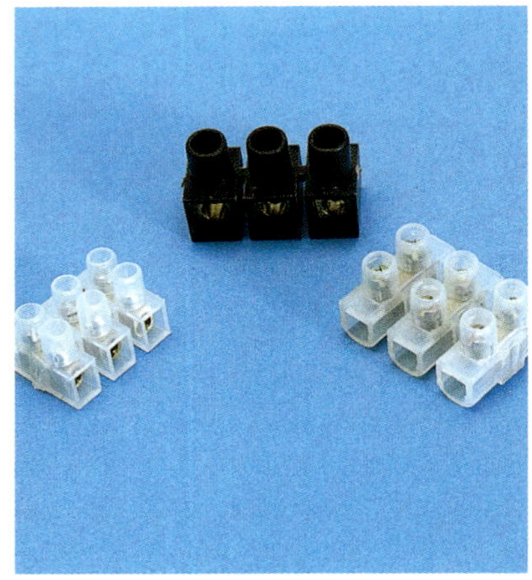

Abb. 22

Sind Sie mit einer Bohrmaschine mit 6-mm- oder 8-mm-Steinbohrer, passenden Dübeln und Schrauben ausgestattet, halten Sie die neue Leuchte an den vorgesehenen Platz und markieren mit einem spitzen Bleistift oder einem Nagel die Bohrlöcher. Bevor Sie jedoch zur Bohrmaschine greifen, sollten Sie in jedem Fall mit einem Leitungssuchgerät überprüfen, ob unter dem Putz an den vorgesehenen Bohrstellen Leitungen liegen. (Abb. 20)

Wenn das Leitungssuchgerät direkt unter der vorgesehenen Bohrung eine Leitung anzeigt, halten Sie die neue Leuchte noch einmal an die Decke oder Wand und drehen Sie sie gegenüber den alten Markierungen um einige Zentimeter – fast immer reicht das schon aus, um nicht mehr mit der Leitung zu kollidieren.

Da Sie für den Einsatz einer elektrischen Bohrmaschine Strom benötigen, müssen Sie mithilfe eines Verlängerungskabels die Bohrmaschine an einem Stromkreis anschließen, der nicht von der Abschaltung betroffen ist. Eine Alternative dazu sind natürlich akkubetriebenen Geräte. Da Sie direkt neben den Leuchtenanschlüssen bohren müssen, sollten Sie keinesfalls die diesen Stromkreis schützende Sicherung zum Bohren einschalten: Man kann zu leicht beim Bohren abrutschen und dann die spannungsführenden Anschlüsse berühren. (Abb. 21)

Ist die Frage der Leuchtenbefestigung geklärt – ist also ein Haken vorhanden oder die Bohrungen sind gemacht –, kann der elektrische Anschluss der Leuchte erfolgen.

Anschluss der Leuchten

In aller Regel erfolgt der Anschluss von Leuchten an die aus der Wand oder Decke ragenden Leitungen mithilfe von Schraub- oder Steckklemmen (Lüsterklemmen). Bei einigen Leuchten sind diese Klemmen bereits an den Leitungsenden in der Leuchte angeschraubt, bei anderen Leuchtenarten finden Sie nur für den Anschluss vorbereitete Leitungsenden.

In jedem Fall sollten Sie Lüsterklemmen verwenden, die für den Anschluss von Leuchten vorgesehen sind: Daneben gibt es auch so genannte Dosenklemmen, die wesentlich größer als die Lüsterklemmen sind. (Abb. 22)

Der Leuchtenanschluss ist außerdem einfacher, wenn Sie Lüsterklemmen mit zwei Leitungsbefestigungsschrauben

Arbeitsmaterial

Werkzeug: kleiner Schraubendreher, gegebenenfalls zu den Befestigungsschrauben passender Schraubendreher, eventuell Multimeter oder Durchgangsprüfer
Material: Lüsterklemmen

Info

Ein Tipp zum Bohren: Sie ersparen sich viel Dreck, wenn während des Bohrens eine zweite Person das Saugrohr eines laufenden Staubsaugers direkt neben die Bohrstelle hält.

Abb. 23

Abb. 24

Abb. 25

verwenden: Hier können Sie die Leitungen von der Leuchte auf dem Boden oder dem Tisch festschrauben und anschließend die Anschlussleitungen an der gegenüberliegenden Klemmenseite einstecken und festschrauben.

Falls an Ihrer Leuchte noch keine Lüsterklemmen montiert sind, sollten Sie das vor der eigentlichen Montage machen. (Abb. 23)

Verwenden Sie Steckklemmen, müssen Sie lediglich die Leitungen in die Klemmen einschieben. Bei Schraubklemmen lösen Sie die Schrauben in der Klemme so weit, dass sie noch nicht herausfallen. Schieben Sie dann die Leuchtenleitungen in die Bohrung in dem metallischen Mittelstück der Klemme, bis nur noch die Isolierung herausragt. Ziehen Sie dann die Schrauben über den Leitungsenden an der Klemme fest an.

Ist dagegen bereits eine Klemmenreihe montiert gewesen, ziehen Sie auch hier die Schrauben über den Leitungsenden fest und lösen die Schrauben auf der gegenüberliegenden Klemmenseite.

Sehen Sie sich dann die Leitungen an, die aus der Wand oder Decke ragen. (Abb. 24)

Zuerst sollten Sie sich noch einmal vergewissern, dass keine Spannung an den Leitungen anliegt! Bei neueren Installationen werden Sie die gewohnten Farben finden:

- Schutzleiter: Grün-gelb gestreift (Rot in Altbauten)
- Mittelleiter (Nullleiter): Hellblau (Grau in Altbauten)
- Außenleiter (Phase): Braun oder Schwarz (Schwarz in Altbauten)

An der Leuchte sollten die Anschlussleitungen in den entsprechenden Farben ebenfalls vorliegen. Stecken Sie zuerst den grün-gelben Schutzleiter in den Anschlusspunkt der Lüsterklemme, der dem grün-gelben Leitungsanschluss der Leuchte gegenüberliegt – die Leitungen müssen also miteinander verbunden werden. (Abb. 25)

Auf die gleiche Art und Weise sind die blaue und die schwarze bzw. braune Leitung aus Wand oder Decke mit den gleichfarbigen Leitungen der Leuchte zu verbinden. Bei einigen Leuchten muss der Schutzleiter nicht an eine Klemme angeschlossen werden, sondern an einen Kontaktpunkt an Metallteilen der Leuchte. Hier ist dann meist eine entsprechende Schraube vorhanden, die mit einem Erdungssymbol gekennzeichnet ist.

Wenn die Leuchte keine freien Leitungsenden hat, sondern ihre Anschlüsse fest an eine Klemmenreihe angeschlossen sind, dann finden Sie häufig an oder vor der Klemmenreihe Symbole für den Anschluss: ein Erdungssymbol für den Schutzleiteranschluss und oft die Zeichen „0" oder „N" für den Anschluss des Nullleiters. In einigen Fällen ist der Außenleiter (Phase) mit „P" oder „L" oder „L1" gekennzeichnet.

Bei einigen Leuchten müssen Sie die abisolierten Leitungsadern nur einfach in eine Steck-

Abb. 26

Abb. 27

Abb. 29

aufnahme an der Leuchtenfassung einschieben – hier ist es wichtig, die Adern weit genug abzuisolieren.

Besonderheiten beim Leuchtenanschluss

Einige Leuchten sind dafür vorgesehen, dass man einzelne Lampen in Gruppen schalten kann. Bei diesen Leuchten gibt es dann meist drei oder vier Anschlussleitungen. Wenn aus der Wand oder Decke drei Leitungen kommen, verbinden Sie die beiden schwarzen oder braunen Anschlüsse in der Leuchte miteinander: Dann können Sie vom Lichtschalter die Leuchte komplett ein- oder ausschalten.

Ragen dagegen aus dem Putz vier Leitungen, werden Sie wahrscheinlich auch einen „geteilten" Lichtschalter haben, der zwei Schaltwippen hat – das ist ein so genannter Serienschalter. Soll daran eine Leuchte angeschlossen werden, die in Gruppen zu schalten ist, werden der blaue Nullleiter und der grün-gelbe Schutzleiter wie beschrieben angeschlossen; die zwei übrigen Leitung aus der Wand oder Decke (sie werden entweder schwarz oder braun sein) sind dann mit den beiden noch freien Leuchtenanschlüssen zu verbinden.

Soll an die vier Leitungen aus dem Putz jedoch nur eine einfache Leuchte mit drei Leitungen angeschlossen werden, können Sie in diesem Fall mit dem schwarzen (braunen) Anschluss der Leuchte eine der beiden schwarzen oder braunen Leitungen aus Wand oder Decke verbinden. (Abb. 26)

Die übrig bleibende Leitung ist an eine Lüsterklemme anzu-

Abb. 28

schließen, die keine weitere Verbindung mit anderen Leitungen hat. Die Leuchte lässt sich bei dieser Beschaltung nur mit einer Schalterwippe an- und ausschalten; die zweite Wippe hat keine Funktion.

Installation eines Dimmers

Materialauswahl

Vor dem Einkauf des Dimmers (Abb. 27) müssen Sie wissen, was für eine Leuchte mit dem Dimmer gesteuert werden soll, denn nicht jeder Dimmer kann jede Art von Leuchten steuern.

Keine Probleme sind zu erwarten, wenn eine konventionelle Leuchte gedimmt werden soll. Für Halogenlampen und Leuchten mit elektronischem Transformator benötigt man spezielle Dimmer. (Abb. 28)

Zudem sollte man mit einem Dimmer nur eine Leuchte ansteuern, die in einer einfachen Ausschaltung oder Wechselschaltung installiert ist. Bei einer Ausschaltung existiert nur

Abb. 30

Abb. 31

Abb. 32

ein einziger Schalter, um die Leuchte an- und auszuschalten. Bei einer Wechselschaltung gibt es zwei Schalter, von denen aus man unabhängig voneinander die Leuchte schalten kann. Ist der vorhandene Schalter ein Serienschalter – er hat dann eine geteilte Schalterwippe –, wird nach der Dimmermontage nur noch eine der beiden Schaltmöglichkeiten gegeben sein. (Abb. 29)

Hat man mit dem Serienschalter zuvor zwei verschiedene Leuchten geschaltet, wird man nach der Dimmerinstallation nur beide Leuchten zusammen schalten und in ihrer Helligkeit regeln können.

Vorbereitende Arbeiten

Zur Montage des Dimmers schalten Sie den Stromkreis aus und überprüfen die Spannungsfreiheit. Sichern Sie den Stromkreis gegen Wiedereinschalten. Entfernen Sie die Schalterwippe vom Schalter durch Abziehen oder notfalls durch vorsichtiges Abhebeln mit einem kleinen Schraubendreher.

Häufig wird man nach dem Abnehmen der Abdeckung einen Metallbügel vorfinden, mit dem der Rahmen auf dem Einsatz befestigt ist. Diesen Bügel hebelt man ebenfalls vorsichtig mit einem kleinen Schraubendreher ab. (Abb. 30)

Falls der Schalter Bestandteil einer Kombination ist, müssen Sie bei allen anderen Komponenten ebenfalls die Abdeckungen entfernen, um den Rahmen abnehmen zu können.

Ist der Metallrand des Einsatzes mit Tapete überklebt, schneiden Sie die Tapete mit einem scharfen Messer entlang des Metallrahmens durch. Der Schaltereinsatz ist mit Spreizkrallen in der Dose befestigt – durch Lösen der beiden seitlich am Dosenrand liegenden Schrauben lockern Sie diese Krallen. (Abb. 31)

Anschließend können Sie den Einsatz herausziehen.

Arbeitsmaterial

Werkzeug: Schraubendreher, Seitenschneider, Phasenprüfer und Zweipolspannungsprüfer, scharfes Messer
Material: Dimmer mit passendem Abdeckrahmen

Anschlüsse identifizieren

An den Schalter führen zwei bis drei Leitungen. Am Schaltereinsatz ist ein Anschluss mit einem „P" oder „L" gekennzeichnet. Zudem zeigt hier oft ein Pfeil in das Schalterelement. Bei den anderen Anschlüssen zeigen Pfeile aus dem Schalter. Das „P" oder „L" bedeutet, dass hier der spannungsführende Anschluss (Phase) liegen soll – also meist die schwarze Ader. (Abb. 32)

Bei einem Ausschalter liegt die blaue Leitung an einem Anschluss mit dem weg weisenden Pfeil. Bei Serienschaltern und Wechselschaltern muss man ganz besonders aufpassen: Meist gibt es bei diesen zwei schwarze Adern. Dabei ist eine schwarze Ader spannungsführend, die andere führt zu einer Leuchte bzw. zum zweiten Wechselschalter. Sicher-

Abb. 33

heitshalber sollte man hier die zum „P"-Anschluss führende Ader mit einem Streifen Klebeband markieren.

Besteht Unsicherheit über die Beschaltung der Adern, müssen Sie vor dem Anschluss des Dimmers herausfinden, welche Ader Spannung führt. Dazu müssen Sie kurzfristig wieder den Strom einschalten.
Denken Sie bei der folgenden Prüfung daran, dass eine Berührung der offen liegenden Anschlüsse einen lebensgefährlichen Stromschlag zur Folge haben kann.

Berühren Sie mit der Spitze des Phasenprüfers nacheinander alle Anschlussstellen der Leitungen. (Abb. 33)

Je nach Stellung des Schalters leuchtet die Glimmlampe im Phasenprüfer bei einem oder zwei Anschlüssen auf. Wenn an zwei Anschlüssen Spannung anliegt, schalten Sie die Sicherung aus, betätigen den Schalter, schalten die Sicherung wieder ein und wiederholen die Prüfung, um die spannungsführende Ader zu identifizieren. Schalten Sie sofort nach diesem Test wieder den Strom aus und überprüfen Sie erneut, ob alles wirklich stromlos ist! Die einzelne Ader, an welcher der Phasenprüfer Spannung signalisiert hat, sollten Sie nun markieren.

Lösen Sie die Leitungen von dem Schalter. Bei älteren Modellen lockern Sie dazu die entsprechenden Schrauben an den Kontaktstellen so weit, dass sich die Leitungen herausziehen lassen. Bei modernerem Material sind die Leitungen eingesteckt – hier gibt es eine kleine Kunststoffplatte, die Sie kräftig drücken müssen, um die Leitungen herausziehen zu können.

Anschluss des Dimmers

Entfernen Sie von dem Dimmer die Abdeckung. Verbinden Sie nun den spannungsführenden Anschluss („P", „L" oder den beim Test identifizierten spannungsführenden Anschluss) mit dem Anschlusspunkt des Dimmers, der mit „P", „L" und/oder einem in den Dimmer weisenden Pfeil markiert ist. Die zu der Leuchte führende Ader der Leitung (meist ist sie blau) schließen Sie an einen Dimmeranschluss an, der mit einem weg weisenden Pfeil gekennzeichnet ist. (Abb. 34)

Zum Anschluss der Leitungen stecken Sie die Adern tief in die entsprechenden Löcher hinein. (Abb. 35)

Bei einer einfachen Ausschaltung ist damit der Anschluss erledigt. Überprüfen Sie aber den festen Sitz der Leitungsadern in den Kontakten.

In einer Serienschaltung (der alte Schalter hatte eine geteilte Schal-

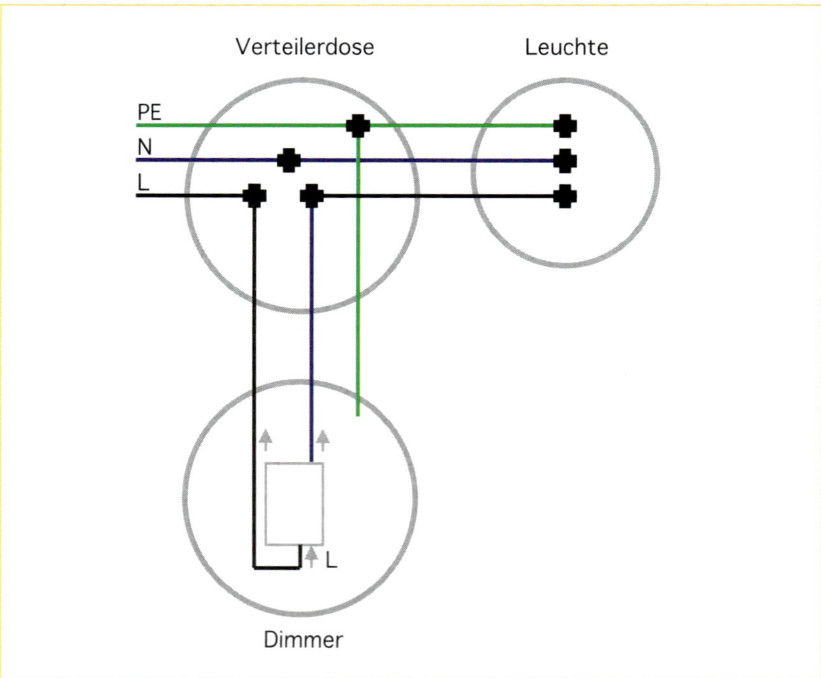

Abb. 34: Dimmer in Ausschaltung

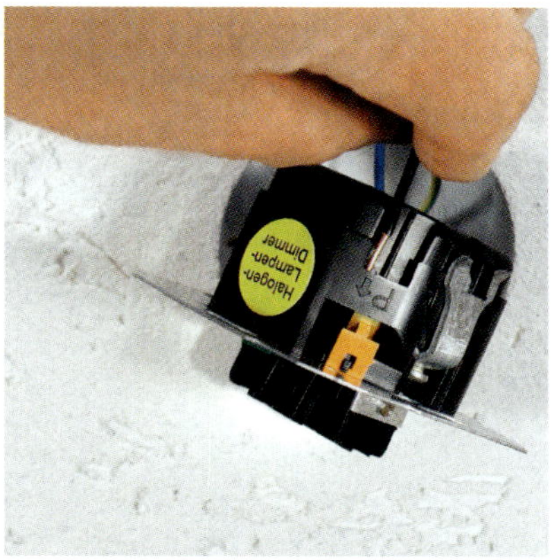

Abb. 35

terwippe) wird nun noch eine Ader übrig sein. Ist an dem Dimmer eine Leuchte angeschlossen, bei denen beide Lampengruppen zusammen gedimmt werden sollen, müssen Sie nun die zu der zweiten Lampengruppe führende Ader (sie wird braun oder schwarz sein) ebenfalls an den Dimmerkontakt mit dem weg weisenden Pfeil anschließen, an dem Sie zuvor die erste Leitung zur Leuchte angeschlossen haben. (Abb. 36)

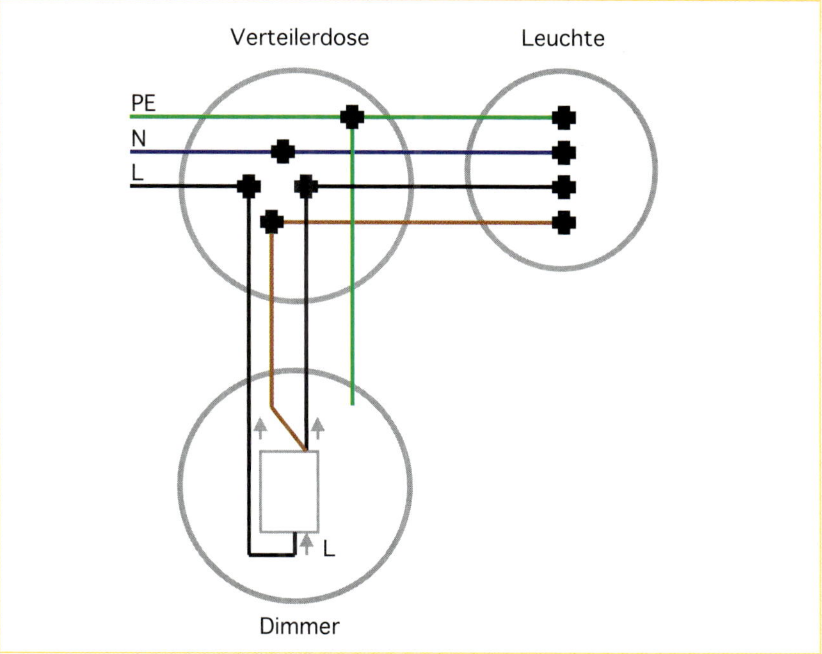

Abb. 36: Dimmer in Serienschaltung

Ist der Dimmer in einer Wechselschaltung eingebaut, müssen Sie die verbleibende schwarze oder braune Ader an den zweiten Dimmeranschluss mit einem weg weisenden Pfeil anschließen. (Abb. 37)

Setzen Sie den angeschlossenen Dimmer in die Wanddose ein, ohne dabei Leitungen einzuklemmen. Richten Sie den Einsatz aus und ziehen die Spreizkrallen so an, dass der Dimmer fest und gerade auf der Wand sitzt. (Abb. 38)

Setzen Sie den Rahmen sowie die Abdeckung auf. Schalten Sie erst jetzt die Sicherung ein und überprüfen Sie sofort die Sicherheit und Funktion.

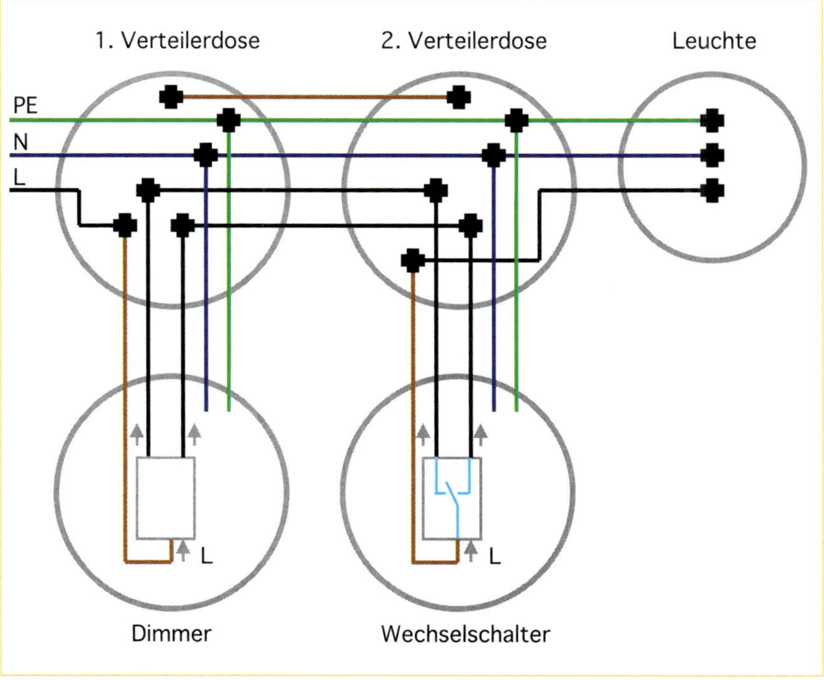

Abb. 37: Dimmer in Wechselschaltung

Abb. 38

Sicherheit für zu Hause

Klingelanlagen

In fast jeder Wohnung ist neben der „normalen" Elektrik eine weitere Installation zu finden: eine Klingelanlage. Diese Klingelanlage arbeitet nicht mit der Netzspannung von 230 Volt, sondern mit Schwachstrom (meist eine Spannung von 6 bis 12 Volt). Dieser Schwachstrom wird mit einem Transformator aus der Netzspannung gewonnen. (Abb. 39)

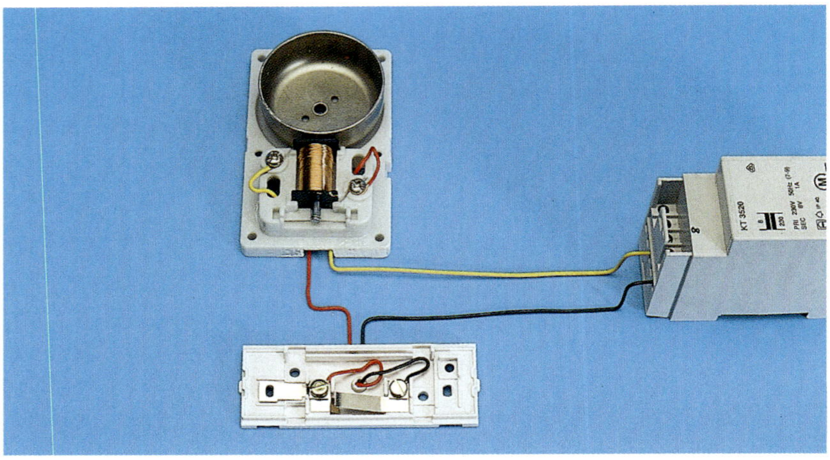

Abb. 40

Grundsätzlicher Aufbau

Eine Klingelanlage ist ein einfacher Stromkreis: Dabei ist ein Anschluss von dem Klingeltransformator an die Klingel oder den Gong angeschlossen, der zweite Transformatoranschluss ist mit dem Klingelknopf verbunden. (Abb. 40)

In dem Klingelknopf ist ein elektrischer Kontakt eingebaut, der durch Druck geschlossen wird. Wenn der Kontakt geschlossen ist, kann ein Strom über eine weitere Leitung von dem zweiten Anschluss am Klingelknopf zu dem Gong oder der Klingel fließen.

Funktionsweise eines Transformators

Für die Klingelanlage muss zuerst die Netzspannung von 230 Volt in eine niedrige Spannung umgewandelt (transformiert) werden – das bewirkt ein Transformator. Im Prinzip besteht dieses Bauteil aus zwei elektrisch völlig getrennten Drahtwickeln (Spulen), die auf einem gemeinsamen Eisenblechpaket montiert sind. An eine Spule wird die Netzspannung angeschlossen. Da diese Spannung ständig ihre Polarität (+/-) wechselt (es ist eine Wechselspannung; im Gegensatz zu einer Gleichspannung beispielsweise von einer Batterie), wird in dem Eisenblechpaket ein wechselndes Magnetfeld erzeugt. Dieses Magnetfeld sorgt seinerseits dafür, dass in der zweiten Spule des Transformators wieder eine Spannung erzeugt wird, die an den beiden Anschlüssen des Drahtwickels anliegt. Die Höhe dieser Spannung wird durch die Anzahl der Drahtwicklungen auf den Spulen be-

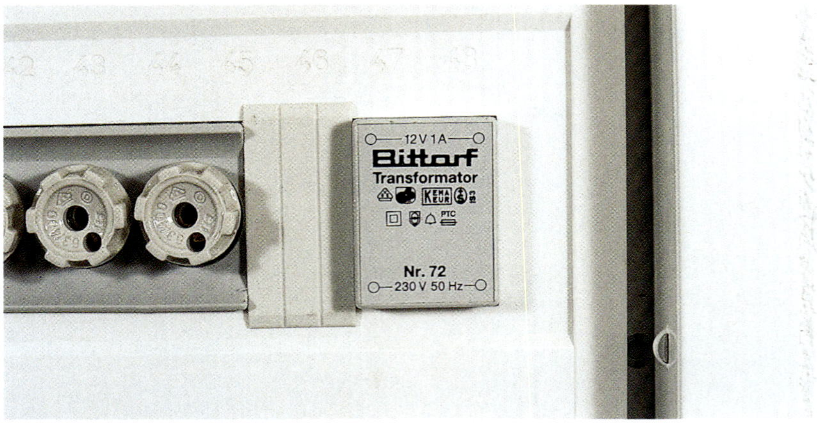

Abb. 39

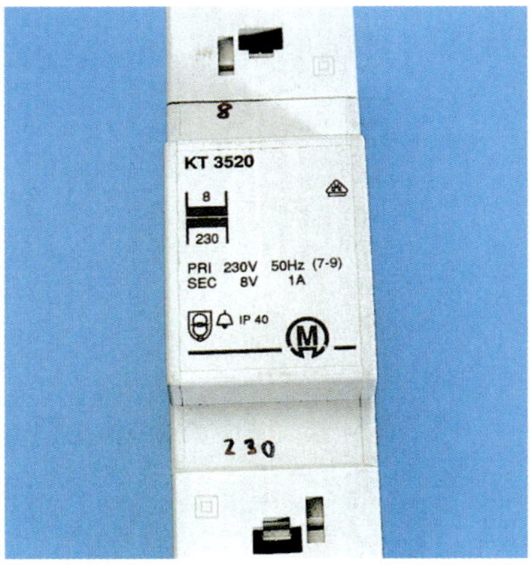

Abb. 41

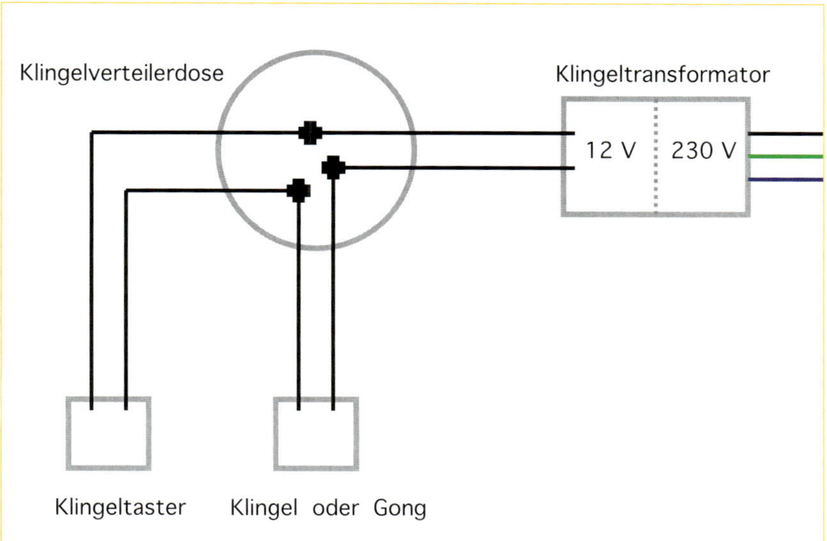

Abb. 42: Klingelanlage

stimmt. Diese Spannung an der so genannten „Sekundärwicklung" ist, genau wie auch die Netzspannung an der „Primärwicklung", eine Wechselspannung; nur mit einem niedrigeren Spannungswert. (Abb. 41)

Nach diesem Prinzip arbeitet jeder Transformator, ganz gleich, ob er für eine Halogenleuchte, eine elektrische Eisenbahn, eine Ladestation für ein Akkugerät oder eben eine Klingelanlage gedacht ist. Die einzige Ausnahme davon sind elektronische Transformatoren. Bei diesen Geräten sorgt eine elektronische Schaltung für die Spannungswandlung.

Bei einigen Anwendungen benötigt man anstelle einer Wechselspannung eine Gleichspannung – beispielsweise bei Akkuladegeräten –, die sich mit wenigen elektronischen Bauteilen (Dioden und Kondensatoren) aus der Wechselspannung gewinnen lässt. Eine Klingelanlage wird jedoch mit Wechselspannung betrieben, sodass außer dem Transformator (kurz Trafo genannt) keine weiteren speziellen Bauteile nötig sind. (Abb. 42)

Funktionsweise der Klingel

Wie auch beim Transformator spielt bei vielen Klingeln oder Gongs der von Strom erzeugte Magnetismus (Elektromagnetismus) eine wichtige Rolle. In diesen Läutwerken sitzt eine Spule auf einem Eisenkern. Fließt durch die Spule Strom, wird ein Magnetfeld erzeugt, das einen Klöppel aus Eisen in Bewegung setzt (die Spule zieht den Klöppel an). Durch diese Bewegung wird beim Gong eine Metallplatte angeschlagen – der Gongton erklingt. (Abb. 43)

Bei einer Klingel wird dadurch eine Klangschale angeschlagen – gleichzeitig unterbricht ein mit dem Klöppel verbundener elektrischer Kontakt den Strom an der Spule, wodurch der Klöppel wieder in seine Ruhestellung fällt. Dann ist jedoch der Kontakt wieder geschlossen und der Vorgang beginnt von Neuem. (Abb. 44)

Abb. 43

Abb. 44

Abb. 45

Abb. 46

Elektronische Klingeln erzeugen den Ton mit einer elektronischen Schaltung, durch einen kleinen Lautsprecher wird dann der Ton oder die Tonfolge hörbar.

Prüfung und Reparatur der Klingelanlage

Wenn beim Druck auf den Klingelknopf alles ruhig bleibt, sollten Sie zunächst die Klingel oder den Gong überprüfen. Öffnen Sie dazu die Abdeckung des Läutwerks und schauen sich die Anschlussklemmen an – die zwei meist dünnen Anschlussleitungen müssen fest unter den Klemmen angeschraubt sein. Der Klöppel muss sich leicht bewegen lassen – manchmal hat sich Staub abgesetzt, der den Fehler verursacht. Dreck und Staub lassen sich mit einem Pinsel leicht entfernen.

Arbeitsmaterial

Werkzeug: Schraubendreher, Multimeter oder Zweipolspannungsprüfer, eventuell Durchgangsprüfer
Material: eventuell ein kurzes Stück Draht

Ist hier kein Fehler zu erkennen, brauchen Sie ein Messgerät: Das sollte ein Multimeter sein oder eventuell ein Zweipolspannungsprüfer. (Abb. 45)

Zweipolspannungsprüfer können oft Spannungen von 6 bis 380 Volt anzeigen. Achten Sie also auf die eingeprägten Daten an Ihrem Spannungsprüfer – wenn der untere Spannungswert größer als 8 Volt ist, können Sie ihn nicht für die Überprüfung der Klingelanlage verwenden.

Verwenden Sie für diese Messung das Multimeter, müssen Sie es zuerst in einen geeigneten Messbereich schalten: in diesem Fall also Wechselspannung – häufig als „Volt AC" auf dem Gerät bezeichnet. Der Bereich für Wechselspannungsmessungen ist wiederum in verschiedene Spannungsbereiche eingeteilt: Hier sollten Sie einen Bereich einstellen, der bis etwa 50 Volt (oder 100 Volt, je nach Gerät) reicht. (Abb. 46)

Achten Sie darauf, dass bei einigen Messgeräten die Messleitungen in andere Buchsen am Gerät eingesteckt werden müssen.

Zum Prüfen der Anlage halten Sie beide Prüfspitzen an die Anschlussklemmen der Klingel oder des Gongs und bitten eine andere Person, „Sturm" zu klingeln – also dauernd den Klingelknopf zu drücken. Haben Sie keinen Helfer, können Sie den Klingelknopf auch mit einem abgebrochenen Streichholz oder einem Stück Klebestreifen dauernd einschalten. Bei gedrücktem Klingelknopf muss das Messgerät oder der Spannungsprüfer Spannung signalisieren.

Liegt an den Klemmen Spannung an, ist der Gong oder die Klingel defekt – eine Reparatur wird sich in diesem Fall meist nicht lohnen. Liegt keine Spannung an, sollten Sie in den Sicherungskasten schauen: Da der Klingeltransformator an die Netzspannung angeschlossen sein muss, kann auch eine he-

Abb. 47

rausgesprungene Sicherung die Ursache des Defekts an der Klingelanlage sein.

Wenn Sie keinen Fehler feststellen konnten, kann auch der Klingelknopf kaputt sein. Dies können Sie unter Umständen sehr einfach überprüfen: Öffnen Sie die Abdeckung des Klingelknopfs und überbrücken Sie die beiden Anschlussklemmen mit einem kurzen Stück Draht: Die Klingel oder der Gong müssen sich akustisch melden. (Abb. 47)

Leider kommt man bei vielen Klingelknöpfen nur mit Tricks an die Anschlussklemmen. Bei einigen Modellen kann man eine Abdeckung leicht mit einem Schraubendreher abhebeln, andere haben eine Kappe aufgeschraubt. Bei Ausführungen, die direkt in Türfronten integriert sind, kommt man häufig nur nach der Demontage von Verblendungen an der Türinnenseite an die Anschlüsse.

Abb. 48

Info

An Klingelanlagen in einem Miethaus mit mehreren Parteien sollten Sie sich nicht zu schaffen machen, sondern Ihren Vermieter informieren.

Haben Sie mit den bisher beschriebenen Tests keinen Fehler gefunden, sollten Sie die Fehlersuche abbrechen und eine Fachkraft damit beauftragen. Tests am Transformator sollten Sie nicht vornehmen, da dieser meist direkt in der Hausverteilung (Sicherungskasten) montiert und zudem direkt an die Netzspannung angeschlossen ist. Den Sicherungskasten dürfen Sie jedoch in keinem Fall öffnen – generell gehören solche Arbeiten in die Hände von Fachleuten, da hierbei extrem hohe Unfallgefahr besteht. Sie dürfen auch niemals irgendwelche Abdeckungen vom Sicherungs- oder Zählerkasten entfernen.

Schließlich können noch Unterbrechungen an den Klingelleitungen mögliche Gründe für den Fehler sein. Solche Unterbrechungen geschehen jedoch fast nie ohne mechanische Ursache – also ohne dass die Leitung durchgebohrt oder von einem Nagel getrennt wurde. Haben Sie vor dem Defekt der Klingel keine derartigen Arbeiten durchgeführt, werden die Leitungen wahrscheinlich noch in Ordnung sein.

Installation eines Klingelausschalters

Mit einem Klingelausschalter können Sie einfach dafür sorgen, dass Sie nicht durch die Türklingel zu unpassender Zeit gestört werden: Dieser Schalter unterbricht auf Wunsch den Stromkreis zur Klingel. Die Montage des Schalters ist dann sehr einfach, wenn Sie den Schalter möglichst nahe der Klingel an der Wand montieren.

Prüfen Sie mit dem Leitungssuchgerät an dem vorgesehenen Montageort des Ausschalters, ob sich darunter Leitungen verbergen. Ist das nicht der Fall, markieren Sie die für die Befestigung benötigten Löcher, bohren diese und stecken Dübel in die Bohrungen.

Entfernen Sie von der neuen Klingelleitung etwa auf 3 cm Länge die äußere Isolierung und isolieren Sie auch die beiden Adern der Leitung je rund 5 mm weit ab. Öffnen Sie die Abdeckung der Klingel.

Am Gong oder der Klingel lösen Sie nun einen der beiden Anschlüsse und verbinden ihn mithilfe einer Lüsterklemme mit einer Ader der neuen Leitung. (Abb. 48)

Die zweite Ader der neuen Leitung verbinden Sie mit dem gerade frei gewordenen Anschluss von Klingel oder Gong. Verlegen Sie nun die Leitung zu dem Ausschalter und befestigen sie mit den Nagelschellen. Befestigen Sie den Ausschalter mit den Schrauben und schließen an seine zwei Anschlusspunkte die rund 5 mm weit abisolierten Adern der neuen Leitung an. (Abb. 49)

Nachdem Sie die Abdeckung auf den Ausschalter aufgesetzt haben, prüfen Sie, ob die Installation auch wie gewünscht funktioniert.

Arbeitsmaterial

Werkzeug: Seitenschneider, Schraubendreher, Bohrmaschine mit 6-mm-Steinbohrer, Leitungssuchgerät

Material: Klingelausschalter, zweiadrige Klingelleitung, zur Leitung passende Nagelschellen, 6-mm-Dübel, zu den Dübeln und dem Schalter passende Schrauben, Lüsterklemme

Erweiterung einer Klingel- zur Türsprechanlage

Eine Klingelanlage lässt sich verhältnismäßig einfach zu einer Türsprechanlage umbauen. (Abb. 50)

Bei solch einem Türsprechsystem betätigt ein Besucher einen Klingelknopf und im Haus ertönt ein akustisches Signal. Sie können dann an die Hausstation der Sprechanlage gehen und von dort aus mit dem Besucher sprechen, wobei der Besucher lediglich in der Nähe der Sprechstelle sprechen muss. Nach der so erfolgten Identifikation des Besuchers entscheiden Sie, ob Sie die Tür öffnen wollen oder nicht.

Viele Türsprechanlagen benötigen lediglich eine zweiadrige Verbindungsleitung zwischen der Tür- und der Hausstation. Somit lässt sich eine Klingelanlage einfach zu einer Türsprechanlage erweitern, wenn bereits eine solche Leitung verlegt ist und wenn Sie den Verlauf der Leitungen identifizieren können: Denn für eine Sprechanlage muss eine direkte zweiadrige Verbindung zwischen der Tür und der Haussprechstelle vorhanden sein, was bei einer Klingelanlage so nicht unbedingt der Fall ist.

Nur wenn Sie die Leitungsführung der Klingelanlage nachvollziehen und durch einfaches Umklemmen in einer Klingelverteilerdose die benötigte Verbindung herstellen können, lohnt die Verwendung der vorhandenen Leitungen. Andernfalls sollten Sie auf Experimente verzichten und eine neue Leitung zwischen der Tür und der Haussprechstelle verlegen.

Wenn Sie neue Leitungen verlegen möchten oder müssen, sollten Sie eine Klingelleitung mit einem Leiterdurchmesser

Abb. 49

Abb. 50

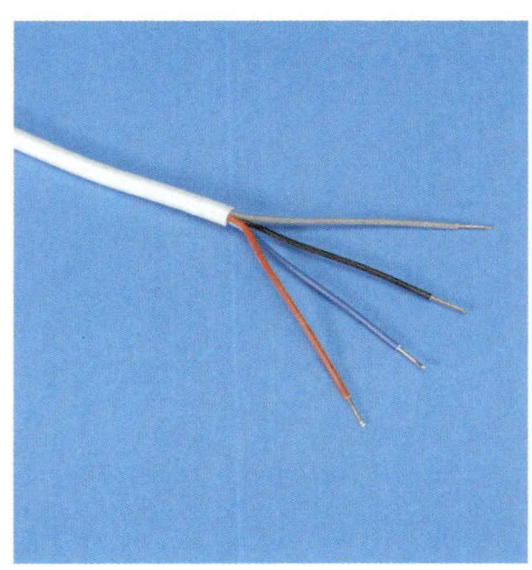

Abb. 51

von 0,8 mm wählen mit mindestens zwei Adern – abhängig von der verwendeten Sprechanlage. In jedem Fall sollten Sie die diesbezüglichen Angaben in der Anleitung der Türsprechanlage beachten. Die Klingelleitung können Sie wie ein Stromkabel unter dem Putz oder auf Putz verlegen. (Abb. 51)

Beim Einkauf der Sprechanlage sollte man darauf achten, dass das System mit einer zweiadrigen Verbindung auskommt. Zudem muss man sich entscheiden, ob man eine Anlage kauft, bei der die Türstation unter oder auf dem Putz montiert wird. Systeme zur Aufputzmontage sind oft preiswerter als solche zur Montage Unterputz. Die teilweise erheblichen Preisunterschiede bei den angebotenen Anlagen machen sich in erster Linie in der Verständigungsqualität und eventuell in einer einfachen Erweiterbarkeit des Systems bemerkbar.

Türsprechanlagen benötigen eine Spannungsversorgung, die entweder über den bereits vorhandenen Klingeltrafo oder mittels eines mitgelieferten Steckernetzteils erfolgt – je nach Anlage.

Arbeitsmaterial

Werkzeug: Seitenschneider, Schraubendreher, Bohrmaschine mit 6-mm-Steinbohrer, Leitungssuchgerät, Messer, Multimeter

Material: Türsprechanlage, mindestens zweiadrige, besser vieradrige Klingelleitung, zur Leitung passende Nagelschellen, 6-mm-Dübel, zu den Dübeln und den Komponenten der Türsprechanlage passende Schrauben

Zusätzlich: gegebenenfalls Material und Werkzeug, um eine Leitung zu verlegen und um eine Unterputzdose zu setzen

Installation einer Türsprechanlage

Auswahl des Montageorts

Bestimmen Sie zuerst den Montageort für die Türstation: Sie sollte neben der Eingangstür liegen und einerseits so niedrig angebracht sein, dass auch Kinder sie erreichen können, andererseits so hoch sein, dass ein in Richtung Station sprechender Besucher deutlich in der Hausstation zu verstehen ist.

Hier müssen Sie einen Kompromiss finden, wobei letztendlich die Qualität der Sprechanlage darüber entscheidet, bis zu welchem Sprechabstand eine ausreichende Verständigungsqualität möglich ist. Zudem sollte der Montageort der Türstation wettergeschützt sein. Ebenso sollten Sie vor Beginn der eigentlichen Arbeit festlegen, wo die Hausstation ihren Platz finden soll – sie sollte an zentraler Stelle so montiert oder aufgestellt werden, dass sie auch Kinder bedienen können. (Abb. 52)

Vorbereitende Arbeiten

Haben Sie die Stellen definiert, wo die Tür- und Hausstation montiert werden sollen, können Sie bei Aufputzmontage die Montageplatte der Türstation als Erstes anbringen, indem Sie die entsprechenden Dübellöcher bohren und die Montageplatte mit Dübeln und Schrauben befestigen. (Abb. 53)

Bei Unterputzmontage müssen Sie das entsprechende Loch ausstemmen und die spezielle Unterputzdose der Türstation in der

Abb. 52

Abb. 53

Abb. 54

Türsprechanlagen können relativ einfach installiert werden.

gleichen Art montieren wie eine Unterputzdose für die 230-Volt-Installation (siehe Seite 45).

Die Hausstation wir meistens ebenfalls mit einer Montageplatte auf der Wand mit Dübeln befestigt – bohren Sie also die entsprechenden Löcher und befestigen Sie dann die Platte mit Dübeln und Schrauben.

Verlegung der Leitungen

Verlegen Sie dann die Klingelleitung von der Türstation zur Hausstation – entweder unsichtbar unter dem Putz oder sichtbar über dem Putz (Anleitungen zur Leitungsverlegung siehe Seite 36 ff.).

Neben dieser Klingelleitung wird die Hausstation noch einen zweiten Kabelanschluss benötigen: nämlich die Spannungsversorgung. (Abb. 54)

Je nach Gerät erfolgt diese entweder direkt über eine Netzleitung, die einfach in eine Steckdose einzustecken ist, über ein Steckernetzteil, dessen Niederspannungsleitung zu dem Gerät führt und dort mittels Stecker angeschlossen wird.

Manche Geräte erlauben auch einen Anschluss an einen vorhandenen Klingeltransformator oder sie bieten ein separates Netzteil, das einerseits fest an die Netzspannung angeschlossen wird und andererseits mittels eines zu verlegenden Kabels an die Sprechstelle angeschlossen wird.

Wenn Ihr Gerät eine Netzanschlussleitung besitzt, dürfen Sie diese Leitung nicht verändern. Ebenso sollten Sie eine fest an ein Stecknetzteil angeschlossene Leitung nicht verändern.

Anschluss der Türsprechanlage

Wenn die Leitungen verlegt und die Tür- und die Haussprechstelle an ihren Plätzen sind, kann der elektrische Anschluss erfolgen. (Abb. 55)

Arbeitsmaterial

Werkzeug: Seitenschneider, Schraubendreher, Bohrmaschine mit 6-mm-Steinbohrer, Leitungssuchgerät, Messer, Multimeter
Material: Videotürsprechanlage, mindestens zweiadrige, besser vieradrige Klingelleitung mit einem Querschnitt von 0,75 mm², zur Leitung passende Nagelschellen, 6-mm-Dübel, zu den Dübeln und den Komponenten der Türsprechanlage passende Schrauben
Zusätzlich: gegebenenfalls Material und Werkzeug, um eine Leitung zu verlegen und um eine Unterputzdose zu setzen

Abb. 55

Abb. 56

In jedem Fall ist hierbei die Montageanleitung des Sprechanlagenherstellers genauestens zu befolgen – Fehler beim Anschluss können unter Umständen das Gerät zerstören.

Wenn Sie bereits vorher genutzte Klingelleitungen für die Sprechanlage verwenden, müssen Sie vor dem Anschluss überprüfen, ob diese keine Spannung führen. Dazu verwenden Sie am besten ein Multimeter, das Sie in den Wechselspannungsbereich (Volt AC) stellen. Wählen Sie einen Wechselspannungsmessbereich, der bis etwa 50 Volt reicht. Messen Sie dann zwischen allen Adern, ob hier Spannung anliegt – was nicht der Fall sein darf. (Abb. 56)

In vielen Montageanleitungen ist die Darstellung der Verbindungen unübersichtlich. Hier können Sie sich helfen, indem Sie bereits vorgenommene Verbindungen mit einem Bleistift abstreichen und zudem die Farben der Aderisolierungen vermerken.

Als letzte Verbindung sollten Sie den Anschluss der Versorgungsspannung der Sprechanlage herstellen.
Wird die Sprechanlage aus einem Klingeltransformator gespeist, muss dieser bei den Anschlussarbeiten abgeschaltet werden. Das Gleiche gilt, wenn das Netzteil abgesetzt von der Sprechstelle (es wurde beispielsweise vom Elektriker in den Sicherungskasten eingebaut) installiert ist. Denken Sie daran, dass Sie mit dem Anschluss der Sprechanlage an die Spannungsversorgung fast immer auch die Sprechanlage in Betrieb nehmen.

Sind alle Verbindungen hergestellt, schalten Sie die Spannungsversorgung ein. Nun kann es sein, dass bei den ersten Sprechversuchen ein Pfeifen aus den Lautsprechern ertönt. Das Pfeifen entsteht dadurch, dass entweder die Lautstärke oder die Mikrofonempfindlichkeit zu hoch eingestellt ist. In diesem Fall sollten Sie in der Bedienungsanleitung nachschlagen, ob und wenn ja, wo Sie die Lautstärke und die Mikrofonempfindlichkeit einstellen können. Durch Versuche sollten Sie schnell die Einstellungen finden können, bei denen eine optimale Verständigungsqualität erreicht ist.

Installation einer Videotürsprechanlage

Videotürsprechanlagen bieten Ihnen Bild- und Tonübertragung, wenn ein Besucher vor Ihrer Tür steht und geklingelt hat. Zudem kann man jederzeit beobachten, was im Erfassungsbereich der Kamera vor der Tür geschieht. Auch erlauben fast alle Geräte eine „stille Überwachung" – also das Aktivieren der Bild- und Tonübertragung, ohne dass man dies an der Türstation bemerken könnte.

Grundlegende Voraussetzungen

Während am Tag genügend Licht für die Kamera zur Verfügung steht, um ein gutes Bild vom Besucher liefern zu können, muss bei Nacht eine Beleuchtung für ausreichend Licht sorgen. Das kann entweder ei-

Abb. 57

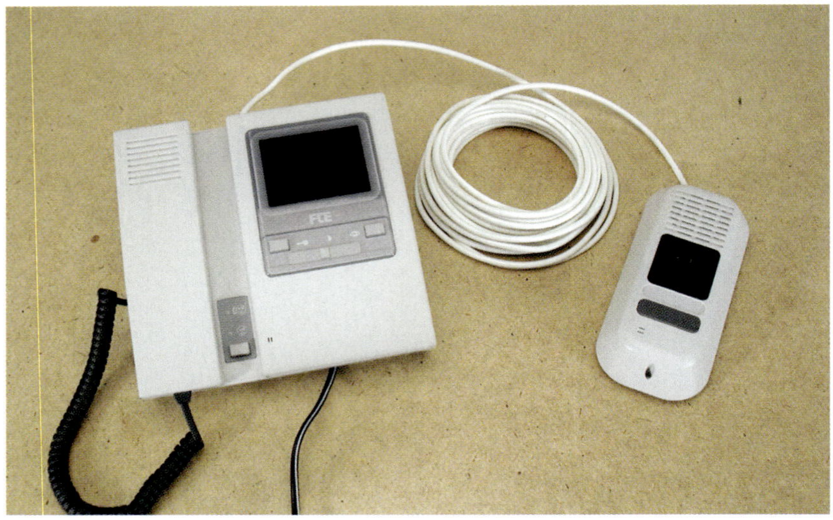

Abb. 58

ne – beispielsweise mit Bewegungsmelder – geschaltete Leuchte übernehmen oder man beleuchtet das Erfassungsgebiet der Kamera mit Infrarotlicht. Dieses Licht ist für das menschliche Auge nicht sichtbar, erlaubt es aber der Kamera, ein Bild zu liefern. Auf dem Monitor erscheint dann selbst bei absoluter Dunkelheit ein gut erkennbares Bild vom Geschehen im Eingangsbereich. Diese Infrarotlichtquellen sind häufig direkt in das Kameragehäuse integriert und werden automatisch bei Aktivierung der Kamera eingeschaltet. Man kann aber Infrarotleuchten auch zusätzlich installieren.

Die Verbindung zwischen der Türstation und dem Gerät im Haus erfolgt bei einigen Geräten lediglich über eine zweiadrige Leitung – und somit kann man oft auch hier eine vorhandene Klingelleitung weiterverwenden. Manche Systeme benötigen hier jedoch eine Leitung mit vier Adern.

In jedem Fall ist es bei Videosystemen viel wichtiger als bei reinen Sprechanlagen, dass die Leitung einen ausreichenden Querschnitt hat, da dieser einen deutlichen Einfluss auf die Bildqualität hat. So sollte man bei Neuinstallationen Leitungen mit einem Querschnitt von 0,75 mm^2 verwenden. Ebenso dürfen die Leitungen nicht parallel zu 230-Volt-Leitungen verlegt werden, da dadurch ebenfalls die Bildqualität leiden kann. In jedem Fall sollten Sie den Empfehlungen des Herstellers hinsichtlich der Leitungsart folgen. Bei Videotürsprechanlagen erklären sich die teilweise großen Preisunterschiede vor allem durch die Bild- und Tonqualität.

Auswahl des Montageorts für die Türstation

Wie auch bei einer reinen Sprechanlage beginnt die Montage einer Videotürsprechanlage mit der Auswahl des Montageorts der Türstation: Sie sollte

Abb. 59

Abb. 60

neben der Eingangstür liegen und einerseits so hoch angebracht sein, dass die integrierte Kamera das Gesicht eines Besuchers erfassen kann, aber andererseits so niedrig montiert sein, dass man den Klingelknopf bequem erreicht. Da die integrierten Kameras mit Weitwinkelobjektiven ausgestattet sind, liegt hier ein Kompromiss meist in einer Montagehöhe von 1,50 bis 1,65 Meter. Dabei muss man sich jedoch im Klaren sein, dass kleine Kinder einen so hoch installierten Klingelknopf kaum erreichen können. (Abb. 57)

Ein weiteres, wichtiges Kriterium für die Montage der Türstation sind die Lichtverhältnisse. So sollte zu keiner Zeit die Sonne direkt auf die Station scheinen, da in diesem Fall die Kamera „geblendet" würde und Sie von einem Besucher lediglich eine dunkle Silhouette erkennen können. Außerdem muss der Montageort bestmöglich wettergeschützt sein.

Abb. 59

Angesichts dieser vielen Kriterien sollten Sie vor der endgültigen Montage das System provisorisch in Betrieb nehmen und den vorgesehenen Montageplatz überprüfen, indem Sie die Komponenten des Systems provisorisch miteinander verbinden, die Anlage einschalten und alles testen. (Abb. 58)

Wesentlich einfacher ist es dagegen, einen geeigneten Platz für die Hausstation an zentraler Stelle zu finden.

Vorbereitende Arbeiten

Haben Sie die Stellen festgelegt, wo Sie die Tür- und die Hausstation montieren wollen, befestigen Sie bei Aufputzmontage als Erstes die Montageplatte der Türstation mit Dübeln und Schrauben. (Abb. 59)

Muss dagegen die Türstation unter dem Putz verschwinden, stemmen Sie ein entsprechendes Loch aus und setzen die Unterputzdose in derselben Weise wie eine Unterputzdose für die 230-Volt-Installation.

Je nach Modell wird die Hausstation einfach auf eine Unterlage gestellt oder fest an der Wand befestigt. Je nach Montageart befestigen Sie also gegebenenfalls die Trägerplatte der Hausstation mit Dübeln und Schrauben.

Verlegung der Leitungen

Nun verlegen Sie die Leitung zwischen der Tür- und der Hausstation unter oder über dem Putz. (Abb. 60)

Der Anschluss der Versorgungsspannung an die Hausstation erfolgt bei vielen Systemen direkt über eine Netzanschlussleitung oder über ein Steckernetzteil.

Diese Leitungen sollten Sie nicht verändern – und auch nicht direkt unter dem Putz verlegen. Möchten Sie diese Leitungen „verschwinden" lassen, verlegen Sie sie in Kabelkanälen oder Rohren, die dann auch unter dem Putz liegen können.

Anschluss der Anlage

Beim elektrischen Anschluss müssen Sie unbedingt und sehr genau die Hinweise und Anschlussvorschriften in der Montageanleitung des Herstellers beachten – schon das Vertauschen von zwei Adern kann unter Umständen das Gerät zerstören.

Streichen Sie also bei Bedarf alle hergestellten Verbindungen in der Anleitung mit einem Bleistift ab und notieren Sie die Farbe der Aderisolierung. (Abb. 61)

Verwenden Sie Leitungen, die zuvor bei einer konventionellen Klingelanlage in Betrieb waren, müssen Sie vor dem elektrischen Anschluss des Videosystems überprüfen, ob diese keine Spannung führen. Das erledigen Sie am besten mit einem Multimeter im Wechselspannungsbereich bis etwa 50 Volt (Volt AC). Wenn Sie jede Ader gegen jede messen, darf nirgendwo eine Spannung anstehen.

Nachdem alle Verbindungen hergestellt sind, nehmen Sie die Anlage wie in der Montageanleitung beschrieben in Betrieb – meist müssen Sie also nur den Netzstecker einstecken.

Alarmanlagen

Im Prinzip besteht eine Alarmanlage aus Sensoren, die ein Ereignis erfassen, optischen und/oder akustischen Alarmgebern und einer Zentrale, an der alle Verbindungen zusammenlaufen und welche die für den Betrieb erforderliche Elektronik enthält.

Arten von Alarmanlagen

Alarmanlagen sind mit mehreren Alarmkreisen ausgestattet, wobei mindestens ein Alarmkreis eine verzögerte Alarmauslösung bietet, damit Befugte nach dem Betreten des Hauses die Gelegenheit haben, die Alarmanlage auszuschalten. Zudem unterscheiden sich die Alarmkreise dadurch, wie und welche Sensoren angeschlossen werden.

Es gibt vielerlei Sensoren, mit denen man verschiedene Gegebenheiten absichern kann.
Magnetkontakte dienen zum Absichern von Türen und Fenstern – werden diese geöffnet, so öffnet der Magnetkontakt einen elektrischen Kontakt. (Abb. 62)

Bewegungsmelder reagieren auf die Wärmeabstrahlung von

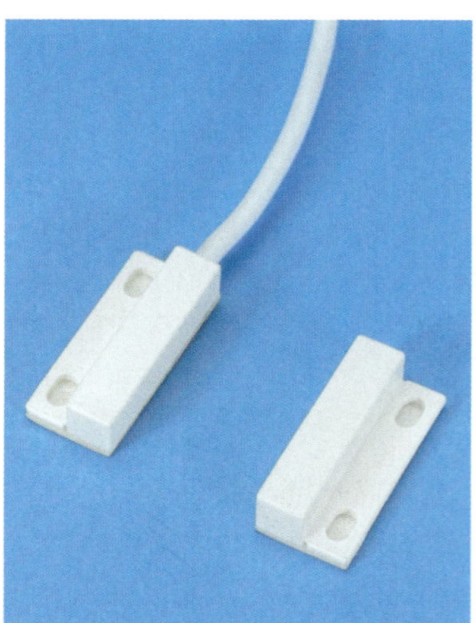
Abb. 62

Abb. 63

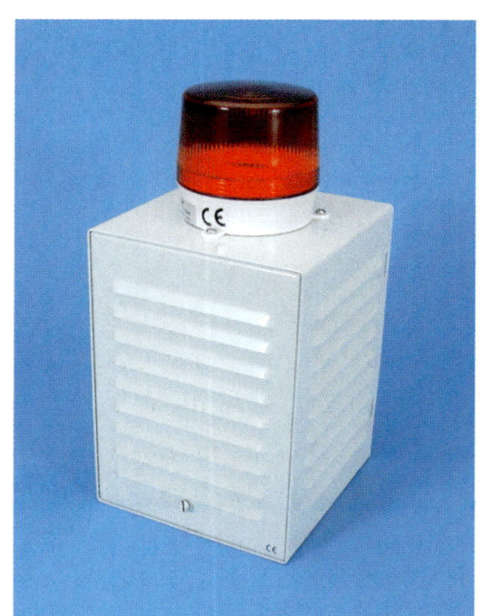

Abb. 64

Alarmanlagen schützen vor ungeliebten Eindringlingen.

Personen und Tieren, die sich im Erfassungsbereich des Melders bewegen. Ein Bewegungsmelder muss das zu überwachende Gebiet „sehen" können, wobei aber Glas und andere feste Gegenstände eine Alarmauslösung verhindern. Zudem kann ein Bewegungsmelder nur auf Aktionen in seinem Erfassungsbereich reagieren. (Abb. 63)

Mit Glasbruchmeldern lassen sich Fensterscheiben absichern. Glasbruchmelder lösen Alarm aus, wenn eine Fensterscheibe eingeschlagen wird.

Durch Rauchmelder kann man einen Brand erkennen und einen Alarm auslösen.

Alarmtrittmatten lösen Alarm aus, wenn sie betreten werden.

Arbeitsmaterial

Werkzeug: Seitenschneider, Schraubendreher, Bohrmaschine mit 6-mm-Steinbohrer, Leitungssuchgerät, Messer, Multimeter
Material: Alarmanlagenzentrale, Signalgeberkombination, Alarmsensoren, vieradrige bis achtadrige Leitung, zur Leitung passende Nagelschellen, 6-mm-Dübel, zu den Dübeln und den Komponenten der Alarmanlage passende Schrauben
Zusätzlich: Material und Werkzeug, um Leitungen zu verlegen

Man kann sie beispielsweise unter einem Fußabstreifer verstecken.

Mit einem Nottaster oder Paniktaster kann man sofort Alarm auslösen, um z. B. bei einem Überfall Hilfe herbeizurufen.

Funktionsweise von Alarmanlagen

Ein Alarm kann durch verschiedene Arten übermittelt werden. Mit einer Sirene erfolgt eine akustische Meldung bei einem Einbruch. Sirenen kann man innerhalb und außerhalb eines Gebäudes montieren.

Meistens aber verwendet man bei der Außenmontage eine Kombination aus optischen und akustischen Alarmgebern, eine Signalgeberkombination.

Info

Bei Außenmontage einer Sirene muss man darauf achten, dass in Deutschland ein solches Alarmsignal maximal drei Minuten lang ertönen darf.

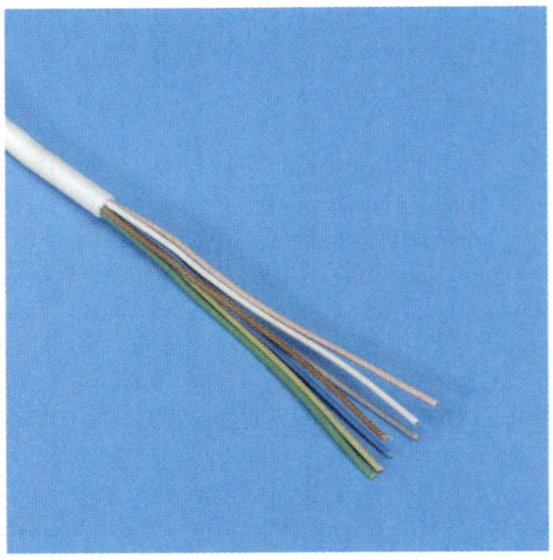

Abb. 65

Abb. 66

(Abb. 64) Dabei dient zusätzlich zu der Sirene ein Stroboskopblitzer zur optischen Signalisierung.

Eine weitere Möglichkeit, Alarm zu signalisieren, ist ein Telefonwählgerät. Dieses wählt im Alarmfall eine vorprogrammierte Telefonnummer und überträgt dann einen zuvor aufgezeichneten Text.

Vor dem Kauf einer Alarmanlage sollte man sich einen Montageplan erstellen. Dazu verwendet man am besten einen Grundriss des zu überwachenden Gebäudes und zeichnet darin alle zu sichernden Türen, Fenster, Räume ein.

Die Komponenten der Alarmanlage werden in der Regel über spezielle Leitungen miteinander verbunden. (Abb. 65) Diese Leitungen haben meist vier bis acht Adern und müssen ringförmig von der Zentrale ausgehend zu jedem Sensor verlegt werden.

Das bedeutet einen recht hohen Installationsaufwand. Als Alternative dazu bietet der Handel Alarmsysteme mit Funkübertragung an – allerdings sollte man diese nicht zur Sicherung von komplexen Objekten verwenden, da sie recht teuer sind und zudem jede Komponente eine eigene Stromversorgung benötigt.

Installation einer Alarmanlage

Oberstes Gebot bei der Installation einer Alarmanlage ist es, die Anweisungen des Herstellers genau zu befolgen. Zu den meisten Alarmanlagen gehören ausführliche Montageanleitungen, die speziell auf das jeweilige System zugeschnitten sind und denen man genau folgen sollte. Somit können hier nur allgemeine Angaben gemacht werden.

Gemäß des Montageplans beginnt man die Arbeit mit dem Verlegen der Leitungen. Grundsätzlich sollte man die Leitungen unter Putz legen, da sie hier für Sabotage am schwersten zu erreichen sind. (Abb. 66) Das gilt ganz besonders für die Leitungsführung im Außenbereich.

Die Signalgeberkombination montiert man außen an einer gut von der Straße aus sichtbaren Stelle. Allerdings sollte man die Kombination so hoch montieren, dass sie für Sabotageversuche nicht ohne Weiteres zu erreichen ist.

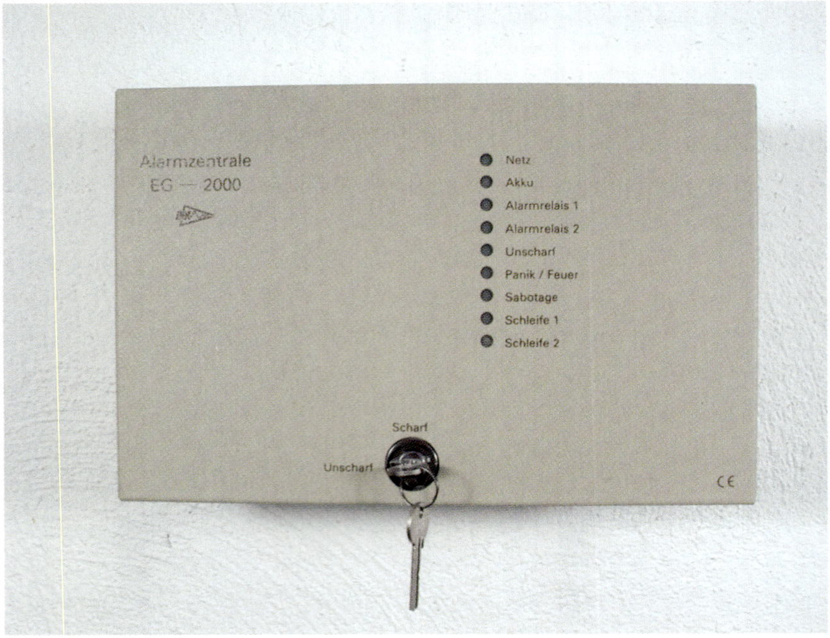

Abb. 67

Abb. 68

Abb. 69

Die Alarmzentrale sollte man an einem nicht direkt zugänglichen Ort montieren – etwa einer Abstellkammer. (Abb. 67)

Die Stromversorgung der Alarmanlage erfolgt aus dem Netz – oft wird dabei die Zentrale direkt an eine Netzleitung ohne Stecker angeschlossen. Als zusätzlichen Sabotageschutz bieten viele Alarmanlagen die Möglichkeit, einen Akku anzuschließen, der bei Stromausfall die Anlage betriebsbereit hält.

Die hauptsächliche Bedienung der Anlage – also das Ein- und Ausschalten der Alarmanlage – erfolgt meist über ein Fernbedienteil. Man sollte es gut zugänglich am Eingang oder einem zentralen Bereich des Gebäudes montieren. (Abb. 68) Magnetkontakte sollte man an einer oberen Ecke von Fenstern oder Türen montieren. Wichtig ist dabei, dass der Magnet an dem öffnenden, beweglichen Teil montiert wird und der eigentliche Schaltkontakt am Tür- oder Fensterrahmen. (Abb. 69)

Magnet und Schaltkontakt sollten mit Schrauben befestigt werden, spezielle Ausführungen zum direkten Einbau in eine Tür oder ein Fenster dürfen nur mit der vorgesehenen Befestigungsart montiert werden.

Bewegungsmelder muss man so anordnen, dass sie nicht auf Fenster, Heizkörper, Klimaanlagen oder ähnliche Objekte „schauen" – denn die hier auftretenden extremen Temperaturschwankungen können Fehlalarme auslösen. (Abb. 70)

Zudem sollte man bedenken, dass auch Bewegungen von Tieren wie Hunde, Katzen oder auch Vögel einen Alarm auslösen können. Auch sollten Bewegungsmelder vor direkter Sonneneinstrahlung geschützt angebracht werden und nicht in der Nähe von starken Lichtquellen und Ventilatoren stehen. Die Montagehöhe sollte zwei bis drei Meter betragen.

Nach der Leitungsverlegung und Montage aller Komponenten erfolgt der elektrische Anschluss. Arbeiten Sie hierbei sehr genau und exakt nach den Hinweisen in der Montageanleitung des Herstellers.

Grundsätzlich sollten Sie die Anlage schrittweise anschließen und überprüfen. Dabei sollte man die außen montierte Signalgeberkombination als Letztes anschließen – für einen Funktionstest genügt die fast immer vorhandene Anzeige an der Alarmzentrale oder eine innen montierte Sirene. Schließen Sie dann Alarmkreis für Alarmkreis an die Zentrale an und überprüfen Sie die Funktion. Erst wenn alle Alarmkreise funktionieren, sollten Sie die Signalgeberkombination anschließen.

Abb. 70

Kommunikationstechnik

Für nahezu alle modernen Kommunikationsanwendungen gibt es drahtlose Lösungen. Allerdings möchte nicht jeder seine Wohnung mit diversen Sendern ausrüsten und so die Belastung mit Elektrosmog erhöhen. Zudem ist es deutlich preiswerter, zumindest in den eigenen vier Wänden drahtgebundene Kommunikationswege zu schaffen – die zudem den Vorteil einer sehr hohen Abhörsicherheit bieten.

Telefonanlagen – analog oder ISDN?

Ein Telefonanschluss ist heute für jeden Haushalt eine Selbstverständlichkeit. Über diesen Anschluss erfolgt vielfältige Kommunikation: per Sprache, mittels Telefax und Datenaustausch via Computer.
All diese Möglichkeiten bietet bereits ein analoger Telefonanschluss – aber spätestens bei intensiverer Nutzung der Möglichkeiten kommt dieser Anschluss an seine technischen Grenzen. (Abb. 1)

Vorteile von ISDN

Ein ISDN-Anschluss ist hier die Alternative. ISDN bietet zwei unabhängige Kanäle, vergleichbar mit den Leitungen beim analogen Anschluss und mehrere Rufnummern, die man selbst verschiedenen ISDN-Endgeräten wie Telefonen oder Faxgeräten zuordnen kann. (Abb. 2)

Die zwei unabhängigen Kanäle erlauben gleichzeitiges Kommunizieren – etwa ein Fax zu empfangen oder im Internet zu surfen, während man telefoniert.

Abb. 1

Abb. 2

Abb. 3

Darüber hinaus bietet ISDN etliche Komfortfunktionen – etwa die Übermittlung der eigenen Rufnummer zum Gesprächspartner oder die Anzeige der Nummer eines Anrufers, Anklopffunktionen zum Melden eines Anrufers bei einem bestehenden Gespräch, automatischen Rückruf bei besetzter Gegenstelle oder die Rufumleitung zu einer beliebigen Telefonnummer.

Technische Voraussetzungen

Um ISDN nutzen zu können, benötigt man einen so genannten NTBA (Network Terminator Basis Access), ein Übergabegerät von der Netzbetreiberinstallation zur Hausinstallation. An diesen NTBA kann man direkt zwei ISDN-Endgeräte einstecken und betreiben. (Abb. 3)

Mit wenig Aufwand kann man aber auch mit selbst verlegten Leitungen bis zu zwölf ISDN-Telefonsteckdosen in anderen Räumen installieren.
Wer hier den Installationsaufwand nicht scheut, hat eine preiswerte Alternative zu der Verwendung von schnurlosen Telefonsystemen.

Mit entsprechenden Adaptern ist bei ISDN die Benutzung von preiswerten analogen Endgeräten am ISDN-Anschluss möglich. Das ist besonders interessant für Faxgeräte und Anrufbeantworter: Entsprechende ISDN-Geräte sind recht teuer – zumindest im Vergleich zu den Kosten vergleichbarer Analoggeräte.

ISDN und DSL: ein Überblick

Vor allem bei der Datenübertragung bietet ISDN Vorteile gegenüber einem analogen Telefonanschluss. Bei einem analogen Anschluss benötigt man zur Datenübertragung ein Modem, das digitale Signale vom Rechner in analoge Signale umsetzt und sie zur Telefonleitung sendet. Umgekehrt wandelt das Modem die empfangenen analogen Signale in digitale um und leitet sie an den PC weiter. Deutlich schneller erfolgt die Datenübertragung per ISDN. Hier ist keine Umwandlung der Signale nötig, sondern es muss lediglich eine Adaption durch eine ISDN-PC-Karte erfolgen.

Datenübertragung per DSL

Den größten Datendurchsatz und damit die höchste Geschwindigkeit bietet bei einem Telefonanschluss derzeit die Verwendung von DSL. Diese von verschiedenen Firmen unter den Kürzeln DSL, ADSL oder T-DSL angebotene Datenübertragung bezeichnet ein technisches Verfahren, mit dem man Daten sehr schnell auf gewöhnlichen Fernsprechleitungen übertragen kann. Das eigentliche technische Verfahren bezeichnet man dabei als ADSL, die verschiedenen DSL-Abkürzungen sind dann die Umsetzung dieser Methode durch einzelne Anbieter.

Bedingung für die Nutzung von DSL ist zunächst ein ISDN-Anschluss, an den ein so genannter „Splitter" angeschlossen wird. (Abb. 4)

Der Splitter trennt den Datenstrom von den übrigen ISDN-Diensten. An den Splitter schließt man ein spezielles ADSL-Modem an, das die Daten für den Computer verwertbar aufbereitet. (Abb. 5)

Dieses Modem wird über eine Netzwerkverbindung an den Computer angeschlossen.

Busse, Kabel, Dosen und Endgeräte

Wenn man ISDN nutzt, kann man mit relativ wenig Aufwand mehrere Telefonsteckdosen installieren und daran mehrere ISDN-Geräte betreiben. Allerdings kann man damit keine kostenfreien Gespräche zwischen den internen Telefonen führen. Um kostenlos intern zu telefonieren, benötigt man eine Telefonnebenstellenanlage.

Materialbedarf

Zum Aufbau einer ISDN-Installation benötigt man ein vieradriges Fernmeldekabel, wobei die starren Kupferadern einen Durchmesser von jeweils mindestens 0,6 mm haben müssen. Die Bezeichnung für ein solches vieradriges Fernmeldekabel ist I-Y(St) Y2x2x0,6. (Abb. 6)

Diese Leitung beginnt dann am NTBA, führt zur ersten ISDN-Anschlussdose, von dort zu der nächsten Dose und so weiter.

Abb. 4

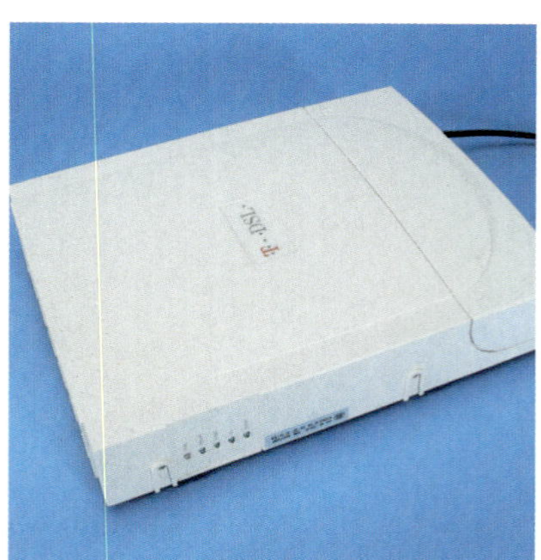

Abb. 5

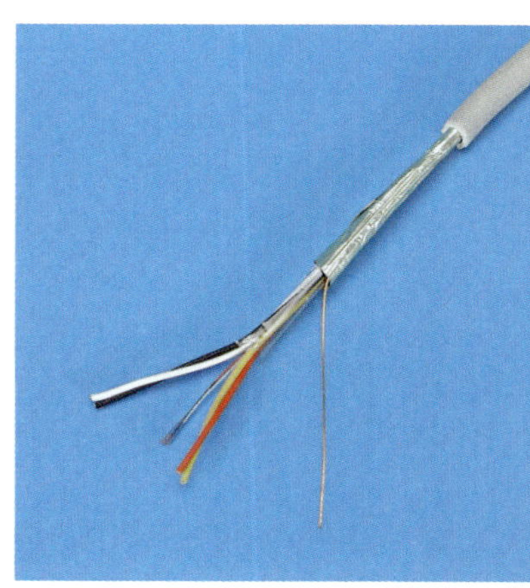

Abb. 6

Abb. 7

Abb. 8

Abb. 9

Als Anschlussdosen kann man IAE- oder UAE-(RJ 45-)Dosen verwenden. Die beiden Arten unterscheiden sich vor allem in der Anzahl und Bezeichnung der Anschlussklemmen. IAE-Dosen haben vier Anschlussklemmen, die mit 1a, 2a, 1b und 2b bezeichnet sind, während UAE-(RJ 45-)Dosen acht von eins bis acht durchnummerierte Klemmen bieten. (Abb. 7)

Dabei entsprechen die Klemmen 1a-4, 2a-3, 1b-5 und 2b-6. Die Anschlussdosen gibt es für die Montage unter Putz oder über Putz. Die Endgeräte werden an diese Dosen mit „Westernsteckern" (RJ-45-Stecker) angeschlossen.

Mehrfachrufnummer

ISDN bietet hinsichtlich der Rufnummern dem Anwender viele Freiheiten. Die vom Netzbetreiber zugeteilten Mehrfachrufnummern (MSN) können vom Anwender jederzeit jedem ISDN-Endgerät zugewiesen werden. Dafür bieten diese Geräte entsprechende Möglichkeiten zur Programmierung. (Abb. 8)

Somit muss man jedes ISDN-Endgerät gemäß den Hinweisen in seiner Bedienungsanleitung in Betrieb nehmen und programmieren. Erst nach der richtigen Zuordnung einer dem eigenen Anschluss zugewiesenen Mehrfachnummer (MSN) kann ein Gerät auf eingehende Anrufe reagieren.

ISDN mit einem Telefon installieren

Ausgangspunkt der ISDN-Installation ist die Übergabedose des Netzbetreibers. In der Nähe dieser Telefonsteckdose muss der NTBA montiert werden, da er direkt mittels eines Kabels an die Dose angeschlossen wird – was aber erst dann erfolgen darf, wenn der Anschluss vom Netzbetreiber auf ISDN umgestellt wurde.

Montage des NTBA

Die Montage des NTBA ist einfach: Die meisten Modelle werden mittels zwei Schrauben an der Wand befestigt. Da hier die Schrauben in einem festen Abstand zueinander angebracht werden müssen, damit der NTBA auf sie aufgeschoben werden kann, liegt dem Gerät eine Bohrschablone bei. Markieren Sie also mithilfe der Schablone die Bohrlöcher auf der Wand, stellen die Bohrungen her, setzen die Dübel und drehen die Schrauben ein. (Abb. 9)

Ist das geschehen, können Sie den NTBA auf die Schraubenköpfe aufschieben. Wenn an den NTBA nur flexible Leitungen angeschlossen werden – also ein oder zwei ISDN-Endgeräte direkt an die Steckbuchsen des NTBA angesteckt werden –, dann kann man den NTBA auch einfach auf eine Unterlage stellen.

Anschluss

Ist der NTBA montiert und der Anschluss vom Netzbetreiber auf ISDN umgestellt, trennen

Arbeitsmaterial

Werkzeug: Schraubendreher, Bohrmaschine mit 6-mm-Steinbohrer
Material: NTBA, ISDN-Telefon, 6-mm-Dübel, zu den Dübeln passende Schrauben

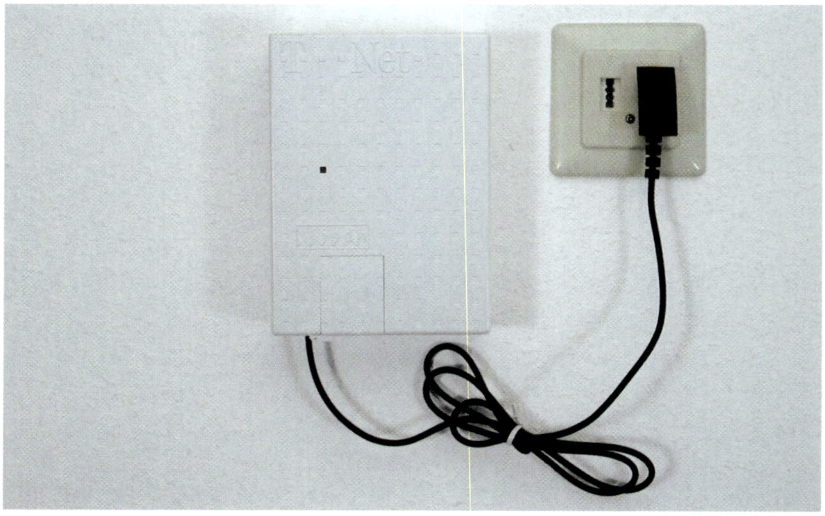

Abb. 10

Sie die Verbindung aller eventuell noch an der Übergabedose eingesteckten anderen Geräte. Nun können Sie die zum NTBA mitgelieferte Leitung am NTBA anstecken (sie passt nur an einen Anschluss) und das andere Leitungsende mit der Übergabetelefonsteckdose verbinden. (Abb. 10)

Als Indiz, dass der Anschluss funktioniert, sollte nun eine grüne Kontrolllampe am NTBA leuchten. Ist das nicht der Fall, sollten Sie zuerst die Verbindung zwischen NTBA und der Übergabedose überprüfen und nochmals kontrollieren, ob wirklich kein anderes Gerät außer dem NTBA mit der Übergabedose verbunden ist.

Wenn am NTBA ISDN-Endgeräte ohne eigene Stromversorgung betrieben werden sollen, müssen Sie nun das ebenfalls zum NTBA mitgelieferte Stromkabel am NTBA anschließen und mit einer Netzsteckdose verbinden. Möchten Sie jedoch nur Geräte mit eigener Stromversorgung am NTBA betreiben, verbinden Sie ihn nicht mit dem Stromnetz – der NTBA würde dann nur unnötig Energie verbrauchen.

Abschließend verbinden Sie nun das ISDN-Endgerät über das mitgelieferte Kabel mit dem NTBA – dabei sind die beiden Buchsen am NTBA gleichwertig. (Abb. 11)

Inbetriebnahme

Gegebenenfalls verbinden Sie dann noch das Endgerät mit einer Netzsteckdose. Wenn Sie nun bei einem Telefon den Hörer abnehmen, muss bereits das Freizeichen ertönen. Wählen sie nun einen Anschluss an – wenn diese Verbindung funktioniert, funktioniert der ISDN-Anschluss. Damit man Sie selbst anrufen kann, müssen Sie nun noch das Endgerät konfigurieren und ihm eine Ihrem Anschluss zugeordnete Mehrfachrufnummer zuweisen – eine Anleitung dafür finden Sie in der Bedienungsanleitung des Endgeräts.

Wenn Sie das ISDN-Endgerät nicht in direkter räumlicher Nähe zum NTBA aufstellen möchten, können Sie ein ISDN-Steckdose in den Raum verlegen, wo das Endgerät stehen soll. Diese Arbeit entspricht genau der Montage, wie sie in der folgenden Arbeitsanleitung beschrieben ist.

Abb. 11

ISDN mit mehreren Telefonen nutzen

Wenn mehrere ISDN-Endgeräte in der Wohnung oder im Haus verteilt installiert werden sollen, bietet der Aufbau eines so genannten S_0-Busses die hierfür benötigten Anschlussstellen. Beachten Sie aber bitte die folgenden Beschränkungen:

- Es dürfen maximal zwölf Anschlussdosen mit dem NTBA verbunden sein.
- Zwischen NTBA und der letzten Anschlussdose dürfen nur bis zu 120 Meter Kabel liegen.
- Man darf höchstens acht ISDN-Endgeräte gleichzeitig anschließen.
- Es dürfen maximal vier ISDN-Endgeräte ohne eigene Stromversorgung gleichzeitig mit den Anschlussdosen verbunden sein.

Montage

Auch hier ist der Ausgangspunkt der Installation die Übergabedose des Netzbetreibers. Da an den NTBA eine starre Fernmeldeleitung angeschlossen werden soll, muss dieser fest auf der Wand montiert werden. Erstellen Sie also mithilfe der zum NTBA mitgelieferten Schablone die benötigten Bohrlöcher, setzen Sie die Dübel, drehen Sie die Schrauben ein und befestigen Sie daran den NTBA. (Abb. 12)

Arbeitsmaterial

Werkzeug: Schraubendreher, Messer, Bohrmaschine mit 6-mm-Steinbohrer
Material: NTBA, ISDN-Endgeräte, IAE- oder UAE-(RJ 45-)Dose mit zuschaltbaren Abschlusswiderständen, Fernmeldeleitung, 6-mm-Dübel, zu den Dübeln passende Schrauben
Zusätzlich: Material und Werkzeug, um Leitungen zu verlegen

Montieren Sie die Telefondosen – dabei ist es gleichgültig, ob Sie IAE- oder UAE-(RJ 45-)Dosen verwenden, denn diese unterschiedlichen Ausführungen können beide zum Anschluss von ISDN-Endgeräten verwendet werden. Die Dosen werden in der Regel auf Putz montiert, sodass nur zwei Bohrungen hergestellt werden müssen, um die Dose mit Dübel und Schrauben zu befestigen. (Abb. 13)

Abb. 12

Abb. 13

Sollten Sie die Dosen unter Putz montieren wollen, können Sie entsprechende Dosenausführungen in eine zuvor gesetzte Schalterdose einbauen (siehe Seite 42 ff.).

Verlegung der Leitungen

Nun können Sie die Leitungen verlegen. Sie sollten dabei nur vieradrige Fernmeldeleitungen verwenden, z. B. vom Typ I-Y(St) Y2x2x0,6. Die Leitungen können Sie sowohl unter als auch auf dem Putz genau wie ein Stromkabel verlegen (siehe dazu Seite 39). Die Leitung beginnt an dem NTBA und führt von dort aus zu der ersten Anschlussdose. (Abb. 14)

Abb. 14

men, und schlagen sie über die Außenisolierung zurück. (Abb. 15)

Bei den farbig isolierten Adern entfernen Sie die Isolierung jeweils auf einer Länge von rund 5 mm. (Abb. 16)
Beginnen Sie den Aufbau Ihres S_0-Busses am NTBA, indem Sie das Kabel an die Klemmen für den S_0-Bus anschließen, die mit a1, a2, b1 und b2 bezeichnet sind. Sie sollten dabei die farbigen Adern nach folgender Zuordnung anschließen: a1-rot, b1-schwarz, a2-weiß und b2-gelb. (Abb. 17)

Wenn Sie diese Zuordnung bei der ganzen Installation konsequent einhalten, werden Sie keine Adern beim Dosenanschluss verwechseln und auf diese Weise den häufigsten

Von dort führt die Leitung zur nächsten Anschlussdose – und so weiter, bis die letzte Dose erreicht ist, wo das Kabel endet. So können bis zu zwölf ISDN-Dosen den S_0-Bus bilden.

Anschluss

Nach dieser Arbeit entfernen Sie von der Leitung die äußere Isolierung auf einer Länge von rund 5 cm. Lösen Sie dann die Metall- und/oder Kunststofffolien, die das Kabel abschir-

Aderfarbe	UAE-(RJ 45-)Dose	IAE-Dose
Rot	Klemme 4	1a
Schwarz	Klemme 5	1b
Weiß	Klemme 3	2a
Gelb	Klemme 6	2b

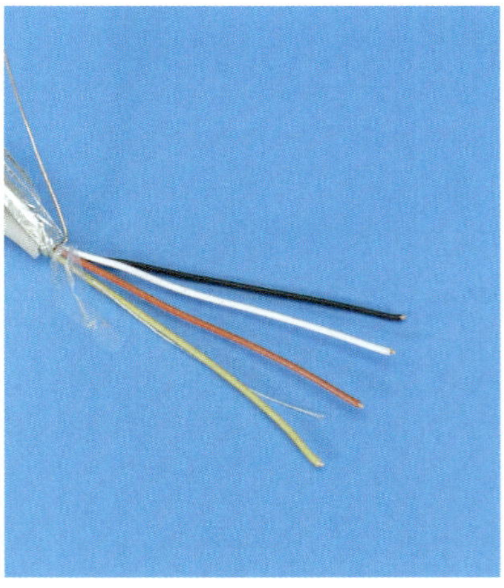

Abb. 15

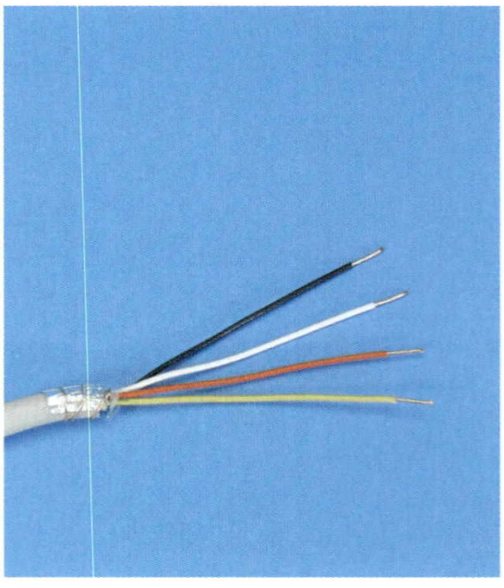

Abb. 16

Abb. 17

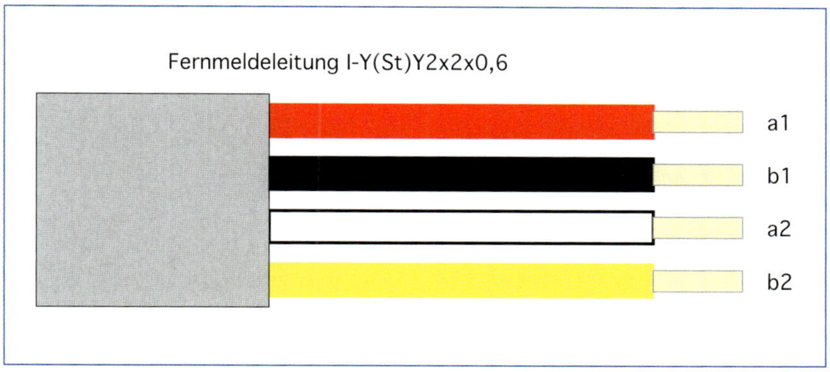

Abb. 18: Zuordnung der Adern bei der Fernmeldeleitung

Abb. 19

Fehler bei dieser Installation vermeiden. (Abb. 18)

Haben Sie die Leitung an dem NTBA angeschlossen, geht die Arbeit an der ersten Dose nach dem NTBA weiter. Da hier die Leitung vom NTBA endet, aber auch zugleich die Leitung beginnt, die zu der zweiten ISDN-Anschlussdose führt, haben Sie hier insgesamt acht Adern anzuschließen. (Abb. 19)

Bereiten Sie die Leitungen wieder genauso vor wie beim Anschluss an den NTBA. Dann schließen Sie jeweils die gleichfarbigen Adern an je eine Anschlussklemme der Dose an.

Haben Sie die Adern wie hier vorgeschlagen an den NTBA angeschlossen, verbinden Sie sie mit den Anschlussklemmen der Dose nach dem unten stehenden Schema. (Abb. 20)

Nach diesem Verfahren schließen Sie nun nacheinander alle Dosen an, bis Sie bei der letzen Dose angelangt sind. Hier gilt es, eine Besonderheit zu beachten. Zunächst werden auch hier die Adern wie zuvor bei den anderen Dosen angeschlossen. Wenn Sie eine ISDN-Dose mit zuschaltbaren Abschlusswiderständen gekauft haben, müssen Sie an dieser Dose die Widerstände mit den Steck-

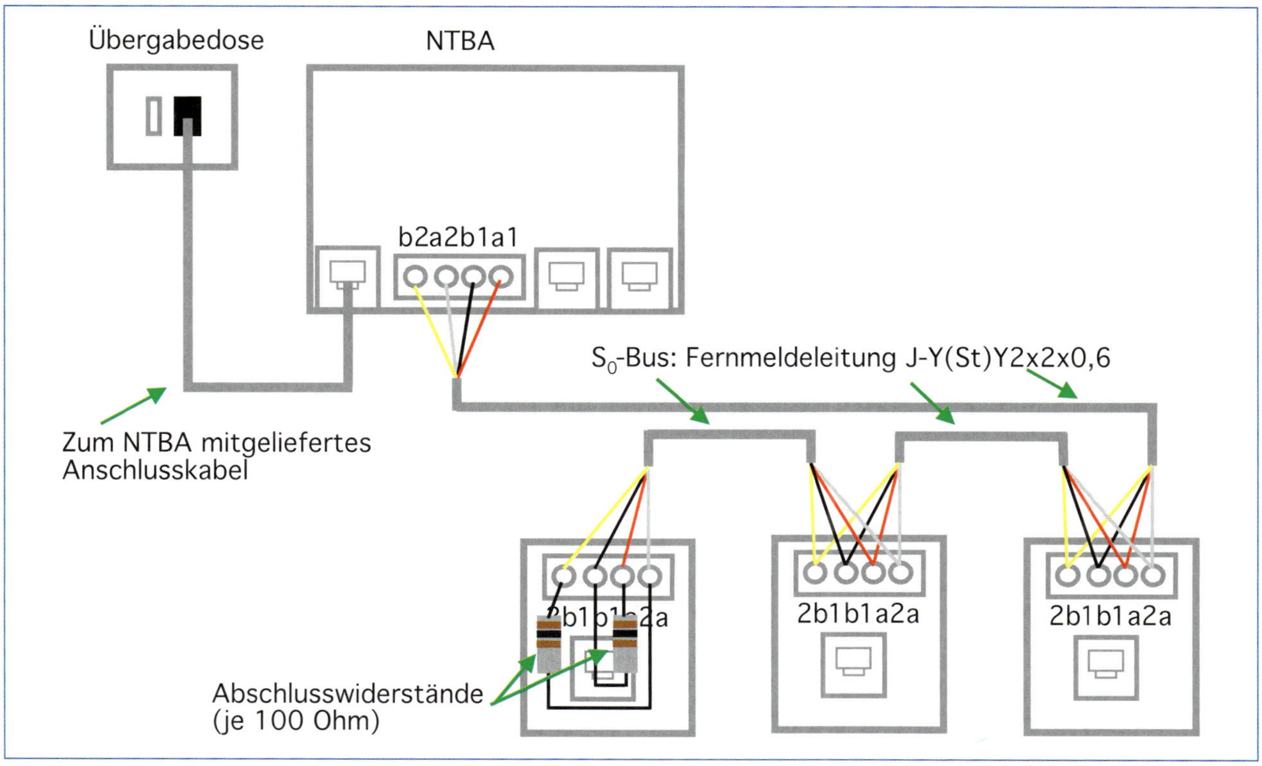

Abb. 20: S_0-Bus am NTBA mit einem Leitungssegment

Abb. 21

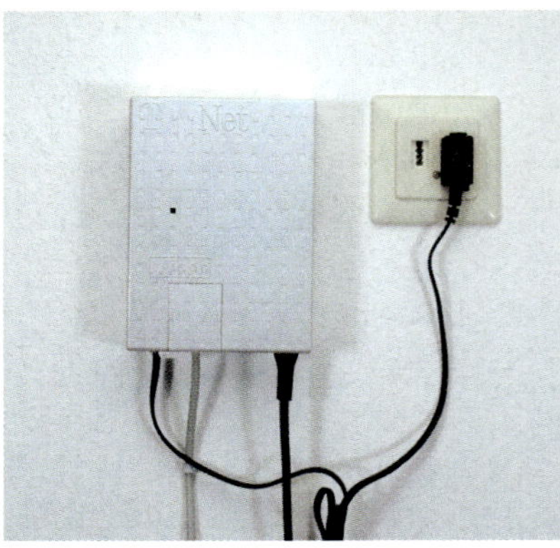

Abb. 22

brücken bzw. kleinen Schaltern einschalten. (Abb. 21)

Andernfalls müssen Sie die separaten Widerstände an die Klemmen der Dose anschließen. Dabei muss ein Widerstand an die Klemmen 1a und 1b der IAE-Dose (Klemmen 4 und 5 bei UAE-Dosen) angeschlossen werden. Der zweite Widerstand gehört dann an die Klemmen 2a und 2b der IAE-Dose (Klemmen 3 und 6 bei UAE-Dosen).

Inbetriebnahme

Nach diesem Abschluss der Installationsarbeiten nehmen Sie zuerst den NTBA in Betrieb. Ist Ihr Anschluss auf ISDN umgeschaltet, lösen Sie alle eventuell noch bestehenden Verbindungen an der Übergabesteckdose des Telefonnetzbetreibers und verbinden den NTBA über das mitgelieferte Kabel mit der Übergabedose.

Nun sollte eine grüne Kontrolllampe am NTBA leuchten. Nur wenn Sie an Ihrem S_0-Bus später Geräte ohne eigene Stromversorgung betreiben möchten, dann schließen Sie jetzt das ebenfalls zum NTBA mitgelieferte Stromkabel am NTBA an und verbinden es mit einer Netzsteckdose. (Abb. 22)

Prüfen Sie die Funktion aller angeschlossenen Dosen, indem Sie jeweils ein ISDN-Telefon an die Dose anschließen und es gegebenenfalls mit einer Netzsteckdose verbinden: Nach dem

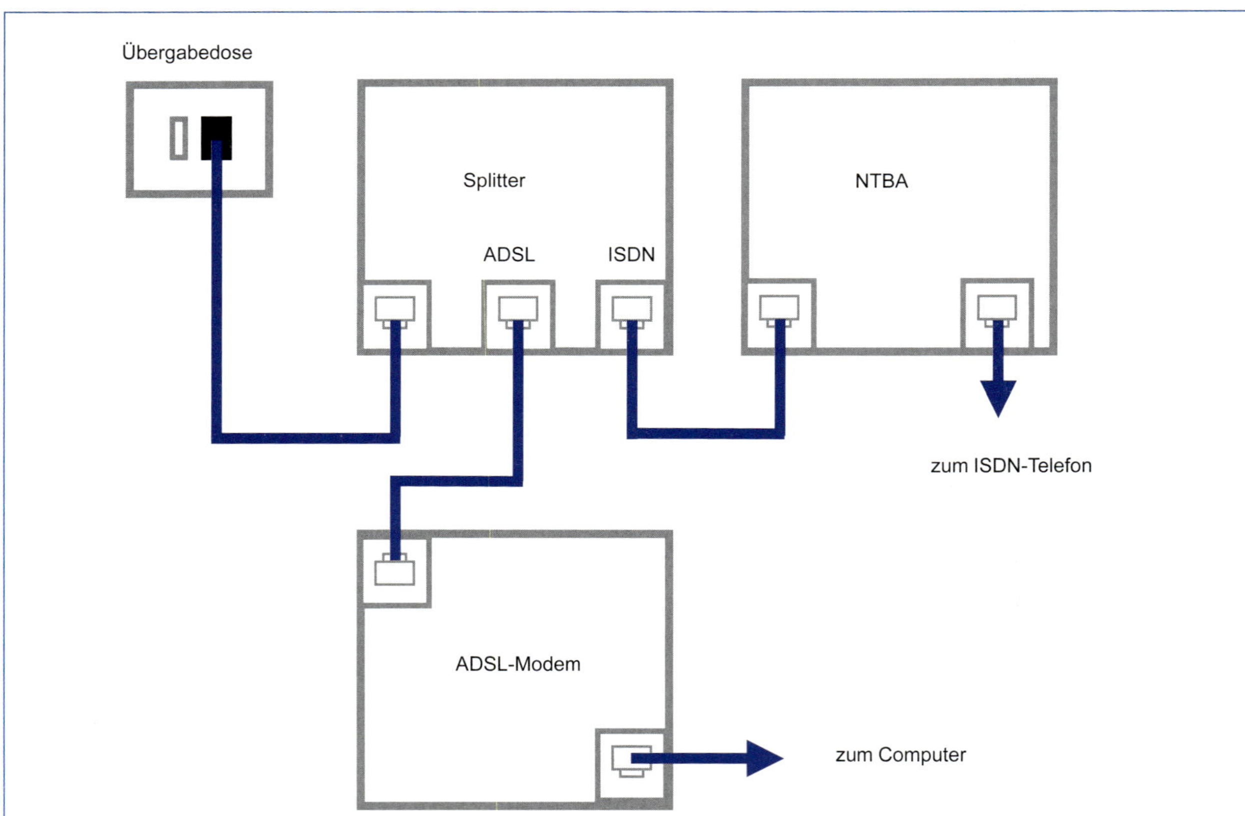

Abb. 23: DSL-Anschluss

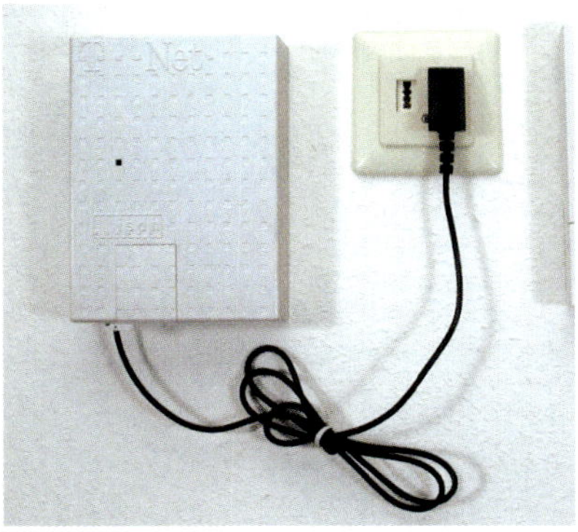

Abb. 24

Abheben des Hörers muss ein Freizeichen ertönen und ein Telefonanschluss muss sich anwählen lassen. Wenn das Endgerät mit seiner Mehrfachrufnummer programmiert ist, wird es immer dann klingeln, wenn diese Nummer angerufen wird – ganz gleich, an welcher Ihrer Dosen es angeschlossen ist.

DSL und ISDN installieren

Der Anschluss eines Computers per DSL an einen ISDN-Anschluss ist einfach. An der ISDN-Installation verändert sich nur, dass der NTBA nicht mehr direkt mit der Übergabedose des Netzbetreibers verbunden ist, sondern mit einem Splitter. Dieser Splitter ist seinerseits nun mit der Übergabedose verbunden und hat die Aufgabe, die ISDN-Funktionen von der Datenübertragung zu trennen. Neben dem

Arbeitsmaterial

Werkzeug: Schraubendreher, Bohrmaschine mit 6-mm-Steinbohrer
Material: Splitter, DSL-Modem.
Zusätzlich: Material und Werkzeug, um ISDN zu installieren

Abb. 25

NTBA ist an den Splitter noch ein DSL-Modem angeschlossen, das die Daten für den Computer verwertbar aufbereitet. Über eine Netzwerkverbindung gelangen diese Daten dann zum Rechner. (Abb. 23)

Montage

Somit besteht die Installation von DSL darin, eine ISDN-Installation zu ergänzen. Dazu montieren Sie zuerst in der Nähe des NTBA den Splitter. Auch dieser wird – ähnlich wie der NTBA – mit Schrauben auf der Wand befestigt. (Abb. 24)

Zum Markieren der Bohrungen sollten Sie auch hier die mitgelieferte Schablone nutzen, die Löcher bohren, die Dübel setzen und die Schrauben eindrehen. Anschließend hängen Sie den Splitter ein.

Anschluss

Ziehen Sie nun den Stecker der NTBA-Leitung aus der Übergabesteckdose und stecken ihn in den entsprechend bezeichneten Anschluss am Splitter. Mit dem zum Splitter gelieferten Kabel stellen Sie nun durch Einstecken der Stecker eine Verbindung zwischen der Übergabedose und dem Splitter her. Damit sollte der ISDN-Betrieb bereits wieder funktionieren. (Abb. 25)

Das Modem wird in der Regel in der Nähe des Computers aufgestellt und durch eine ebenfalls mitgelieferte Leitung mit dem Splitter verbunden. Nun bleibt noch die Verbindung zwischen dem Modem und dem Rechner herzustellen. Dazu benötigen Sie ein „Patchkabel“, wie man es bei Computernetzwerken verwendet. Diese Kabel haben auf beiden Seiten Westernstecker montiert und sind in jedem Computergeschäft zu kaufen. (Abb. 26)

Damit Ihr Computer mit DSL arbeiten kann, muss er einen

Abb. 26

Netzwerkanschluss bieten – was bei vielen modernen Rechnern bereits serienmäßig installiert ist. Aber auch ältere Systeme lassen sich nachträglich preiswert mit einer Netzwerkkarte aufrüsten. Nach diesen Verbindungen müssen Sie noch die für DSL benötigten Treiber auf dem PC installieren und einrichten.

Inbetriebnahme einer ISDN-Anlage

Bei einer ISDN-Installation ist der letzte Schritt zur Inbetriebnahme, das Übergabegerät NTBA an die Anschlussdose des Netzbetreibers anzuschließen. Allerdings darf das erst dann geschehen, wenn der Anschluss auf ISDN umgestellt bzw. von vornherein ein ISDN-Anschluss beantragt wurde. Für die erste Inbetriebnahme sollte man zunächst noch keine Endgeräte oder Installationen mit dem NTBA verbinden.

Anschluss

Nachdem die Verbindung zwischen NTBA und der Übergabedose hergestellt ist, muss am NTBA eine Leuchtdiode leuchten. Bleibt die Leuchtdiode dunkel, ist zunächst die Verbindung zwischen NTBA und Anschlussdose zu überprüfen. Anschließend sollte man kontrollieren, ob mit der Anschlussdose wirklich nur der NTBA verbunden ist.

Wenn am NTBA Endgeräte ohne eigene Stromversorgung angeschlossen sind, muss der NTBA an eine Netzsteckdose (230 Volt) angeschlossen werden. Sind am NTBA nur Endgeräte mit eigener (230 Volt) Stromversorgung angeschlossen, braucht man den NTBA nicht mit dem 230-Volt-Netz verbinden, da das nur Energie verschwendet.

Funktionskontrolle

Eine erste Funktionskontrolle des Anschlusses kann man nun mit einem ISDN-Telefon durchführen. Dazu steckt man den Stecker des Telefons in eine der beiden Buchsen des NTBA und verbindet gegebenenfalls das Telefon mit dem 230-Volt-Netz. Nun sollte man nach dem Abheben des Hörers das Freizeichen hören und einen externen Telefonanschluss anwählen können und zu ihm eine Verbindung aufbauen.

Prüfung der Installation

Bevor man nun die ISDN-Endgeräte an die IAE oder RJ-45-Anschlussdosen der eigenen Installation anschließt, sollte man seine Arbeit überprüfen: Hierfür gibt es ISDN-Teststecker (auch als ISDN-in-House-Tester bezeichnet), die eine korrekte Installation aber auch Fehler mit Leuchtdioden (LEDs) anzeigen.

Dabei gibt eine zum Tester mitgelieferte Tabelle Aufschluss

Info

Regeln für Endgeräte

Obwohl sich das Anschließen der Endgeräte auf das Einstecken von Steckern beschränkt, muss man doch einige Regeln beachten.

- Man darf maximal acht digitale Endgeräte an einem S_0-Bus betreiben.
- Man darf höchstens vier ISDN-Telefone ohne eigene Stromversorgung an einem S_0-Bus anschließen.
- Analoge Endgeräte können nur über ISDN-Adapter an ISDN angeschlossen werden.

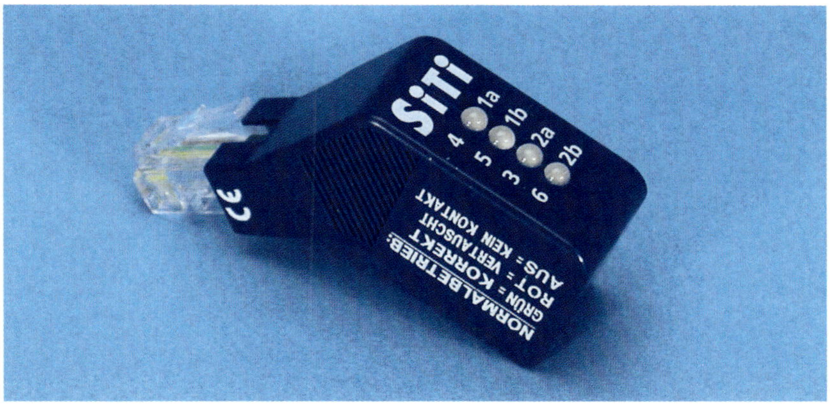

Abb. 27

darüber, was die Leuchtanzeige bedeutet – etwa „Alles ok" oder „Leitung 1a mit 1b vertauscht". Für diese Prüfung steckt man den Tester einfach nacheinander in alle ISDN-Dosen. Das Resultat kann man dann sofort an leuchtenden oder dunkel bleibenden Leuchtdioden ablesen. (Abb. 27)

Der Anschluss von digitalen Endgeräten erfolgt am NTBA und an den Anschlussdosen durch RJ-45-Stecker. Beim Einschieben in die Anschlussdose rastet dieser Stecker ein – zum Herausziehen muss man einen kleinen Riegel am Stecker drücken. (Abb. 28)

Abb. 28

ISDN konfigurieren

Bei ISDN kann man gezielt ein Endgerät anwählen, wenn diesem Gerät eine Mehrfachrufnummer (MSN) zugeordnet ist. Diese Mehrfachrufnummer erhält man von seinem Netzbetreiber.

Wenn es nicht funktioniert

Wenn bei einer ISDN-Installation etwas nicht funktioniert, kann man meist mit einer systematischen Fehlersuche schnell die Ursache finden.

Ist das Endgerät mit der ISDN-Anschlussdose verbunden?	Gerät mit ISDN-Anschlussdose verbinden.
Ist ein analoges Endgerät über einen ISDN-Adapter angeschlossen?	ISDN-Adapter verwenden.
Von dem Endgerät kann ein anderer Teilnehmer angewählt werden.	MSN-Zuordnung am Endgerät oder am ISDN-Adapter korrigieren.
Klingelt das Endgerät bei kommenden Anrufen unter der richtigen MSN?	MSN-Zuordnung am Endgerät oder am ISDN-Adapter korrigieren.
Ist das Endgerät gegebenenfalls mit einer 230-Volt-Steckdose verbunden?	Gerät an eine 230-Volt-Steckdose anschließen.
Ist an der verwendeten Netzsteckdose die Netzspannung vorhanden?	Sicherungen überprüfen, Netzinstallation reparieren, andere Steckdose verwenden.
Ist das Endgerät oder der ISDN-Adapter richtig konfiguriert?	Konfiguration anhand der Bedienungsanleitung überprüfen.
Ist das Endgerät defekt? (Zum Test anderes Endgerät anschließen)	Gerät reparieren lassen bzw. austauschen.
Ist der NTBA mit der Übergabedose des Netzbetreibers verbunden?	NTBA mit der Übergabedose verbinden.
Ist der NTBA gegebenenfalls mit einer Netzsteckdose verbunden?	Gegebenenfalls NTBA an 230-Volt-Steckdose anschließen.
Ist an der NTBA-Steckdose die Netzspannung vorhanden?	Sicherungen überprüfen, Netzinstallation reparieren, andere Steckdose verwenden.
Ist nur der NTBA an die Übergabedose angeschlossen?	Alle Verbindungen zu weiteren Geräten entfernen.
Ist der S_0-Bus in Ordnung? (Zum Test S_0-Bus-Installation vom NTBA trennen.)	S_0-Bus-Installation überprüfen/reparieren.
Funktioniert ein ISDN-Endgerät direkt an dem NTBA?	Den Anschluss vom Netzbetreiber prüfen lassen.

Die Zuordnung der MSN zu den Endgeräten erfolgt durch die Programmierung des jeweiligen Endgeräts. Wie genau diese Programmierung erfolgen muss, ist in der Bedienungsanleitung des ISDN-Endgeräts beschrieben. Verwendet man analoge Geräte mit einem ISDN-Adapter, muss der Adapter entsprechend programmiert werden.

Bei der Zuteilung der Mehrfachrufnummern zu den Endgeräten sollten analoge Endgeräte wie etwa ein Telefax oder ein Anrufbeantworter jeweils eine eigene MSN erhalten. Dadurch lassen sich die verschiedenen Dienste wie Fax, Telefon und Datenübertragung auch bei Anrufen aus dem konventionellen Telefonnetz unterscheiden.

Defektes Antennenkabel

Ein defektes Antennenkabel macht sich oft dadurch bemerkbar, dass das Fernsehbild oder der Rundfunkempfang „verrauscht" ist: Im Lautsprecher dominiert das Rauschen, das Fernsehbild zeigt überwiegend „Schnee". Solche Fehler können permanent sein oder nur, wenn das Antennenkabel in eine bestimmte Position bewegt wird.

Antennenkabel reparieren

In sehr vielen Fällen ist ein Antennenkabel direkt am Stecker oder an der Kupplung defekt, da das relativ starre Kabel bei Bewegungen von der Zugentlastung nicht wirkungsvoll genug gehalten wurde. Dann können Unterbrechungen oder Kurzschlüsse entstehen.

Info

ISDN-Endgeräte sind deutlich teurer als vergleichbare analoge Geräte, bieten dafür aber einige wesentliche Komfortfunktionen. Allerdings sind ISDN-Anrufbeantworter und ISDN-Telefaxgeräte meist unvergleichlich viel teurer als ihre analogen Gegenstücke. Somit ist es sinnvoll, diese Geräte am ISDN-Anschluss als Analogausführungen zu betreiben. Die dazu notwendigen Adapter gibt es in zwei Varianten: Die einen erlauben lediglich den Anschluss der Analoggeräte an ISDN und unterstützen keine speziellen ISDN-Funktionen. Die teureren, intelligenten Adapter machen einige ISDN-Leistungsmerkmale für analoge Endgeräte verfügbar.

Solche Fehler können sowohl an der Kupplung als auch am Stecker auftreten. Allerdings ist die Fehlersuche und auch die Montage bei beiden im Wesentlichen gleich. Es gibt Antennen mit F-Verbindungen und mit Koaxverbindungen. (Abb. 29)

Defektes Antennenkabel mit Koaxsteckverbindungen

Zuerst ist der Stecker zu öffnen. Finden sich bei einer Reparatur im Stecker und der Kupplung keine offensichtlichen Fehler, sollte man beide samt etwa 5 bis 10 cm Antennenleitung abschneiden und neu anschließen. Bei offensichtlichen Fehlern sollten Sie ebenfalls die Leitung am Stecker oder der Kupplung abschneiden und neu anschließen.

Arbeitsmaterial

Werkzeug: kleiner Schraubendreher, Messer
Material: eventuell Koaxstecker und/oder Koaxkupplung

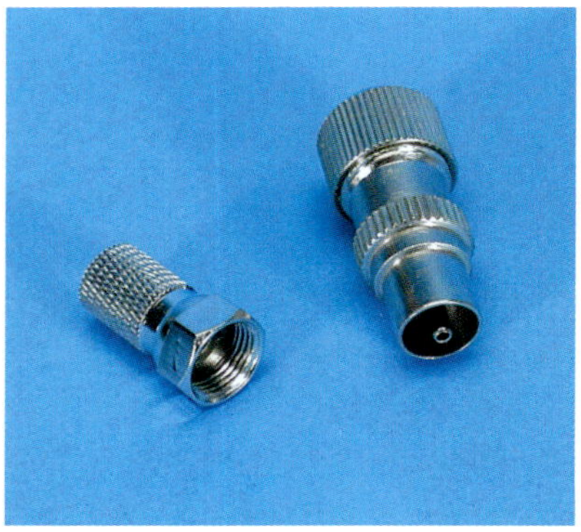

Abb. 29

Antennenkabel haben unter der äußeren Isolierung ein Abschirmgeflecht aus sehr feinen Kupferdrähten. Darunter liegt eine dicke Isolierung des Leiters, der das Signal führt. Dieser Leiter besteht meist aus mehreren dickeren Kupferdrähten.

Da die äußere Isolierung sehr dünn ist und die darunter liegenden Kupferdrähte leicht durchschnitten werden, ritzen Sie zum Abisolieren die äußere Isolierung ringförmig leicht ein. Diese Schnittstelle sollte rund 2 cm vom Leitungsende entfernt sein – im Zweifel isolieren

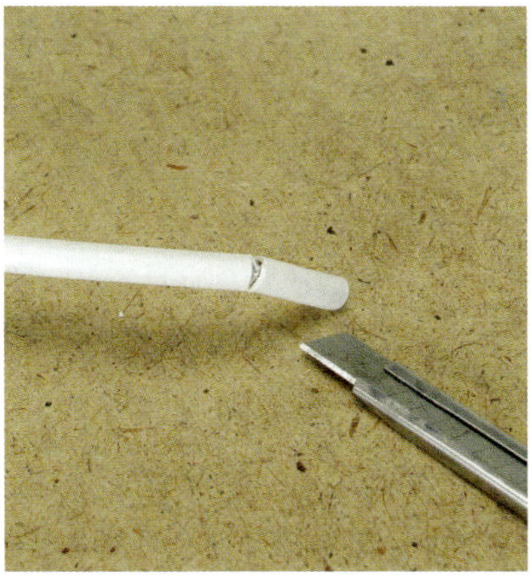
Abb. 30

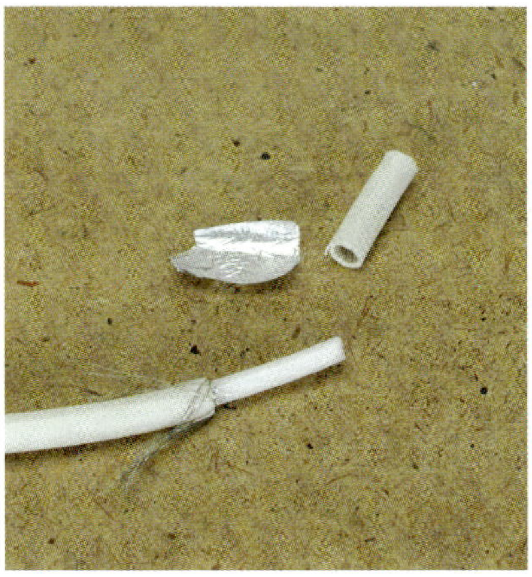
Abb. 31

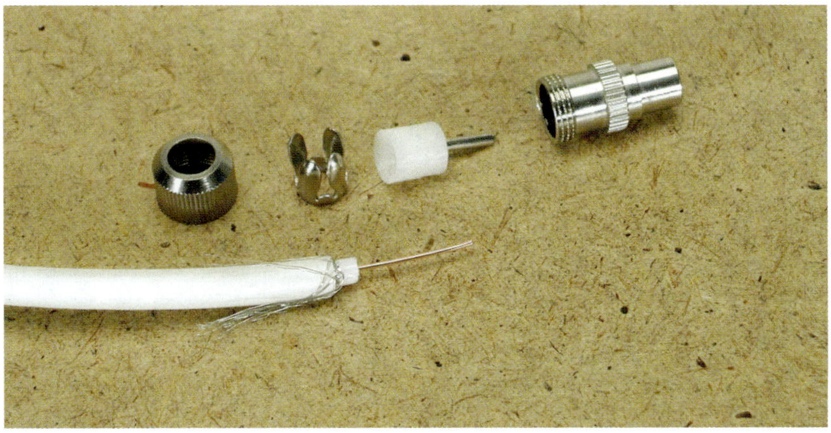
Abb. 32

Sie die Leitung lieber einen Zentimeter zu lang als zu kurz ab. Biegen Sie dann die Leitung, bis der Schnitt aufreißt. Nun sollte sich die Isolierung abziehen lassen. (Abb. 30)

Das nun offen liegende Abschirmgeflecht müssen Sie mit einem feinen Werkzeug vorsichtig auffächern. Wie Sie dann diese Adern weiter behandeln müssen, hängt von dem verwendeten Stecker ab.

Bei vielen Winkelsteckern wird diese Abschirmung einfach samt der Leitung unter die Zugentlastung geklemmt. Bei solchen Steckern verdrillen Sie alle Adern des Geflechts ganz leicht und biegen Sie auf die Außenisolierung.

Bei vielen anderen Steckerformen muss jedoch die Abschirmung so entflochten werden, dass sie gleichmäßig über den Umfang der Außenisolierung verteilt gebogen werden kann. (Abb. 31)

Nun müssen Sie den Innenleiter entsprechend dem Stecker abisolieren. Je nach Ausführung des Steckers oder der Kupplung messen Sie die Länge der im Stecker benötigten Innenisolierung. Grundsätzlich sollte der Innenleiter nicht ohne diese Isolierung im Stecker liegen.

An der so bestimmten Stelle isolieren Sie dann den Innenleiter mit einem ringförmigen Schnitt, der am einfachsten auf einer harten Unterlage aus Holz ausgeführt werden kann, ab. Nach dem Schnitt sollte sich die dicke Innenleiterisolierung abziehen lassen. Die so freigelegten Kupferadern können Sie dann verdrillen. (Abb. 32)

Im Stecker oder der Kupplung befindet sich oft eine kleine Schraube zum Anschluss des

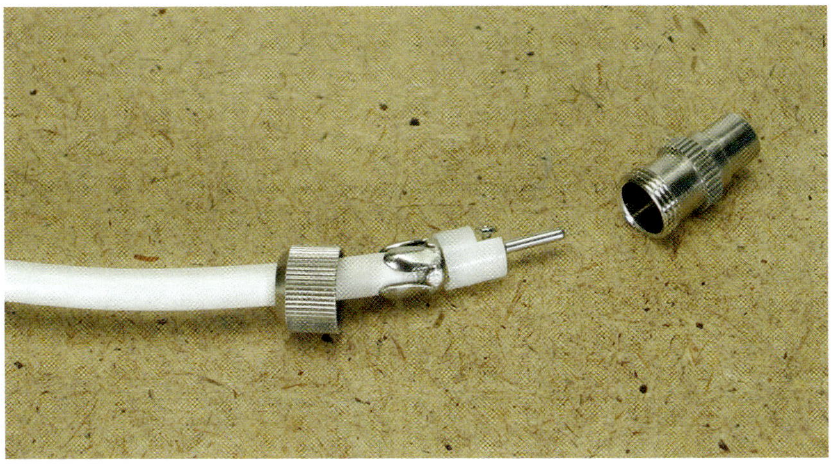
Abb. 33

Abb. 34

Abb. 35

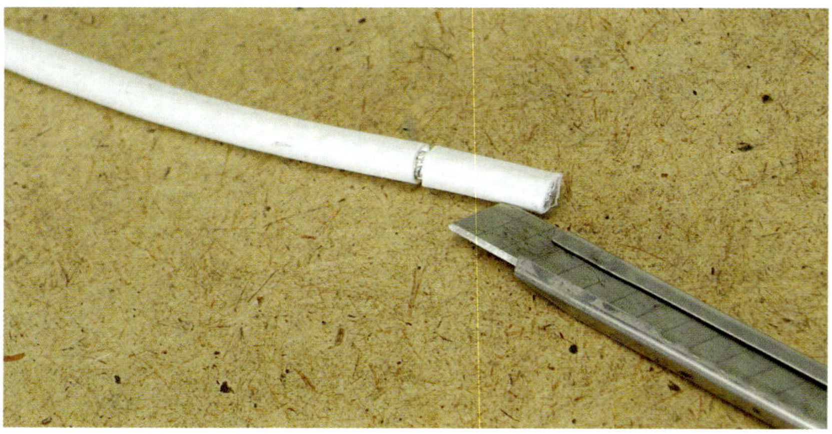

Abb. 36

Innenleiters. Bei manchen Steckern finden Sie diese Schraube erst dann, wenn Sie den unteren Ring des Gehäuses etwas vom Innenteil abschieben. Diese Schraube lösen Sie so weit, dass der Innenleiter leicht eingeschoben werden kann. Schieben Sie die Abdeckung des Steckers über die abisolierte Leitung und stecken Sie den Innenleiter in die Aufnahme. (Abb. 33)

Ziehen Sie die Schraube vorsichtig fest und überprüfen Sie, ob Sie die Leitung in der richtigen Länge abisoliert haben: Die Außenisolierung sollte knapp über dem Ende des Steckers enden. Ist das der Fall, können Sie die Adern der Abschirmung gleichmäßig über den metallischen Teil des inneren Steckerteils schieben. Dabei darf jedoch keine einzelne Ader Kontakt mit der Schraube bekommen. (Abb. 34)
Abschließend schieben Sie das obere Gehäuseteil über den Stecker und verschrauben es mit dem unteren Teil des Gehäuses.

Defektes Antennenkabel mit F-Steckverbindungen

Die in der Satellitentechnik verwendeten F-Stecker gibt es in verschiedenen Ausführungen. Wichtig ist bei der Auswahl vor allem, dass der Stecker zum Außendurchmesser der Koaxialleitung passt, da die F-Stecker auf eine entsprechend abisolierte Leitung einfach aufgeschraubt werden. (Abb. 35)

Für die Reparatur einer Leitung mit F-Stecker muss in der Regel die Antennenleitung neu abiso-

Arbeitsmaterial

Werkzeug: kleiner Schraubendreher, Messer
Material: eventuell F-Stecker, passend zum Kabeldurchmesser

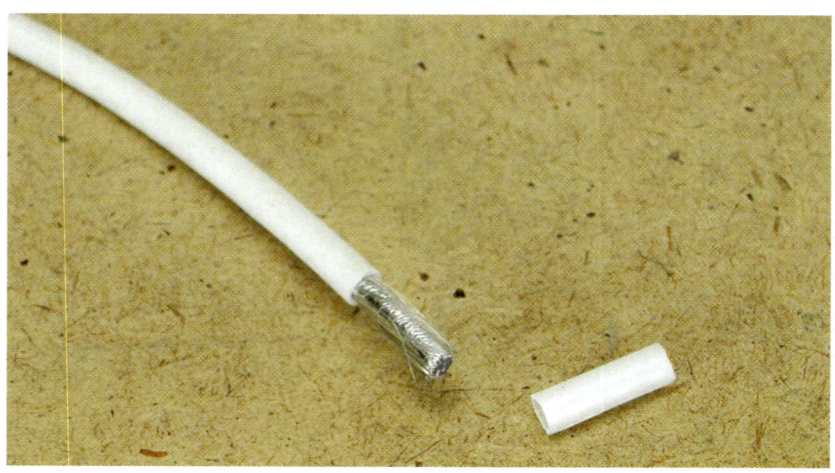

Abb. 37

liert werden, da durch das Abschrauben des Steckers meist das äußere Abschirmgeflecht des Kabels reißt. Somit sollten Sie den Stecker mit rund 5 bis 10 cm Antennenleitung abschneiden und neu anschließen. Zur Montage eines F-Steckers auf dem Koaxialkabel müssen Sie zuerst die Leitung in der richtigen Weise abisolieren.

Zunächst entfernen Sie die äußere Kunststoffisolierung auf einer Länge von rund 2 cm vom Leitungsende. Dafür schneiden Sie sie ringförmig mit einem scharfen Messer ein. Biegen Sie dann die Leitung, bis der Schnitt aufreißt, und ziehen Sie die Isolierung ab. (Abb. 36)

Anschließend entfernen Sie die Abschirmummantelung und biegen das Adergeflecht leicht über die Kunststoffummantelung der Leitung. (Abb. 37, Abb. 38)

Abb. 38

Von der nun offen liegenden inneren Isolierung müssen Sie nun so viel entfernen, dass gemessen gegenüber der Außenisolierung noch rund 3 mm der inneren Isoierung stehen bleiben. Dazu schneiden Sie die Innenisolierung mit dem Messer vorsichtig ringförmig ein, bis man sie vom Innenleiter abziehen kann. (Abb. 39)

Abb. 39

Auf die so vorbereitete Leitung schrauben Sie dann den F-Stecker so weit auf, bis die innere Isolierung ein kleines Stück aus dem Stecker herausragt. (Abb. 40)

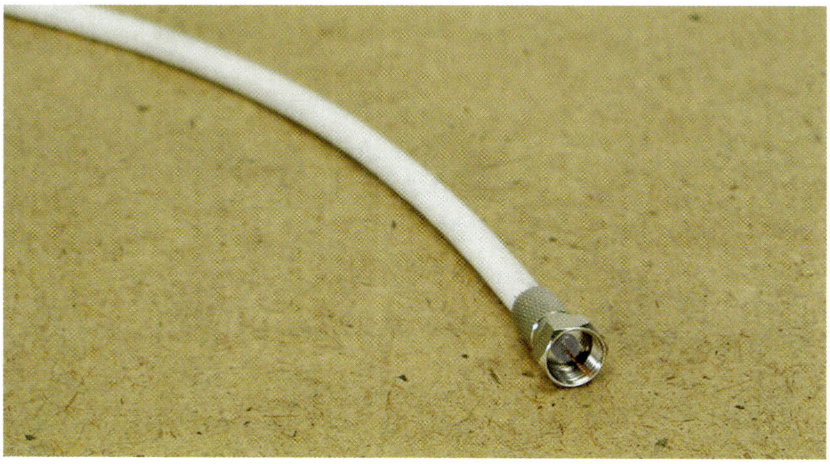

Abb. 40

Achtung

Vor allen Arbeiten an einer Sat-Anlage müssen Sie alle Receiver von dem System trennen. Da die Stromversorgung der Anlage durch die Receiver erfolgt, stellen Sie dadurch sicher, dass bei Ihren Arbeiten keine Kurzschlüsse mit möglichen Gerätedefekten geschehen.

Satelliten-empfangs-anlagen

Der Empfang von Fernseh- und Rundfunkprogrammen via Satellit ist höchst populär: Die dafür nötigen Systeme sind relativ preiswert in der Anschaffung, verursachen keine Betriebskosten und bieten eine Fülle an nationalen und internationalen Programmen. Je nach den eigenen Anforderungen kann man ein Satellitenempfangssystem sehr einfach aufbauen oder eine hochkomplexe Anlage erstellen.

Programmvielfalt aus dem Himmel

Besonders beim Fernsehempfang befindet sich die Medienlandschaft in einer Umbruchphase: Die analoge Technik wird von Digitaltechnik abgelöst. So werden neben dem konventionellen analogen Verfahren seit einiger Zeit per DVB (DVB = Digital Video Broadcasting = digitales Fernsehen) Fernsehprogramme auch digital übertragen. In einigen Regionen ist die terrestrische analoge Ausstrahlung von Fernsehprogrammen bereits eingestellt bzw. die Programmauswahl wurde stark reduziert.

Digitale Fernsehwelt

Als Alternative zum analogen Fernsehempfang per konventioneller Antenne bietet sich zum einen DVB-T an. (Abb. 1)

Das ist der Empfang von Fernsehbildern, die in digitaler Form terrestrisch, also durch auf der Erde montierte Antennen, ausgestrahlt werden und sich vielerorts mittels einer kleinen Zimmerantenne empfangen lassen. Als Zusatzgerät benötigt man lediglich einen DVB-T-Receiver, der die empfangenen digitalen Signale so aufbereitet, dass sie ein konventionelles, also analog arbeitendes, Fernsehgerät wiedergeben kann. Somit ist für den Fernsehempfang via DVB-T keine aufwändige Installation mehr nötig.

Der Empfang von Programmen per Satellit kann zur Zeit ebenfalls analog und/oder digital erfolgen. Dabei bieten moderne digitale Empfangssysteme die Möglichkeit, zusätzlich auch analoge Programme zu empfangen. Gegenüber DVB-T ist der Empfang per Satellit aufwändiger, da hier eine Antenne im Freien montiert werden muss, von der mindestens ein Kabel zu dem Empfänger führen muss. Zudem benötigt man wie bei DVB-T einen speziellen Sat-Receiver je Empfangsgerät. Dafür bietet jedoch der Empfang per Satellit deutlich mehr Programme als beim Empfang über DVB-T.

Analog oder digital?

Der technische Unterschied zwischen einem analogen und einem digitalen Übertragungsverfahren ist der, dass beim analogen Verfahren Bild- und Tonsignale in elektrische Spannungen umgewandelt werden, wobei sich die Größe dieser Spannung entsprechend dem Bild und Ton stetig ändert.

Bei der Digitaltechnik werden diese Werte viele tausend Mal pro Sekunde abgetastet und liegen dann als digitale Informationen vor. Dieser digitale Datenstrom lässt sich komprimieren, wodurch die Datenmenge abnimmt, ohne dass wahrnehmbare Veränderungen an Bild und Ton erfolgen.

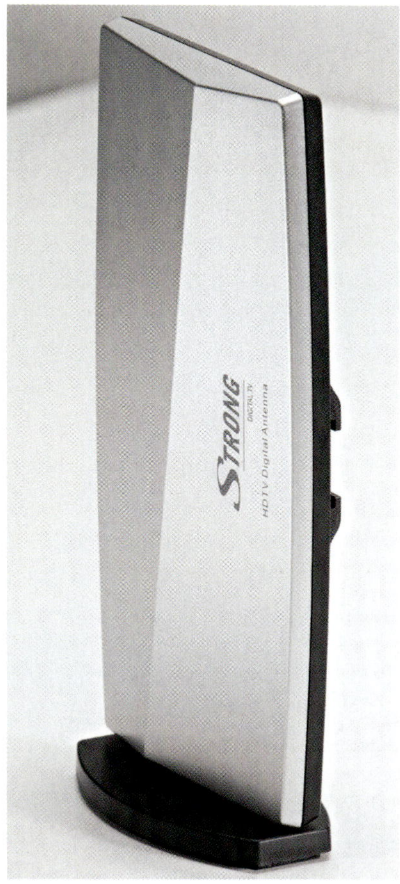

Abb. 1
Das digitale Fernsehen DVB bietet gegenüber der analogen Technik etliche Vorteile. Mit DVB lassen sich auf einem herkömmlichen TV-Kanal sechs bis zehn Fernsehprogramme übertragen – bei analoger Technik nur eines. Parallel dazu lassen sich Radioprogramme sowie Computer- und Internetanwendungen übertragen. Außerdem kann ein elektronischer Programmführer (EPG: Electronic Programme Guide) mit den Programmen übertragen werden, der den Anwender über die Sendungen informiert. Zudem ist die Bildqualität bei DVB deutlich besser – es gibt beim digitalen Empfang

kein schlechtes Bild mehr. Hier empfängt man entweder ein gutes Bild oder gar keins.

Zum Empfang von DVB ist ein spezieller Receiver nötig, den man auch als Set-Top-Box bezeichnet. Die Set-Top-Box filtert die gewünschten Signale aus dem Datenstrom und wandelt sie so um, dass sie analoge Fernsehgeräte oder Aufnahmegeräte wie Videorekorder verarbeiten können. Set-Top-Boxen gibt es für den digitalen Empfang von terrestrisch ausgestrahlten Programmen (DVB-T) (Abb. 2), für Satellitenempfang (DVB-S) (Abb. 3) und für Kabelempfang (DVB-C).

Von der Schüssel zum Fernsehgerät

Das auffälligste Bauteil einer Satellitenempfangsanlage ist die Antenne, welche die sehr schwachen Signale vom Satelliten empfängt und wie ein Hohlspiegel in einem Brennpunkt bündelt. (Abb. 4)

Direkt in diesem Brennpunkt ist ein so genannter LNB (Low Noise Block Amplifier) angebracht, der die Satellitensignale empfängt, verstärkt und so aufbereitet, dass sie per Kabel weitergeleitet werden können. Zum Anschluss dieser Leitungen hat der LNB eine oder mehrere Anschlussbuchsen für F-Stecker. (Abb. 5)

Von dem LNB gelangt das Antennensignal zu einem elektronischen Verteiler oder direkt zum Empfänger (Receiver). (Abb. 6)
Bei einem Satellitenempfangssystem bestimmt vor allem die Anzahl der angeschlossenen Empfangsgeräte – also beispielsweise Fernseher oder Aufnahmegeräte wie Videorekorder – den Aufbau des Systems. Grundsätzlich benötigt jedes einzelne Empfangsgerät einen eigenen Receiver. Wer also Fernsehen möchte und gleichzeitig ein anderes Programm auf Video aufzeichnen will, muss schon zwei Receiver zur Verfügung haben.

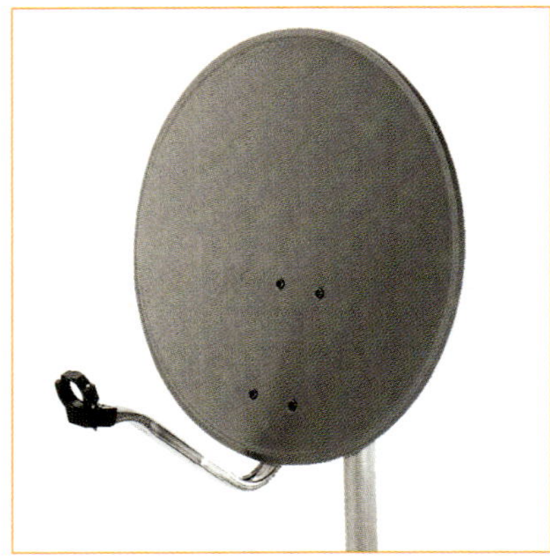

Abb. 4

Im Wesentlichen bestimmt jedoch die Anzahl der benötigten Receiver, welche Art von LNB eingesetzt werden muss und

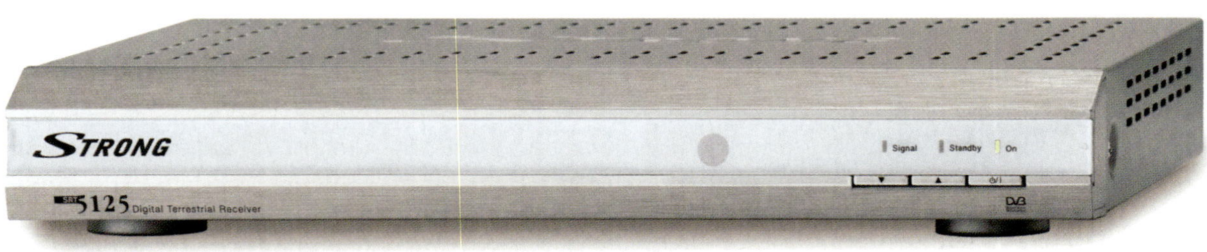

Abb. 2

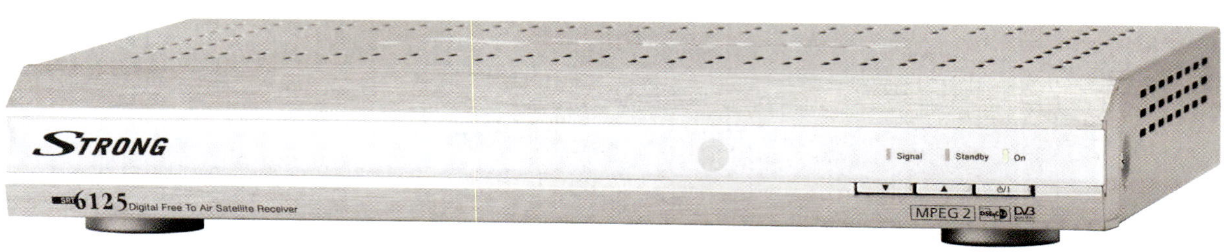

Abb. 3

Abb. 5

ob spezielle elektronische Verteiler benötigt werden. Zudem sollte die Antenne – speziell bei mehreren angeschlossenen Receivern – die Satellitensignale möglichst stark empfangen. Dies gewährleistet eine entsprechend große Antenne.

Die Antenne

Zum Empfang der Programme des weit verbreiteten Astra-Satelliten ist ein Antennendurchmesser von 60 cm eine minimale Größe. Um auch bei schlechtem Wetter einen guten Empfang zu haben und um die Anlage mit mehr als einem Teilnehmer betreiben zu können, sollte man jedoch eine größere Antenne mit mindestens 80 cm Durchmesser einsetzen. Bei dem ebenfalls gern genutzten Satelliten Eutelsat sollte die Antenne auch mindestens diesen Durchmesser haben.

Sehr wichtig für einen guten Empfang ist der Standort der Antenne. Um die Satellitensignale von Astra und Eutelsat zu empfangen, muss die Antenne nach Südosten gerichtet sein, wobei ihr kein Hindernis wie Gebäude oder Bäume die freie „Sicht" auf den Himmel versperren darf.
Zudem sollte die Antenne so montiert werden, dass möglichst kurze Leitungen ausreichen, um die Verbindung zum Empfänger herzustellen.

Die Montage der Antenne kann auf dem Dach, an der Hauswand, dem Balkongeländer oder im Garten erfolgen. Hierfür gibt es jeweils entsprechende Haltevorrichtungen zu kaufen. (Abb. 7, 8, 9, 10)

Bei frei stehender Montage muss die Antenne zudem mit einer Blitzschutzeinrichtung ausgestattet werden, was sich auch bei der Montage an einer Hauswand empfiehlt. Blitzschutzeinrichtungen sollten jedoch von Fachleuten installiert werden.

Auf dem Dach sollte man eine Satellitenantenne keinesfalls in Eigenleistung montieren, da hierbei ein Blitzschutz zwingend erforderlich ist, die Windlast besonders beachtet werden muss und alle Arbeiten nur mit einer Absturzsicherung erfolgen dürfen.

Montage einer Satellitenantenne an der Hauswand

Vor der Montage der Antenne muss diese nach den Herstellerangaben zusammengebaut werden. Dabei darf man die Teile keinesfalls verbiegen, muss sie aber trotzdem fest zusammenschrauben.

An der zusammengebauten Antenne befestigt man dann den LNB und richtet ihn auf die am Halter mit „0" (0°) markierte Position aus. Die Befestigungsschrauben des LNB sollte man jedoch nur so stark festziehen, dass man den LNB noch ausrichten kann.

An der Hauswand markiert man die Bohrlöcher und erstellt die Bohrungen für die Dübel und setzt sie ein. Die Dübel sollten mindestens einen Durchmesser von 10 mm haben, damit später die montierte Antenne stabil befestigt ist und auch

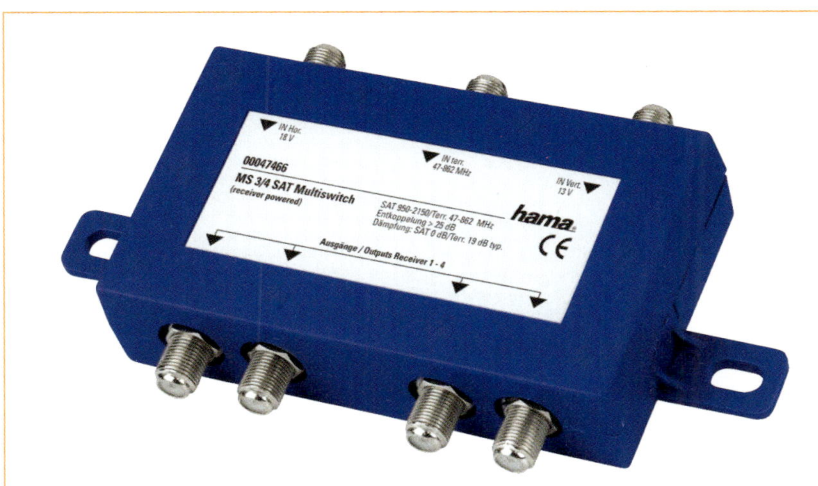

Abb. 6

Info

Es gibt zwölf Astra-Satelliten (griechisch astra = Sterne). Mithilfe einer Satellitenschüssel kann man Radio- und Fernsehsignale empfangen. In Europa werden über 1.100 analoge und digitale Kanäle über die Astra-Satelliten ausgesendet. Eigentümer der Astra-Satelliten ist die SES Global (vormals: SES-Astra – Société Européenne des Satellites-Astra) mit Sitz in Betzdorf in Luxemburg.

Eutelsat ist die Abkürzung für **Eu**ropean **Tel**ecommunications **Sat**ellite **O**rganization. Sie wurde 1982 als übernationale Organisation durch eine Regierungsvereinbarung zwischen 26 europäischen Staaten als Vermarkter der ESA-Kommunikationssatelliten gegründet. Die Organisation beauftragt und betreibt eigene Satelliten. Der Eutelsat-Firmensitz befindet sich in Paris.

starkem Wind trotzen kann. Nun verschraubt man den Halter mit einem passenden Schraubenschlüssel an der Hauswand.

Die Antenne wird meistens mit Metallbügeln an dem Rohr des Halters festgeschraubt. Zunächst sollte man diese Befestigungsschrauben auch nur leicht anziehen, da die Antenne noch ausgerichtet werden muss. Allerdings kann man die Antenne gleich bei der Montage grob nach Südosten ausrichten – entweder verwendet man dazu einen Kompass oder orientiert sich an bereits montierten Antennen der Nachbarn.

Ausrichtung der Antenne

Das Einrichten einer Satellitenantenne ist nicht schwierig, man benötigt lediglich Geduld. Am einfachsten kann man eine Satellitenantenne ausrichten, wenn man daran (provisorisch) einen analogen Receiver und ein Fernsehgerät anschließt. Dafür genügt es, den LNB direkt an den Receiver anzuschließen. Der Receiver sollte über ein SCART-Kabel mit dem Fernseher verbunden sein, um Qualitätsverluste zu vermeiden.

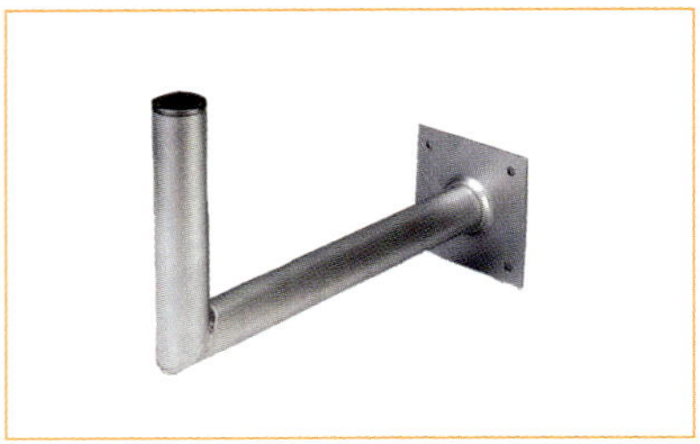

Abb. 9

Zum Einrichten der Antenne platziert man den Fernseher am besten so, dass man den Bildschirm bei der Arbeit an der Antenne beobachten kann. Sind die Geräte platziert und mit dem 230-Volt-Netz verbunden, stellt man das Fernsehgerät bei einer SCART-Verbindung zum Receiver auf „AV" und wählt am Receiver ein Programm (z. B. in Deutschland 001 für ARD bei Astra). Jetzt sollte man auf dem Bildschirm schwarze und weiße Punkte sehen. Bleibt alles dunkel, sind alle Verbindungen zu überprüfen.

Bei Anlagen, die ausschließlich für digitalen Empfang ausgelegt sind, muss man einen

Abb. 7

Abb. 8

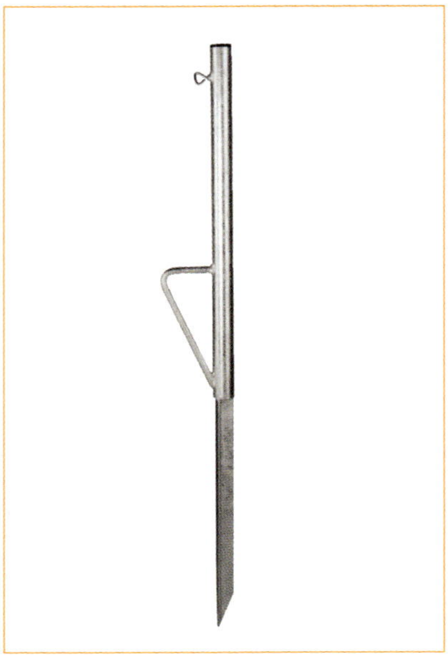

Abb.10

Info

Als Faustformel für die Entfernung von Antennen zu Hindernissen gilt: Ein Hindernis stört den Empfang nicht mehr, wenn es doppelt so weit von der Antenne entfernt ist, wie es hoch ist.

Sat-Finder oder ein Sat-Messgerät verwenden. Das ist deshalb nötig, da bei digitaler Übertragung entweder nur ein gutes Bild oder gar kein Bild angezeigt wird. Somit ist es hier nicht möglich, die Antenne nach der Bildqualität auszurichten.

Zudem wird man nur schwerlich einen Satelliten finden, da Digitalreceiver einen kleinen Moment benötigen, um die empfangenen Signale zu verarbeiten. Somit müsste man jede Antennenbewegung in extremer Zeitlupe ausführen, bis man endlich einen Satelliten mit ausreichender Signalstärke findet.

Sat-Finder oder ähnlich bezeichnete Zubehörgeräte schaltet man mittels F-Kabel zwischen LNB und Receiver beziehungsweise muss sie nur mit dem LNB verbinden – je nach Gerät. Dann kann man auf einer Anzeige ablesen, wann die Antenne das maximale Signal liefert. (Abb. 11)

Arbeitsmaterial

Werkzeug: Bohrmaschine, Steinbohrer (passend zu den Dübeln), Schraubenschlüssel (passend zu den Schrauben), Schraubendreher zur Antennenmontage
Material: Satellitenantenne, Wandhalter, Dübel, Schrauben

Bei Arbeitsbeginn sollte man die Antenne zunächst gegebenenfalls mithilfe eines Kompasses nach Süden ausrichten und den Neigungswinkel grob einstellen. Hierzu benötigt man eine Tabelle, die in der Regel in der Lieferung der Antenne enthalten ist. Andernfalls kann man die Ausrichtung von in der Nähe montierten Sat-Anlagen als Anhaltswert nehmen. Ist der Neigungswinkel grob eingestellt, richtet man die Antenne nach Süden aus. (Abb. 12)

Anschließend dreht man die Antenne langsam in Richtung Osten, wobei man bereits auf ein Fernsehsignal stoßen sollte. Nach dieser groben Ausrichtung erfolgt der Feinabgleich, indem man die Antenne langsam seitlich hin und her dreht, bis die bestmögliche Bildqualität erreicht ist bzw. die Antenne den maximalen Pegel liefert. In dieser Position befestigt man die Antenne.

Nun stimmt man den Neigungswinkel genau ab. Hierzu lockert man die Schrauben für den Neigungswinkel der Antenne und bewegt die Antenne so lange nach oben und unten, bis auch hier der maximale Pegel bzw. das beste Bild erreicht wird.

In dieser Position muss die Antenne dann durch Festziehen aller Schrauben fixiert werden. Abschließend lockert man die Befestigungsschrauben des

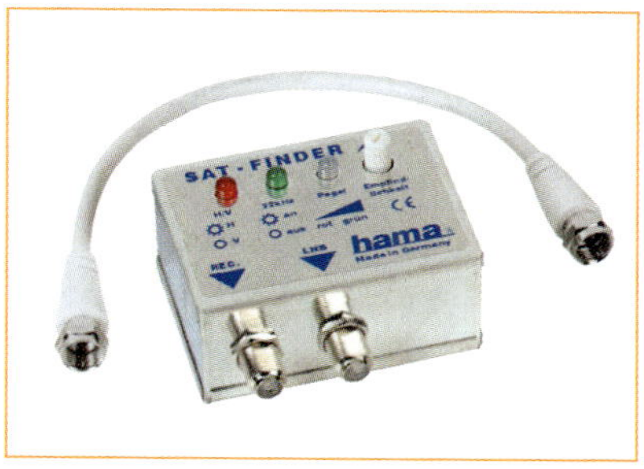

Abb. 11

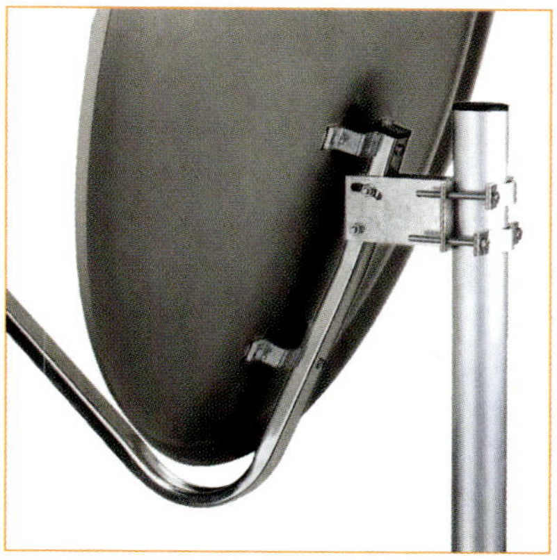

Abb. 12

LNB und bewegt ihn so lange in Richtung Antenne und davon weg, bis auch hier das Optimum erreicht ist. Anschließend befestigt man den LNB wieder.

Wenn bei der Feinabstimmung das Bild in einem sehr großen Bereich gut ist und Sie keine Pegelanzeige als Indikator für eine Empfangsverbesserung haben, dann können Sie die Empfangsqualität künstlich verschlechtern, um die optimale Position der Antenne finden zu können. Dazu legen Sie ein feuchtes bis nasses Tuch auf den Teil des LNB, der zur Antenne zeigt. Damit simulieren

Arbeitsmaterial

Werkzeug: Schraubendreher, Schraubenschlüssel, eventuell Kompass

Abb. 13

Abb. 14

Abb. 15

Sie extrem starken Regen. Mit dem so aufgelegten Tuch richten Sie dann die Antenne auf das Optimum aus.

Im Mittelpunkt beim Sat-Empfang: der LNB

Wie bereits erwähnt, hat der LNB entscheidenden Einfluss auf die Art und Qualität des Empfangs. Der LNB empfängt die von der Antenne gebündelten Signale, wandelt sie um und verstärkt sie. Zudem muss der LNB das empfangene Signal nach seiner so genannten Polarisationsebene unterscheiden. Dazu muss man wissen, dass hier Frequenzen „doppelt" genutzt werden, wobei als Unterscheidungskriterium die Schwingungsrichtung der Wellen dient. So kann ein Programm entweder vertikal oder horizontal gesendet werden. Welches dieser Programme dann empfangen wird, bestimmt die Einstellung des LNB. Zudem kann ein moderner LNB für den Empfang von analogen und digitalen Signalen umgeschaltet werden, wobei zwei unterschiedliche Frequenzbereiche verwendet werden. Der LNB wandelt aber auch die empfangenen Signale in eine Satelliten-Zwischenfrequenz um, damit die weitere Übertragung über ein Koaxialkabel erfolgen kann.

Arten von LNBs

LNBs gibt es in vielen Ausführungen. Die einfachste Art ist der „Single-LNB". Er kann nur analoge Programme empfangen und diese an nur einen analogen Satellitenreceiver liefern. Ebenfalls für nur einen Teilnehmer, aber sowohl für analogen als auch für digitalen Empfang eignen sich „Universal-Single-LNBs". Alle Single-LNBs haben einen einzigen Ausgang. Mit ihnen kann man entweder nur in vertikaler oder horizontaler Polarisationen übertragene Programme empfangen. (Abb. 13) Demgegenüber kann man an die zwei Ausgänge eines Twin-LNB zwei Receiver anschließen und mit jedem Gerät unterschiedliche analoge Programme empfangen. Für den Empfang von digitalen und analogen Programmen gibt es diese LNBs als Universal-Twin-LNB. (Abb. 14)

Für Anlagen mit mehreren Teilnehmern kann man einen Universal-Quatro-LNB einsetzen. Dieser LNB stellt an seinen vier Ausgängen alle empfangbaren Signale separat zur Verfügung. Allerdings kann man ihn nicht direkt an einen Receiver anschließen, sondern muss einen Multischalter verwenden. Dieser stellt dann mehreren Receivern die angeforderten Programme zur Verfügung. Je nach der Art der Multischalter kann man dann nahezu beliebig viele Empfangsgeräte anschließen und an jedem Gerät analoge oder digitale Programme jeder Polarisation empfangen.

Bei einem Universal-Quad-LNB ist dagegen ein solcher Multischalter in dem LNB integriert. Somit kann man an ihn direkt bis zu vier Analog- oder Digitalreceiver anschließen und damit unabhängig voneinander Programme empfangen. (Abb. 15)

Montage eines LNB

Falls ein vorhandener LNB ausgebaut werden muss, ist zunächst die Verschraubung seiner Halterung so weit zu lösen,

Abb. 16

Abb. 17

Arbeitsmaterial

Werkzeug: Schraubendreher passend zur Aufnahme des LNB
Material: LNB, Wetterschutzhülle(n) für F-Stecker oder selbstverschweißendes Isolierband

dass man den LNB von der Antenne abnehmen kann. Anschließend schiebt man die Isoliertüllen der F-Stecker auf das Kabel zurück oder entfernt gegebenenfalls das Isolierband um die F-Stecker und löst die Verschraubungen.

Info

Bei allen Arten von LNBs ist ein wichtiges Qualitätskriterium der Rauschpegel: Er sollte unter 1,0 dB liegen.

Den neuen LNB setzt man nun so in die Halterung ein, dass seine Markierung auf die entsprechende Marke in der Halterung zeigt. Befestigen Sie nun die LNB-Halterung, ziehen aber die Verschraubung nur so fest an, dass der LNB nicht verrutscht.

Anschließend verbinden Sie die Leitungen mit dem LNB und schieben die Wetterschutzhüllen über den Stecker (Abb. 16, 17). Wenn keine derartigen Schutzhüllen montiert waren, können Sie ohne Demontage der F-Stecker mit selbstverschweißendem Dichtungsband eine wasserdichte Versiegelung der Stecker erzielen. Dazu müssen Sie lediglich dieses Spezialband gemäß der Gebrauchsanleitung stramm um Kabel, Stecker und LNB-Verschraubungen wickeln.

Nun überprüfen Sie die Funktion des neuen LNB, indem Sie am Receiver ein Programm wählen. Wenn möglich, stellen Sie nun das Gerät so ein, dass es die empfangene Signalstärke anzeigt. Schieben Sie nun den LNB langsam und vorsichtig horizontal in seiner Halterung in Richtung Antenne und zurück, bis Sie den maximalen Pegel erzielt haben. In dieser Position ziehen Sie die Befestigungsschrauben der LNB-Halterung fest.

Sat-Anlagen planen

Wenn man eine Sat-Anlage plant, sollte man, wenn irgend möglich, deren Erweiterungsmöglichkeiten beachten.

Anzahl der Receiver

Das beginnt bei einer ausreichend großen Antenne, deren Durchmesser 80 cm betragen sollte. Als LNB sollte man außerdem in jedem Fall mindestens einen Universal-Twin-LNB einsetzen, selbst wenn man zunächst nur einen einzigen analogen Receiver anschließen möchte. Denn wenn man diesen LNB verwendet und anstelle von nur einem Kabel gleich beide Leitungen von dem LNB ins Haus führt, hat man jederzeit ohne Montagearbeiten die Möglichkeit, unabhängig voneinander zwei Digitalempfänger, einen Digital- und einen Analogempfänger oder zwei Analogempfänger zu betreiben. Schließt man an diese Anlage einen analogen Receiver an, werden automatisch nur analoge Programme empfangen. Nimmt man an diesem System einen digitalen Receiver in Betrieb, kann man damit die digitalen Programme des Oberbandes empfangen. Zudem kann man die so aufgebaute Anlage durch Multischalter für den Anschluss von mehr Teilnehmern erweitern.

Bis zu vier Receiver

Wer bis zu vier digitale und analoge Receiver unabhängig voneinander betreiben möchte, der kann seine Antenne mit einem Universal-Quatro-Switch-LNB bestücken. In diesem LNB, man bezeichnet ihn oft als Quad-LNB oder Universal-Quad-LNB ist bereits ein Multischalter integriert, wodurch man direkt an die vier Ausgänge des LNB jeweils einen analogen oder digitalen Receiver anschließen kann.

Über vier Receiver

Komplizierter wird es, wenn man mehr als vier digitale und analoge Receiver betreiben möchte. In diesem Fall sollte man einen Quatro-LNB mit Multischalter verwenden. Bei einem Universal-Quatro-LNB stehen an seinen vier Ausgängen beide Polarisationsebenen der beiden Frequenzbänder eines Satelliten gleichzeitig zur Verfügung. Diese Signale leitet man über vier Kabel vom LNB zu einem Multischalter. (Abb. 18)

Von dort beginnt dann die sternförmige Verteilung zu den Receivern. Multischalter gibt es in verschiedenen Ausführungen, die sich vor allem durch die Anzahl der Ein- und Ausgänge unterscheiden. Viele Multischalter bieten neben den Anschlüssen für den LNB noch die Möglichkeit, terrestrisch empfangene Signale mit einzuspeisen.

Abb. 18

Vor dem Receiver muss man diese Programme jedoch mit einer Sat-Anschlussdose wieder von den Satellitenprogrammen trennen. (Abb. 19, 20)

Abb. 20

Wenn die Anzahl der von einem Multischalter gebotenen Ausgänge nicht für den Verwendungszweck ausreicht, kann man kaskadierbare Multischalter verwenden, die man nahezu in beliebiger Anzahl kombinieren und damit entsprechend viele Receiver betreiben kann.

Abb. 19

Abb. 21

Allerdings sollte man sich immer vor Augen halten, dass von dem Multischalter jeweils ein Kabel zu jedem einzelnen Receiver führen muss. Wenn man eine größere Anlage aufbaut, sollte man darauf achten, dass die Multischalter ein eigenes Netzteil haben. Das ist vor allem dann wichtig, wenn größere Leitungslängen zwischen Receiver und Multischalter liegen. (Abb. 21)

Einkabelsystem

Wie bereits erwähnt, muss vom LNB an der Antenne mindestens eine Leitung zum Receiver bzw. mehrere Leitungen zu einem Multischalter führen. Somit ist die Installation eines Sat-Systems sternförmig aufgebaut. In der Praxis führt das zu einem erheblichen Installationsaufwand

Wesentlich einfacher ist dagegen der Aufbau einer Empfangsanlage mit einem Einkabelsystem. Je nach System muss dafür die Antenne mit einem Universal-Twin-, Quatro- oder Quad-LNB bestückt sein. Die Signale des LNB werden dann in das Einkabelsystem eingespeist. Von dort ausgehend führt anschließend eine einzige Leitung zu allen Teilnehmern. Der Anschluss aller Receiver erfolgt bei solchen Systemen über spezielle Anschlussdosen, wobei jeder Receiver seine eigene Dose benötigt.

Allerdings können mit den derzeit am Markt befindlichen Einkabelsystemen nur digitale

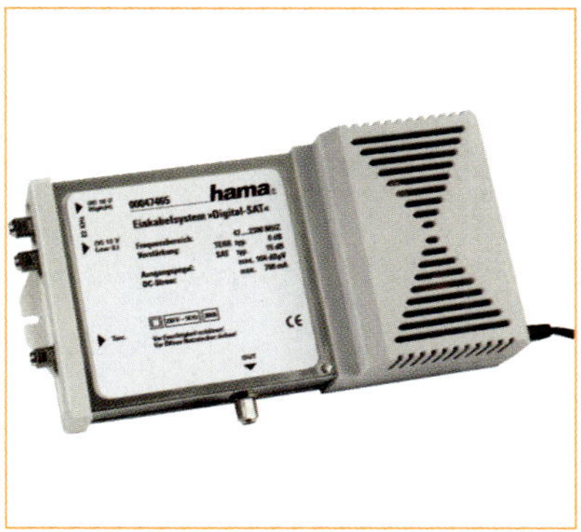

Abb. 22

Programme empfangen und verteilt werden. Diese Einkabelsysteme bieten sich vor allem dann an, wenn der Empfang zuvor über das Breitbandkabelnetz erfolgte, da auch hier eine Koaxialleitung zu jedem Teilnehmer führt. Wenn diese Leitung für die Verteilung von digitalen Sat-Signalen geeignet ist, müssen in der bestehenden Installation lediglich die Anschlussdosen ausgetauscht und am Speisepunkt der Leitung das Satelliteneinkabelsystem angeschlossen werden. (Abb. 22)

Das richtige Kabel

Ob sternförmige Leitungsführung oder Einkabelsystem – immer ist die Güte der verwendeten Antennenleitung mit entscheidend für die Empfangsqualität.
Somit sollte man immer zu einem hochwertigen, speziell für den Sat-Empfang geeigneten Koaxialkabel greifen.

Zudem sollte das Kabel ausdrücklich „digitaltauglich" sein. Ein wichtiges Qualitätskriterium ist hier die Dämpfung – der in Dezibel (dB) angegebene Dämpfungswert sollte weniger als 20 dB pro 100 Meter bei einer Frequenz von 500 MHz betragen.

Verlegung der Leitungen

Am einfachsten verlegt man die Antennenleitungen Aufputz und befestigt sie mit Nagelschellen. Bei der Verlegung unter Putz sollte man nie die Leitung ungeschützt verlegen, sondern immer in ein Rohr einziehen. Neben dem optimalen Schutz des Kabels bietet das den Vorteil, jederzeit und ohne Stemmarbeiten die Leitung auszutauschen.

Wählt man den Durchmesser des Rohres zudem groß genug, kann man bei Bedarf auch später noch eine weitere Leitung nachziehen. Zudem sind bei jeder Verlegungsart scharfe Knicke zu vermeiden. Ansonsten erfolgt die Verlegung von Antennenkabeln genau wie zuvor bei 230-Volt-Leitungen beschrieben.

Empfang vom Himmel und von der Erde

Wer in einem Satellitenempfangssystem zusätzlich terrestrisch gesendete Programme empfangen und verteilen möchte, der kann mit wenig Aufwand die so empfangenen Antennensignale in das Sat-System einspeisen. Das Einspeisen kann mithilfe von Bereichsweichen erfolgen, die das terrestrische und das Sat-Antennensignal zusammenführen.

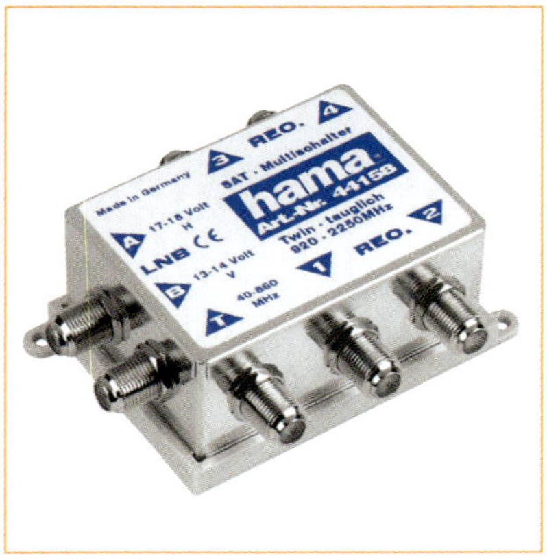

Abb. 23

Abb. 24

Aber auch viele Multischalter bieten einen separaten Eingang, über den man dem System die terrestrischen Signale zuführen kann. (Abb. 23)

Allerdings müssen dann am Endpunkt des Koaxialkabels die zusammengeführten Signale wieder getrennt werden. Am einfachsten erfolgt das in einer 3fach-Sat-Antennensteckdose.

An den Anschlüssen solch einer Steckdose kann man dann die Antennensignale vom Satelliten abnehmen und hat weitere Anschlüsse, an denen die terrestrischen Antennensignale für Radio und Fernsehen anstehen. (Abb. 24)

Info

Gerade in Mietwohnungen stellt sich oft das Problem, wie man eine oder mehrere Antennenleitungen von außen in die Wohnung verlegen kann, ohne Löcher in Fensterrahmen oder Wand zu bohren. Hier bietet der Handel spezielle Durchführungsleitungen an, die einfach auf den Rahmen eines Fensters gelegt werden. So kann man die Leitungen von einer beispielsweise am Balkongeländer montierten Sat-Antenne ohne Bohrungen direkt in die Wohnung führen und beim Auszug wieder spurlos entfernen.

Installations-Schemata

Die folgenden Installations-Schemata sollen einen Überblick geben, wie eine Satellitenempfangsanlage für einige typische Anwendungsfälle konzipiert werden kann. Neben den hier vorgestellten Schemata gibt es jedoch noch sehr viele weitere Möglichkeiten, solche Systeme aufzubauen.

Sat-Anlage für einen Teilnehmer

Eine Sat-Anlage für einen Teilnehmer mit einem Universal-Single-LNB erlaubt den Empfang von analogen und digitalen Programmen – entscheidend ist dafür nur der verwendete Receiver. Mit einem derartigen System kann man nicht ein Programm anschauen und gleichzeitig mit einem Aufzeichnungsgerät (z. B. Videore-

Arbeitsmaterial

Werkzeug: Bohrmaschine, Steinbohrer (passend zu den Dübeln), Schraubenschlüssel (passend zu den Schrauben), Schraubendreher zur Antennenmontage, Schraubendreher, Schraubenschlüssel, eventuell Kompass, eventuell Sat-Messgerät oder Sat-Finder
Material: Sat-Antenne, Wandhalter, Dübel, Schrauben, F-Stecker, Sat-taugliches Koaxialkabel, Universal-Single-LNB, Wetterschutzhülle(n) für F-Stecker oder selbstverschweißendes Isolierband, Analog- oder Digitalreceiver, Scart-Kabel

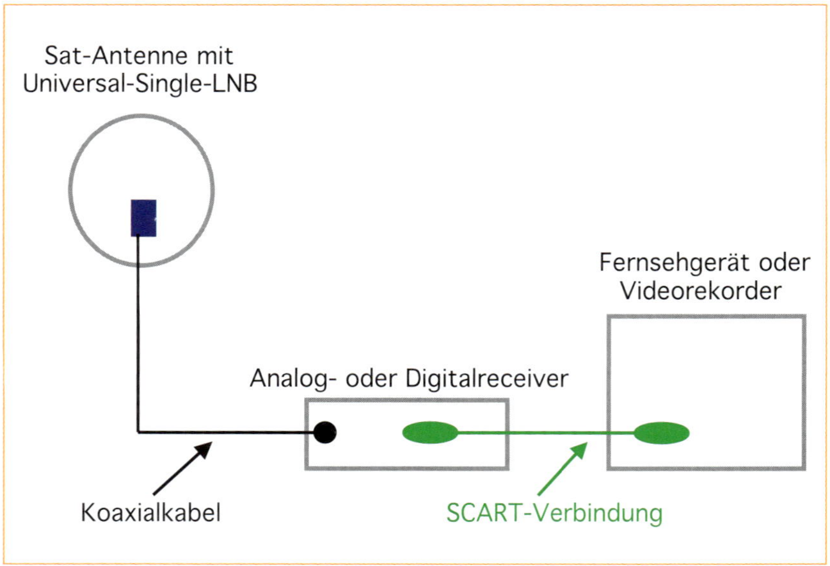

Abb. 25

korder) ein anderes Programm aufnehmen.

Unabhängig von der Art des Receivers sollte man in jedem Fall die Verbindung zwischen Receiver und Fernsehgerät oder Videorekorder mit einem Scart-Kabel herstellen, um die bestmögliche Bildqualität zu erzielen. (Abb. 25)

Sat-Anlage für zwei Teilnehmer

Bei dieser Anlage wird ein Universal-Twin-LNB verwendet. Dieser erlaubt den Empfang von analogen und digitalen Programmen mit zwei Receivern. Dabei spielt es keine Rolle, ob man zwei analoge, zwei digitale oder gemischt einen analogen und digitalen Receiver verwendet. Damit kann man unabhängig voneinander ein Programm anschauen und ein anderes Programm mit einem Aufzeichnungsgerät (beispielsweise Videorekorder) aufnehmen. (Abb. 26)

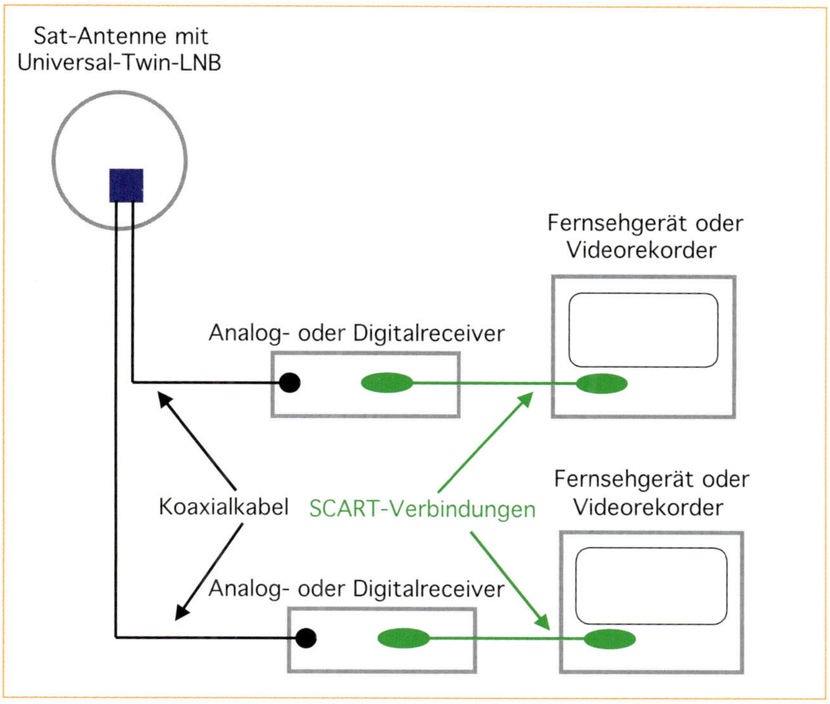

Abb. 26

Sat-Anlage für vier Teilnehmer

Diese Anlage mit einem Universal-Quad-LNB erlaubt den direkten Anschluss von vier Recei-

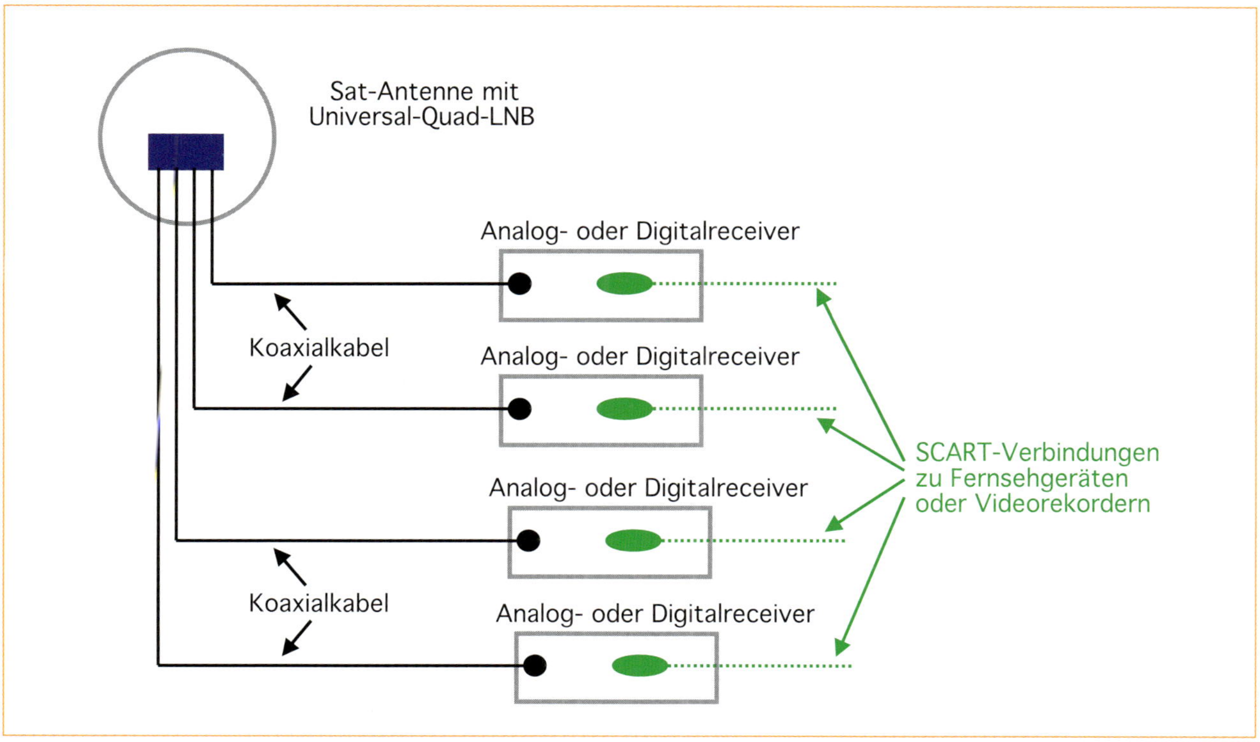

Abb. 27

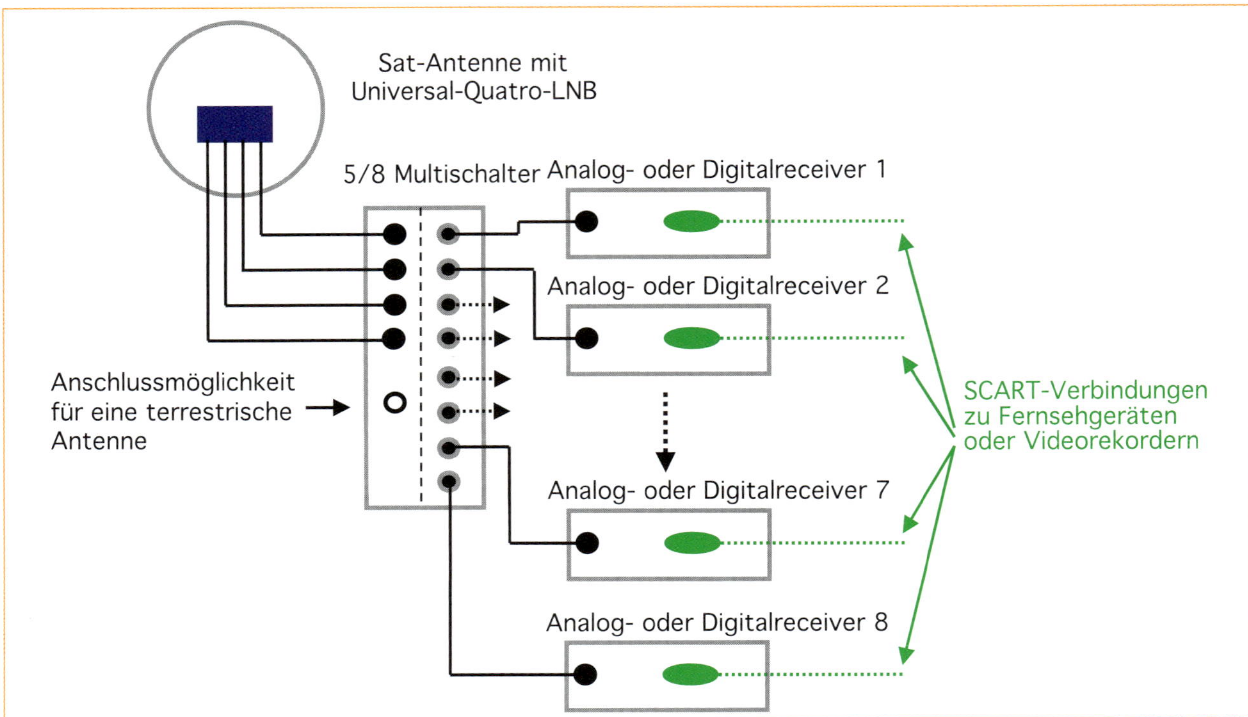

Abb. 28

vern ohne zusätzliche Komponenten. Damit können bis zu vier analoge und/oder digitale Receiver betrieben werden. Auch hier ist der gemischte Betrieb von analogen und digitalen Receivern möglich. (Abb. 27)

Sat-Anlage für mehr als vier Teilnehmer

In dieser Anlage speist ein Universal-Quatro-LNB einen so genannten 5/8 Multischalter. Die Bezeichnung „5/8" bedeutet dabei, dass der Multischalter fünf Eingänge und acht Ausgänge zum Anschluss von Receivern hat. An die Eingänge müssen mindestens die vier Ausgänge des Quatro-LNB angeschlossen werden.

Der fünfte Eingang dient dazu, ein terrestrisch empfangenes Antennensignal in die Sat-Anlage einzuspeisen. Um entsprechende Geräte damit zu versorgen, muss jedoch eine Sat-Anschlussdose verwendet werden, die die Sat-Signale wieder von den terrestrisch empfangenen Signalen trennt.

> **Arbeitsmaterial**
>
> **Werkzeug:** Bohrmaschine, Steinbohrer (passend zu den Dübeln), Schraubenschlüssel (passend zu den Schrauben), Schraubendreher zur Antennenmontage, Schraubendreher, Schraubenschlüssel, eventuell Kompass, eventuell Sat-Messgerät oder Sat-Finder
> **Material:** Sat-Antenne, Wandhalter, Dübel, Schrauben, F-Stecker, Sat-taugliches Koaxialkabel, Universal-Quatro-LNB, Multischalter 5/8, Wetterschutzhülle(n) für F-Stecker oder selbstverschweißendes Isolierband, Analog- oder Digitalreceiver, Scart-Kabel

Diese Sat-Anlage erlaubt in dieser Konfiguration den parallelen Anschluss von acht analogen und/oder digitalen Receivern.
Sollen mehr als acht Teilnehmer angeschlossen werden, können viele Multischalter „kaskadiert" werden – das bedeutet, dass mehrere Multischalter miteinander kombiniert werden können, wodurch sich nahezu beliebig viele Teilnehmer anschließen lassen.

Allerdings sollte auch bei nur acht Teilnehmern eine größere Antenne mit mindestens 80 bis 90 cm Durchmesser eingesetzt werden. Je nach geografischer Lage des Empfangsorts kann es durchaus sein, das noch größere Antennen verwendet werden müssen, um ein genügend starkes Antennensignal zu erhalten. (Abb. 28)

Fachbegriffe

a/b-Schnittstelle	Über eine a/b-Schnittstelle lassen sich analoge → Endgeräte an das analoge Telefonnetz oder eine Telekommunikationsanlage anschließen.
ADSL	**A**symetric **D**igital **S**ubscriber **L**ine; ein Übertragungsverfahren, mit dem in Kupferkabelnetzen hohe Übertragungsgeschwindigkeiten möglich sind.
Analog	Die Darstellung von Informationen in stufenlosen elektrischen Signalen bezeichnet man als analog.
Anlagenanschluss	ISDN-Basisanschluss, der meist zum Anschluss einer → TK-Anlage genutzt wird. Bietet die Möglichkeit zur direkten Durchwahl an eine → Nebenstelle.
Ausschaltung	Eine → Leuchte wird mit einem Schalter von einer Stelle aus- und eingeschaltet.
Außenleiter	Auch als Leiter bezeichnet, früher oft „Phase" genannt. Abgekürzt mit L, L1, L2, L3 oder P. Der spannungsführende Pol in einer 230-Volt-Installation.
Bit	Binary Digit. Die kleinste Informationseinheit in der digitalen Datenverarbeitungstechnik, wobei die Informationen logisch als 0 oder 1 dargestellt sind.
BK-Netz	Siehe → Breitbandkabelnetz
Breitbandkabelnetz	Bezeichnung für Kabelfernsehen oder Kabelrundfunk. Dabei dienen Kabelnetze zur Übertragung und Verteilung von Hörfunk- und Fernsehprogrammen.
Bus	Übertragungsweg für Informationen.
Byte	Informationseinheit in der digitalen Datenverarbeitungstechnik. Ein Byte besteht aus 8 → Bit.
Datenübertragung	Übertragung von Daten zwischen Computern über Kommunikationsnetze.
Datenübertragungsgeschwindigkeit	Die Geschwindigkeit, mit der Daten über ein Kommunikationsnetz übertragen werden. Die Einheit der Übertragungsgeschwindigkeit ist bit pro Sekunde (bit/s).
Differenzialschleife	Bei Alarmanlagen verwendete Bezeichnung für einen Alarmkreis, in dem sowohl → NO- als auch → NC-Kontakte eingebaut werden können.
Digital	Darstellung von Informationen in einer vereinbarten Anzahl von Stufen, wobei eine Stufe ein elektrisches Signal ist.
DVB	Abkürzung für **D**igital **V**ideo **B**roadcasting, (digitales Fernsehen). Bei DVB werden digitale Fernsehsignale beispielsweise über Satellit, Kabel oder terrestrische Antennen übertragen.
DVB-C	**D**igital **V**ideo **B**roadcasting (→ DVB): Übertragung via Kabel.
DVB-S	**D**igital **V**ideo **B**roadcasting (→ DVB): Übertragung via Satellit.
DVB-T	**D**igital **V**ideo **B**roadcasting (→ DVB): Übertragung über terrestrische Anlagen.
Endgerät	Ein Gerät, das an ein Kommunikationsnetz angeschlossen wird wie z. B. Telefone oder Telefaxgeräte.
Erdungssymbol	Elektrischer Nullpunkt eines Geräts – wird über den → Schutzleiter mit Erde verbunden.
Euro-Stecker	Zweipoliger Stecker ohne fi-Schutzleiter. Dieser Stecker darf nur an Geräten verwendet werden, die schutzisoliert sind, also eine besondere Isolierung haben, und bei denen konstruktiv ausgeschlossen ist, dass an leitfähigen Gehäuseteilen eine elektrische Spannung anliegen kann.
F-Buchsen, F-Stecker	Stecker und Buchsen, die häufig bei der Satellitenempfangstechnik verwendet werden.
F-Codierung im TAE	Steckplatz im → TAE zum Anschluss von Telefongeräten, wobei das „F" für „Fernsprechen" steht.
High-Band	Das höhere Frequenzband (ca. 11,7 bis 12,75 GHz), in dem Satelliten digitalen Programme senden.

Hyperband	Ein Frequenzbereich im → BK-Kabelnetz, der überwiegend für digitale Programme genutzt wird.
IAE	SDN-Anschalteinrichtung; Steckdosen zum Anschluss von ISDN-Endgeräten.
IF	Intermediäre Frequenz, → siehe ZF.
ISDN	**I**ntegrated **S**ervices **D**igital **N**etwork; ein Dienste integrierendes digitales Kommunikationsnetzwerk.
ISDN-Adapter	Gerät, um analoge → Endgeräte an → ISDN anschließen zu können
ISDN-PC-Adapter (Karte)	Steckkarte oder separates Gerät, um einen PC an ISDN anzuschließen.
Kabelfernsehen	Siehe → Breitbandkabelnetz
Koaxialkabel	Kabel mit konzentrischer Anordnung von zwei elektrischen Leitern. In der Kabelmitte liegt ein isolierter Innenleiter, der zylindrisch von einem Außenleiter umgeben ist.
Kreuzschaltung	Elektrische Schaltung, um beispielsweise eine → Leuchte von drei oder mehr Stellen ein- und auszuschalten.
LCD	**L**iquid **C**ristal **D**isplay; Flüssigkristallanzeige
LNB	**L**ow **N**oise **B**lock Amplifier. Der im Brennpunkt der Antenne montierte LNB verstärkt das Satellitensignal und setzt es in die → Sat-ZF um.
Low-Band	Das niedrigere Frequenzband (ca. 10,7 bis 11,8 GHz), in dem Satelliten analoge Programme senden.
Mehrfachrufnummer	(MSN-) Nummer zur Anwahl von → Endgeräten im → ISDN.
Mehrfrequenzwahlverfahren	Tonwahlverfahren, bei dem die Übertragung von Wahl- und Steuersignalen durch Töne in verschiedener Höhe erfolgt.
Mehrgeräteanschluss	ISDN-Basisanschluss, an den sich mehrere → Endgeräte parallel anschließen lassen.
MFV	Siehe → Mehrfrequenzwahlverfahren
Modem	Kunstwort aus den Begriffen Modulator/Demodulator. Ein Modem setzt digitale Signale von Computern in analoge Signale um und umgekehrt.
MSN	**M**ultiple **S**ubsriber **N**umber; siehe → Mehrfachrufnummer.
NC-Kontakte	Bei Alarmanlagen verwendete Bezeichnung für Schaltkontakte, die im Alarmfall öffnen (NC = normally closed; Öffner) .
N-Codierung im TAE	Steckplatz im → TAE zum Anschluss von Nebengeräten wie Faxgeräten oder Anrufbeantwortern.
Nebenstelle	Ein → Endgerät in einer Telekommunikationsanlage.
Neutralleiter	Siehe → Nullleiter
NO-Kontakte	Bei Alarmanlagen verwendete Bezeichnung für Schaltkontakte, die im Alarmfall schließen (NO = normally open; Schließer).
NTBA	**N**etwork **T**erminator **B**asis **A**ccess; Netzabschluss für → ISDN-Basisanschluss. Ein Übergabegerät von der Netzbetreiberinstallation zur Hausinstallation.
Nullleiter	Auch als Neutralleiter bezeichnet. Abgekürzt mit 0 oder N. Der elektrisch neutrale Pol in einer 230-Volt-Installation wird im Elektrizitätswerk und nochmals beim Hausanschluss mit Erde verbunden.
Oberes Frequenzband	Siehe → High-Band
Phase	Siehe → Außenleiter
Polarisation	Satellitenprogramme werden in zwei verschiedenen Polarisationsebenen (vertikal und horizontal) gesendet. Dadurch können auf einer Frequenz mehrere Informationen (Programme) ausgestrahlt werden.
Quatro-LNB	→ LNB, mit dem gleichzeitig analoge und digitale Programme eines Satelliten empfangen werden können. An die vier Ausgänge dieses LNB muss ein Multischalter angeschlossen werden.

Receiver	Empfangsgerät, das die → Sat-ZF vom LNB verarbeitet, wandelt und dann dem Fernsehgerät oder Videorekorder zur Verfügung stellt.
RJ45-Dose	Steckdose zum Anschluss von Geräten über RJ45-Stecker.
RJ45-Stecker	Genormter Stecker, der auch zum Anschluss von ISDN-Endgeräten verwendet wird. Wird auch als → „Westernstecker" bezeichnet.
S_0-Bus	Parallelschaltung von mehreren ISDN-Steckdosen.
Sat-ZF	Satellitenzwischenfrequenz. Siehe → ZF
Schuko-Stecker	Siehe fi-Schutzkontaktstecker
Schutzkontaktstecker	Dreipoliger Stecker, an dem seitlich angeordnete Kontakte mit dem fi Schutzleiter verbunden sind. Am Gerät sind diese Kontakt mit leitfähigen Gehäuseteilen verbunden.
Schutzleiter	In der Hausinstallation zusätzlich mitgeführte Ader, die ausschließlich zum Schutz vor Stromunfällen dient. Wird beim Hausanschluss mit Erde verbunden. Abgekürzt mit PE.
Serienschalter	Elektrischer Schalter mit zwei unabhängigen Schalterelementen in einem Schaltereinsatz. Serienschalter haben meist eine Schalterwippe, die aus zwei Elementen besteht.
Single-LNB	→ LNB, der nur zum Empfang des unteren Frequenzbandes eines Satelliten geeignet ist (analoge Programme). Es kann nur ein Receiver angeschlossen werden.
TAE	Telekommunikationsanschlusseinheit. Eine in Deutschland übliche Anschlusssteckdose für analoge Endgeräte.
Telefonnebenstellenanlage	Siehe → TK-Anlage
Terrestrisch	Auf die Landoberfläche bezogen, die Erde betreffend. Als terrestrischen Empfang bezeichnet man den Empfang von Programmen von Sendern, die sich auf der Erde befinden.
TK-Anlage	Telekommunikationsanlage zur Vermittlung zwischen dem öffentlichen Kommunikationsnetz und mehreren → Endgeräten.
Transponder	Bestandteil eines Satelliten. Empfängt von der Erde Signale, bereitet sie auf, setzt sie gegebenenfalls um und sendet sie wieder zurück.
Twin-LNB	→ LNB, an dessen zwei Ausgänge zwei analoge Receiver oder ein Multischalter angeschlossen werden können.
UAE-Dose	Siehe → RJ45-Dose
VDE	Verein Deutscher Elektrotechniker e.V., Frankfurt a. M.
Universal-LNB	→ LNBs, die sowohl analoge und digitale Programme eines Satelliten empfangen können.
Universal-Single-LNB	Entspricht einem → Single-LNB, ist aber zum Empfang der analogen und digitalen Programme eines Satelliten geeignet.
Universal-Twin-LNB	Entspricht einem → Twin-LNB, ist aber zum Empfang der analogen und digitalen Programme eines Satelliten geeignet.
Unteres Frequenzband	Siehe → Low-Band
Wechselschaltung	Elektrische Schaltung, um beispielsweise eine → Leuchte von zwei Stellen ein- und auszuschalten.
Westernstecker	Siehe → RJ45-Stecker
ZF	Zwischenfrequenz. Beim Satellitenempfang wird im LNB das vom Satelliten mit einer Frequenz von 10,7 GHz – 12,75 GHz gesendete Signal in die Zwischenfrequenz von 950 MHz – 2150 MHz umgesetzt, wodurch man es mit Koaxialkabel weiterleiten kann.

Bildnachweis

Bilderbox: 6, 40
Bowden, Matthew: 97
Bruck, www.bruck.de: 47
Busch-Jaeger Elektro GmbH: 32, 110
djd deutsche Journalisten Dienste: djd/STEINEL 54; djd/Robert Bosch GmbH 74, 107; djd/TECHLINE e.K. 125
Elcom GmbH & Co. KG, Talheimer Str. 32, 74223 Flein, www.elcom.de: 120
GE Consumer & Industrial Lighting, www.GELighting.com: 101
Gira: 100
Hama: 146 o., 147 (2), 148 (4), 149 (2), 150 (3), 151 (2), 152 (4), 153 (1), 154 (2)
ifa Bilderteam: 58
Magnus K.: 128
Mauritius GmbH: 80
Melitta: 93
Miele: 84
Strong: 145. 146 u. (2)
Tejo, Jose: 144
Alle anderen Abbildungen stammen vom Autor.